법의 이해

법의 이해

김학동 지음

景仁文化社

머리말

1. "법이란 무엇인가?" 많은 현대인이 이런 질문을 가질 것이다. 이 책자는 이런 질문에 대한 답을 찾아보려는 것이다. 그러면 왜 이런 질문을 하게 되었는가? 그 이유는 물론 사람마다 다를 수 있겠지만, 크게 두 가지로 나눌 수 있을 것이다. 하나는 오늘날의 사회에서는 법과 관련된 일이 많기 때문일 것이다. 언론의 기사내용 중 상당 부분은 법과 관련된 것이다. 또 대부분의 사람들은 일상생활에서 법과 관련된 일을 끊임없이 겪게 된다. 이런 현상이 위와 같은 질문을 가지게 하는 첫째 이유일 것이다. 다른 하나는 우리의 법운영이 올바른가 하는 의문이 들기 때문일 것이다. 언론에서 얘기되는 법률문제를 보면 법은 올바르게 처리되는 것같이 느껴지지 않는다. 법과 관련된 일을 겪으면서도 그런 느낌이 들 수 있다. 특히 재판에서 패소한 사람은 재판이 불공정했다고 느낄 것이다. 이러한 두 가지 이유는 일반인의 입장에서 가지게 되는 것이다. 그런데 나는 법률가이면서도 법이 무엇인가 하는 질문을 연구생활 내내 가져 왔다. 그 이유는 우리의 법해석이 지나치게 논리에 빠져있는 것이 아닌가 하는 생각 때문이다.

필자는 퇴직이 가까워지면서 그동안 가졌던 "법이란 무엇인가" 하는 물음에 대해서 나름대로 해답을 구하는 일을 연구의 마무리 작업으로 삼기로 하였다. 이 작업은 난해한 법률문제에 대한 지혜로운 해결보다 값진 것이라고 느꼈기 때문이다. 필자의 아둔함 때문에, 이에 더해서 오랜 실정법 해석학에 매몰되어 법의 근본문제를 그다지 고민하지 못한 현실적 한계 때문에, 이 작업에 두려움도 가졌었다. 그러나 이 작업에 대한 필자의 간절한 욕망 때문에 감히 이를 실행에 옮기게 되었다. 필자는 법이 무엇인가 하는 질문이 나오게 된 위와 같은 이유를 염두에 두면서 법을 스케치하려 한다.

2. 이 책자는 내가 몸담았던 서울시립대학교에서 교양과목으로 강의했던 법학입문에서의 「법 일반론」 내용을 토대로 한 것이다. 법일반론 이외에 실정법의 내용은, 단지 모든 실정법에 공통한 것(실정법 일반론)만을 다룬다. 이는 법일반론에서 설명했던 것의 이해를 돕기 때문이다.

3. 이 책자는 원래는 비법학도들을 위한 교양서로 의도되었던 것이다. 그런데 글을 쓰면서 자신도 모르게 법학도에게 필요한 설명이 자꾸 더해졌다. 그래서 머리말에서 이 책자가 대상으로 삼는 독자층은 이중적임을 말해둔다. 다만 그 이유를 변명한다면, 실천학문이라는 법학의 성질 때문이다. 즉 법학의 실천학문성 때문에 단지 이론적으로 법이 무엇인가를 설명하는데 그치지 않고 실제로 법을 어떻게 운용해야 하는가 하는 실천적 문제까지 설명하다 보니까 법학도를 위한 설명이 길어졌다.

4. 끝으로 이 책자의 준비과정에서 독일유학을 지원해준 Alexander-V-Humboldt Stiftung 그리고 나의 독일 생활과 연구를 도와준 Frankfurt 대학의 Felix Maultzsch 교수께 감사의 말씀을 드립니다. 그리고 어려운 출판환경 속에서도 이 책자의 발간을 흔쾌히 승낙해주신 경인문화사 한정희 대표님께 감사의 말씀을 드립니다.

2019. 7. 29.

김학동 씀

목차

머리말

제3장 법의 이념

제4장 법과 사회 : 법에 영향을 주는 요소

제1장

총 설

Ⅰ. 법의 의미

1. 법의 의미에 대한 다양한 견해

많은 사람들이 "법이란 무엇인가?" 하는 질문을 가진다. 그런데 이 질문에 대해서는 여러 가지 상이한 대답이 가능하다. 왜냐하면 법은 다양한 면을 가지는 바, 법의 어떤 면을 보느냐에 따라서 대답이 달라지기 때문이다. 이하에서는 먼저 법의 의미에 관한 다양한 대답 중 전형적인 것 몇 가지를, 그것이 법의 어떤 면을 보는가 하는 점과 관련지어서 살펴본다.

2. 법의 의미에 대한 몇 가지 견해

가. 실정법

① 대부분의 사람들은 현재 우리 사회에서 통용되는 법을 곧 법이라고 생각한다. 이에 의하면 법령집에 담겨있는 성문화된 제정법, 법원에서 구축된 판례(선례), 사회에서 형성된 관습법 등이 모두 법이 된다. 이러한 의미의 법을 통틀어 「실정법」이라고 부른다(이러한 의미의 법을 말할 때는 단지 「법」이라고 하기 보다는 「법률」이라고 한다).

② 이러한 의미의 법(실정법)은 실체를 가지는 외형물로서, 우리가 감각적으로 느낄 수 있다. 이러한 실정법은 각 국가마다 무수히 많이 존재한다.

나. 법의 속성 내지 개념

① 실정법의 내용은 나라마다 다르고 규율목적에 따라 다르지만, 어느 나라의 법률이건 불문하고 또 규율목적이 무엇이건 불문하고, 모든 법률의 내면에는 공통한 요소가 있다. 예컨대 법은 일정한 행위를 명하는 규범이다. 그리고 만약 규범을 지키지 않으면 일정한 제재를 받게 된다. 이와 같이 실정법의 구체적 내용을 떠나서 모든 실정법에 공통하는 요소, 즉 법의 속성 혹은 징표를 법으로 생각할 수 있다.

② 이러한 의미의 법은 실체를 가지지 않는 관념적 존재이다. 법을 이와 같이 법에 공통하는 요소로 보는 것은, 실정법의 내용을 보다 정확하게 이해하려는데 목적이 있다.

다. 법의 이념 = 올바른(正義) 법

① 우리는 오래 전부터 법은 우리의 생활을 지탱해주는 선하고 올바른 것으로 여겨 왔다. 그래서 올바르지 않은 법을 보면 "그것은 법도 아니다"라고 말한다. 이와 같이 「올바른」 법, 법이 추구하는 가치인 정의에 부합하는 법만을 법으로 생각할 수도 있다.

② 이 견해는 법을 관념적인 존재로 볼 뿐만 아니라, 법의 속성을 가진 것 중에서도 일정한 이념(정의)을 지향하는 법만을 법으로 보는 것이다. 이와 같이 실정법의 내용을 고려해서 법의 의미를 파악하는 점에서, 실정법의 내용을 전혀 고려하지 않는 앞의 의미와 차이가 있다.

라. 사실적 구속력 있는 법(소위 살아있는 법)

① 법률 중에는 사람들이 이를 따르는 것도 있지만, 그렇지 않은 것도 있다. 이중에서 전자 즉 사회에서 실제로 법으로서 지켜지고 있는 법(실효

성 있는 법)만을 법으로 보는 입장도 있다. 이는 법을 규범이 아니라 사실로 보는 것이다. 즉 "이렇게 행동해야 한다"고 명하는 것만으로 곧 법이 되는 것이 아니고, "이렇게 행위한다"고 하는 사실이 있어야 법이 된다는 것이다.

② 앞에서 말한 법의 세 가지 의미는 모두 법을 규범으로 보는 것이다. 그런데 이 견해는 법을 경제나 정치 등과 같은 사회의 문화현상의 하나로 보는 것이다. 즉 국가에서 어떤 법률을 만들고 이를 따를 것을 명하더라도 사회 구성원이 이를 따르지 않는 경우에는, 이는 법이 아니다.「사실상 구속력을 가지는 것」만이 법이라는 것이다.

③ 이러한 견해는, 법은 여러 가지 사회경제적 여건 속에서 만들어지는 것이므로, 법을 올바로 이해하기 위해서는 법을 이러한 사회경제적 여건과 결부시켜서 보아야 한다는 것이다. 즉 법을 문화현상의 한 부분으로서 동적으로 파악하여, 법규범을 낳게 한 사회경제적 요인을 고려해서 법을 이해하려는 것이다.

II. 책자의 구성

1. 법의 의미와 관련된 내용들

가. 중심적 내용

위의 법의 의미 중 실정법은 무수히 많을 뿐만 아니라 극도로 다양하다. 그러므로 이로부터 법의 일반적 의미를 파악할 수는 없다. 따라서 이하에서는 법의 의미의 중심적 내용으로서 위에서 말한 내용 중 법의 개념(제2장), 법의 이념(제3장), 법과 사회(제4장) 등을 살핀다. 그리고 법의 효력 및 기능은 이러한 법의 요소들과 관련있는 것이므로 이를 별도로 살핀다(제5장).

나. 보조적 내용

이러한 법의 의미를 이해하는데 도움을 주기 위해서, 이에 이어서 다음과 같은 점들을 살핀다.

1) 법의 역사

법은 시대의 산물이다. 그리고 현재의 법은 오랜 역사적 과정 속에서 변화를 거치면서 형성된 것이다. 초보적인 법의 교양서에서 법의 역사를 고찰하는 것은 분명 수박 겉핥기이겠지만, 간략하나마 법의 역사에 대한 조감은 법이 무엇인지를 이해하는데 도움을 준다. 이런 점에서 법의 의미 등을 고찰한 뒤에 이어서 법의 역사를 살핀다(제6장).

2) 법학의 분과

현대에 들어서 법이 모든 생활관계에 관여하면서 그 양도 크게 증대하고 내용도 다양해졌다. 그러므로 학자마다 법에 관한 모든 면을 연구하고 이해하는 것이 불가능하게 되었다. 즉 근대의 백과전서파는 더이상 나올 수 없게 되었다. 그러면서 법의 특정한 면을 보다 정밀하게 연구하는 방향으로 법학이 분화되었다(분과). 앞에서 소개한 법의 의미에 대한 견해는 이러한 법학의 어느 한 분과에서 본 법의 의미이다. 즉 실정법을 법으로 보는 견해는 실정법의 내용을 연구하는 실정법학(법해석학)에서의 이론이고, 모든 법의 내면에 있는 공통한 요소를 법으로 보는 견해는 법의 속성을 연구하는 법리학에서의 이론이다. 그리고 올바른 법만을 법으로 보는 견해는 법의 이념을 연구하는 법철학에서의 이론이고, 사회에서 지켜지는 법만을 법으로 보는 견해는 법을 사회현상으로 파악하고 법과 사회의 관계를 연구하는 법사회학에서의 이론이다. 즉 법의 개념에 관한 앞의 견해는 각기 실정법학·법리학·법철학·법사회학에서 말하는 법의 의미에 상응하는 것이다. 그러나 이러한 분과 이외에도 여러 가지 분과가 존재한다. 법의 역사 다음으로 법학의 분과를 살핀다(제7장).

3) 법의 해석과 적용

법은 분쟁을 해결하여 사회질서를 유지하는 것이다. 이를 위해서는 법을 올바르게 해석하고 올바르게 적용해야 한다. 이것이 법을 연구하는 궁극적 목적이고 의미이다. 이와 같이 법의 해석과 적용의 중요성을 고려해서, 이를 독립한 장에서 살피고자 한다(제8장).

4) 실정법 일반

실정법은 극히 방대하며 헌법·행정법·민법·상법·소송법·노동법·경제법 등 여러 분야로 나뉘어진다. 대부분의 법학자는 이중 한 분야의 법을 평생을 두고 연구하는 것이다. 그러므로 이 간략한 책자가 실정법의 내용을 설명할 수는 없다. 그런데 법 일반론에서의 설명은 추상적일 수밖에 없는데, 그러한 설명은 실정법에서 조금 더 구체적으로 나타난다. 이런 점에서 법 일반론을 마친 후에 실정법에 공통되는 내용을 살핀다(제9장).

2. 법의 이해와 관련된 부수적 사항

법의 의미에 대한 본격적인 고찰에 들어가기 전에, 부수적인 사항이지만 법의 이해에 필요하다고 여겨지는 것 두 가지를 적는다.

가. 법의 다양한 의미를 고찰하는 실제적 의미

① 법의 의미는 이와 같이 여러 가지일 수 있다. 그러면 이러한 다양한 법의 의미를 살피는 이유는 무엇인가? 이는 단순히 이론적 명확성 내지 지적 호기심을 위한 것이 아니고 실천적 의미를 가진다. 우리는 「법」 하면 실정법을 떠올린다. 즉 실정법을 곧 법으로 생각하기 쉽다. 그 이유는 아마도 실정법이 주로 우리 눈에 들어오기 때문일 것이다. 이러한 사고 하에서는 어떤 법률문제를 다룸에 있어서 해결의 기준을 오로지 실정법에서 구하려고 할 것이다. 그러나 법의 속으로 들어가 보면 법은 일정한 이념을 위해서

존재한다는 점, 실정법 속에는 법의 일반적 징표가 내재되어 있다는 점, 그리고 실정법은 정치·경제 등과 관련해서 만들어진다는 점 등을 알게 된다. 이와 같이 실정법의 내면에 있는 이러한 점들을 알게 되면, 구체적인 법률문제를 해결함에 있어서 이러한 점들을 고려하게 될 것이다. 예컨대 법은 정의를 이념으로 하므로 법을 운영함에는 어떻게 하는 것이 법의 이념에 부합하는가 하는 점을 생각할 것이고, 또 실정법은 정치나 경제와 관련해서 만들어지므로 법의 내용을 정확히 파악하기 위해서는 입법에 영향을 미친 정치적 혹은 경제적 취지를 알아야 한다고 생각할 것이다. 법의 다양한 의미를 살피는 이유는 이런 점에 있다. 즉 법은 다양한 의미를 가진다는 점을 깨달음으로써 법률문제를 해결함에 있어서 오로지 실정법만을 보지 않고 법의 본성, 법의 이념, 법과 사회와의 관계 등을 고려하도록 하려는 것, 그럼으로써 궁극적으로 실정법을 올바르게 이해하고 타당하게 운영하도록 하려는 것이다.

② 이와 관련해서 우리의 법학교육의 실제 모습을 생각해 본다. 학생들은 법을 배우기 시작하는 단계에서부터 실정법(헌법·민법·형법 등)을 공부할 뿐만 아니라, 그 외의 인접과목(예컨대 법철학, 법사학, 법사회학 등과 같은 기초법학 과목)은 거의 배우지 않는다. 이렇듯 오로지 실정법만을 보게 되면 실정법만을 법으로 생각하고, 구체적 사건을 해결함에 있어서 오로지 그 사건을 규율하는 개별적인 실정법만을 찾고 이를 기준으로 사건을 해결하려 할 것이다. 그리고 나아가 법학은 실정법을 배우는 것이고, 법률 문언을 알면 법률가로서 알아야 할 모든 것을 아는 것이라고 생각할 것이다. 그래서 법률가는 많은 조문을 아는 사람이고, 조문을 더 많이 알수록 더 좋은 법률가라고 생각한다. 오래 전 얘기지만 사법시험 공부할 때 법령집(육법전서) 한 장 외울 때마다 한 장씩 뜯어내면서 공부했다는 말은 법을 바로 이러한 의미로 이해했음을 보여주는 것이다.

이러한 교육제도와 법률관 아래에서는 법률문제의 해결에서 법의 이념이나 그 결과의 사회와의 조화는 생각하기 어렵다. 이는 법을 일반인의 관념으로부터 멀어지게 만들 것이다. 이러한 현상을 피하는 길은 ― 독일에서와 같이(제9장 Ⅰ 2 마, 344쪽 참조) ― 법을 접하는 처음 단계에서는 실정법이 아니라 인접과목(기초법학과목)을 공부하도록 하는 것이 아닐까? 그리하여 만약 법은 정의를 이념으로 하는 것임을 깨닫는다면 혹은 법은 일정한 사회현실에 기초해서 형성된 것임을 깨닫는다면, 실정법만을 절대적인 기준으로 삼지 않고 법의 본성을 고려해서 혹은 조문에 따른 해석결과가 법이 추구하는 정의에 부합하는가 혹은 사회현실을 타당하게 규율하는가, 법조문이 사실상 지켜지는가 등을 고려해서 사건을 해결하려는 자세를 가지게 되지 않을까?

나. 다른 학문에서 보는 법

1) 법을 사실로 본다

법은 법학의 대상만이 아니며, 다른 학문분야의 대상도 된다. 그런데 각 학문분야마다 법을 보는 관점(Perspektive)이 다르므로, "법이란 무엇인가?" 하는 질문에 대해서 전혀 달리 대답할 것이다. 즉 법학 이외의 학문 ― 예컨대 사회학, 심리학, 경제학, 정치학 등 ― 은 법을 하나의 사회현상, 즉 사실로 본다. 이런 점에서 법을 규범으로 보는 법학(법사회학 및 법사학을 제외)과 차이를 가진다. 특히 정치학에서는 「법」을 사회의 조종장치의 한 요소로 파악하고, 따라서 정치가는 법을 자신의 정치적 목표를 관철시키는 수단으로 생각한다. 그리고 사회학은 법이 사회에 어떻게 효력을 미치고 사회는 법에 어떠한 영향을 주는가 하는 점을 연구한다. 경제학은 어떤 법이 경제적 목적을 효율적으로 실현시키는가 하는 각도에서 법을 고찰한다.

2) 법학에서는 정답이 없는가?

이러한 차이로 인해서, 법학을 제외한 분야에서는 어떤 문제의 해결을 둘러싸고 견해가 대립되는 경우에 사후적으로 각 견해가 낳은 사실적 결과를 토대로 어떤 견해가 상대적으로 타당한가(정답인가)하는 점을 평가할 수 있다. 예컨대 어떤 정치가가 선택한 방법이 그의 정치적 목표를 관철시키는 수단으로 부적합함이 사실적 결과로 드러나면, 그의 선택은 부당한 것이라고 평가된다. 그런데 법학에서는 그러한 평가가 어렵다고 생각한다. 왜냐하면 법학은 규범학이고 규범의 내용은 거의 모두 실정법에서 정해지는데, 법학은 이러한 법규범을 그대로 적용하면 된다고 생각하기 때문이다. 달리 말하면 법학에서는 법규범을 적용한 결과가 실제적으로 부당하더라도 이는 법규범이 잘못된 때문이지(그리고 이의 원인은 그러한 법규범을 만든 정치의 잘못이지) 법의 해석이나 적용이 잘못된 것(즉 법관의 잘못)은 아니라고 생각하기 때문이다. 그러나 이는 법의 궁극적 임무를 생각하지 않은 것이다. 실정법규범은 일의적(一義的) 의미를 가지는 것이 아니고 여러 가지 의미로 해석될 수 있다. 이때 이중에서 어떤 해석(가설)을 선택할지는 법관(그리고 법학)의 몫이다. 그런데 그 선택된 해석이 사회와 조화되지 못하면 그 해석은 부당하다고 평가될 것이다. 그 해석이 정의에 부합하고 아울러 사회현실과 조화될 때 비로소 그 해석(즉 이를 선택한 법관의 판단)이 타당하다 — 즉 해석근거가 설득력이 있다 — 고 평가될 것이다(제8장 Ⅲ 1, 296쪽 및 3 다, 305쪽 참조). 이런 점에서 볼 때 법학에서도 정답이 있다고 해야 한다.

제2장
법의 개념

I. 서설

고대부터 근대 자연법학에 이르기까지 법학(이런 명칭이 적절한지는 모르지만)은 법이 어떠해야 하는지를 살필 뿐이었고, 법이 무엇인가를 살피지는 않았다. 처음으로 법이 무엇인가를 설명하는 이론, 즉 법을 정의하는 이론은 19세기에 소위 일반법학에서 제기되었다. 이의 대표적 견해는 오스틴이 제기한 소위 명령설이다. 이에 의하면 "법은 전적으로 일정한 상황에서 일정한 인간의 행위를 지시하고 이에 위반하는 경우에는 제재를 가한다는 규범적 명제로 이루어져 있다"고 한다. 이 이론은 「명령, 제재, 규범」을 법의 요소로 보는 것으로서, 법의 본성을 잘 설명하고 있다. 다만 그 이후이 이론의 문제점이 지적되면서 법의 개념이 보다 정밀하게 다듬어졌다. 이하에서 법의 개념, 즉 법의 본성을 살펴본다.

II. 법의 본성(요소)

　법의 본성(요소)이 무엇이냐 하는 점을 둘러싸고 내려지는 법의 정의는 학자에 따라서 조금씩 다르다. 가장 많이 얘기되는 정의는, 법은 인간의 공동생활을 규율하고 인간 상호간의 다툼을 조정하는 법규범의 총괄개념(Inbegriff)으로서, 국가 등 권위에 의하여 그 실현(관철)이 보장되는 것이라고 한다. 보다 간략하게는, 법은 사람들 간에서 공통하게 적용되는 규범 혹은 일반적 구속력을 가지는 규범이라고 한다. 그외에 다툼이 생긴 일정한 사태(사실적 상태)에 적용하여 다툼을 해결하는 기준이라고도 한다. 이러한 정의의 차이는 법의 요소 중 어떤 부분을 강조하느냐 하는데 따른 차이이다. 법은 이러한 정의에서 말하는 요소를 모두 가지고 있음은 분명하다. 그런데 이중에서도 가장 핵심적인 요소는 「일반적 구속력을 가지는 규범」이라는 점이다. 다른 요소 특히 공동생활을 규율한다거나 다툼의 해결기준이라는 점은 법의 기능이라고 할 수 있다. 따라서 이하에서는 이러한 법의 핵심적 요소를 중심으로 법의 개념을 살피고, 법의 기능은 후에 독립된 주제로 살핀다(제5장).

1. 규범질서로서의 법

가. 규범

1) 규범의 의미

① 규범이란 사람에게 일정한 행위를 명하는 혹은 요구하는 것이다. 십계에서 나오는 "살인하지 말라!", "혼인을 파기하지 말라!", "도둑질하지 말라!" 등이 바로 규범이다. 법은 이러한 규범에 속한다. 법을 「규범질서」라고 칭하는 이유는 법은 통상 개개의 규범이 아니라 수많은 규범의 총체라는 점을 가리키기 위해서 이다. 규범이 명하는 행위에는 적극적으로 어떤 행동을 하는 것(작위)뿐만 아니라, 소극적으로 아무 행동도 하지 않는 것(부작위) 즉 금지도 포함된다.

② 동물은 오로지 본능에 따라 움직이지만, 이성을 가진 인간은 이와 달리 본능적 행위 아닌 다른 행위를 선택할 수 있다. 인간이 공동체를 이루고 공동체의 질서를 유지하기 위해서는 본능적 행위를 넘어 타인이 기대 혹은 예상하는 바대로 행위할 것이 요구된다. 이것이 인간에게 규범을 과할 수 있는 근거이고 또 규범을 따르지 않은 경우에 제재를 가할 수 있는 이유이다.

2) 당위와 명령 ― 의무를 낳는가?

당위는 무엇을 '해야 한다'는 것이다. 그런데 당위는 누군가(오래 전에는 신이나 자연, 근대 이후는 국가 내지 주권자)의 명령으로부터 나온다. 이런 점에서 법을 명령이라고 하는 명령설은 일응 타당하다. 그런데 '해야 한다'고 하는 것에는 두 가지가 나뉘어진다. 하나는 해야 할 의무를 낳는 것이고, 다른 하나는 그러한 의무를 낳지 않는 것이다. 예컨대 "살해하지 말라"라는 명령은 살해하지 않을 의무를 낳는다. 그러나 강도가 행인에게 "돈을 내놓아라”라고 명령하는 경우에, 그 행인은 신체상의 가해를 면하려면 돈을 내 놓아야 한다. 따라서 돈을 내놓을 것이 강제된다. 그러나 행인은 돈을 내놓을 의무를 지지는 않는다. 이와 같이 ‘해야 한다’라는 명령 중에서 의무를 낳는 것만이 당위이고 따라서 규범이 된다. 이런 점에서 법을 단지 명령이라고 하는 명령설은 부정확한 면이 있다. 법은 단순한 명령이 아니고 의무를 낳는 명령이다.

나. 당위와 사실

1) 양자의 구별

규범은 사람에게 무언가를 ‘행하라’ 또는 ‘행하지 말라’고 명하는 것이므로, 당위를 내용으로 한다. 그러므로 규범은 당위명제(Sollenssätze)이다. 규범은 이런 점에서 ‘어떠하다’라고 하는 단순한 사실의 서술과 대립한다. 예컨대 “살인하지 말라!”라고 하는 규범에 대해서, “카인은 아벨을 살해하였다”라고 하는 것이 사실의 서술이다.

2) 당위의 근원

① 그러면 당위는 어디에서 오는가? 사실로부터 당위가 나오는가? 즉 많은 사람들이 “그렇게 행동한다”고 하는 사실로부터 “그렇게 행동해야 한다”는 당위가 나오는가? 이 문제에서 관건이 되는 것은 규범의 의미이다. 규범은 “그렇게 해야 한다”고 생각함으로써 성립하는 것이다. 그러므로 규범은 사실로부터 도출되지 않는다. 무엇이 ‘어떠하다’라는 것으로부터는 결코 ‘그러해야 한다’는 것이 나오지 않는다. 즉 많은 사람들이 “그렇게 행동한다”는 사실에서 더 나아가, 사람들이 “그렇게 행동해야 한다”고 생각해야 비로소 당위가 된다. 이러한 생각 내지 인식을 통해서 사실이 당위로 전

환되는 것이다. 이러한 점은 법의 역사 — 풍속으로부터 법이 분리되게 된 과정 — 에서 나타난다(제6장 Ⅱ 1 가, 177쪽 참조).

② 그러면 사실을 당위로 전환시키는 것은 무엇인가? 이는 가치평가 (Werturteile)이다. 즉 사람들이 그렇게 하는 것이 옳다거나 혹은 사회현실에서 보아 적절하다는 판단이 더해졌기 때문에, "그렇게 행동한다"라는 사실의 인식에서 더 나아가 "그렇게 해야 한다"고 생각하게 되는 것이다. 만약 많은 사람들이 일정한 행위를 행하더라도 그것이 부도덕하거나 사회에 해악을 주는 것이라면, 설령 그런 행위를 따라 하면서도 "그렇게 해야 한다"고 생각하지는 않을 것이다. 인간은 옳고 그름, 도덕과 비도덕을 분별하는 능력을 가지며, 법규범의 근원은 바로 이러한 사람의 마음＝가치평가인 것이다.

3) 당위의 근원이 주는 의미

당위와 강제의 구별 그리고 당위의 근원은 법이 어떠해야 하는가 하는 점을 생각하게 한다. 권력자는 어떤 법이라도 만들 수 있고 또 이를 강제할 수 있을지 모른다. 그러나 그것이 당위 즉 규범으로 되기 위해서는 수범자가 그것을 올바른 것으로서 지켜야 한다고 생각해야 한다. 만약 그렇게 되지 않으면 그것은 마치 강도의 명령과 마찬가지가 될 것이다.

다. 규범과 언어

1) 규범은 언어로 표현되어야 기능한다

규범은 정신적인 것이다. 즉 규범은 마음 속에서 무언가를 해야 한다, 하지 말아야 한다고 생각되는 것이다. 그런데 규범이 정신세계에 머물러서는 규범으로서의 기능을 하지 못하고, 이를 언어로 표현해야 비로소 기능할 수 있다. 이런 점에서 규범은 언어와 결합된다. 즉 규범은 언어를 통해서 그 뜻(규범 내지 법 창조자의 의사)이 전달된다. 여기에서의 언어는 넓은 의미이다. 즉 말해지거나 쓰여지는 언어(발음기호 혹은 문자기호)뿐만 아니라 의사를 표하기 위해서 행해지는 기타의 모든 행동(제스처, 거동) 혹은 그림 등을 포함한다. 즉 의사소통수단 전반을 뜻한다.

2) 언어의 의미는 고정적인 것이 아니다

언어는 기호의 고정적인 구조물이 아니며, 항시적으로 변화된다. 더 나아가 언어에서 사용된 기호의 의미는 그것이 사용된 문맥에 의존하며, 뿐만 아니라 경험과 감각에 의존한다. 즉 사람마다 자신의 경험과 감각에 기초해서 언어를 사용하고 또 이해한다. 그리고 언어는 사용된 기호가 가지는 직접적 의미가 아니라 다른 뜻을 표현하기 위해서 사용되었을 수 있다. 즉 언어는 함축적 의미를 가질 수 있다.

3) 법문 자체가 법이 아니다

규범과 언어 간의 이러한 관계는 특히 법규범에서 실제적으로 중요한 의미를 가진다. 언어로 표현된 법문 자체가 법은 아니다. 그 법문이 표현하려고 하는 정신세계에서의 의사(규범)가 법이다. 그런데 사회가 복잡해지면서 법적 안정성을 위해서 법이 실정화되었다. 즉 법규범이 언어로 표시되었다. 이때 법제정자는 가능한 한 법규범이 어떤 의미를 가지는가 하는 점을 수범자가 이해할 수 있도록 법문을 작성해야 한다. 특히 법문이 입법자의 의사를 명확히 표현하도록 해야 한다. 그런데 그렇지 못한 경우가 적지 않다. 규범과 언어 간의 관계를 생각할 때, 이런 경우에 법의 해석에서 법문의 가치를 과대평가하지 않아야 한다. 특히 그것이 국민에게 불이익을 과하는 것인 때에는, 법문의 의미가 불명확한 경우에 국민에게 불이익하게 해석되어서는 안된다. 오늘날에는 전문가의 조력 없이는 이해할 수 없는 난해한 법문이 일반화되어 있는데, 이는 부득이한 면은 있으나 당연한 것은 아니다. 상당 부분은 과거의 권위주의적 사고에 기한 것이다.

라. 적법과 위법의 2분법

① 법의 규범적 성질로부터 인간의 행위는 법에 따른 것이거나 아니면 이에 반하는 것이거나 두 가지 가능성을 가진다. 그리고 이로부터 적법성과 위법성이 나온다.

② 어떤 행위가 법에 따른 것인가 여부의 평가는 선택적이다. 즉 하나의 행위(다만 행위가 연속된 경우에 어디까지가 '하나'의 행위인지는 법률적으로 판단된다)가 전체적으로 적법하든가 아니면 부적법하든가 할 뿐이다. 행위의 일부는 적법하고 일부는 위법한 2중적 형태는 존재하지 않는다. 즉 "그 행위는 3/4는 적법이고 1/4은 위법하다" 혹은 "그 행위의 일부는 법에 부합하지만 일부는 법에 위배된다"라는 판단은 있을 수 없다. 법률이 일정한 요건이 갖추어지면 일정한 법률효과(형벌 혹은 손해배상책임)가 발생한다고 규정하는 경우에, 요건 전부가 갖추어져야 비로소 법률효과가 발생하며, 이중 일부라도 갖추어지지 않으면 발생하지 않는 바, 이러한 점은 적법 여부의 평가는 선택적이라는 점으로부터 이해될 수 있다. 그리고 법에 의한 해결은 일도양단적이라고 하는 것은 이 때문이다.

③ 어떤 행위가 적법한가(즉 법이 요구하는 요건을 모두 충족하고 따라서 법이 규정하는 효과의 발생을 긍정할 것인가) 하는 판단은 오로지 법적 관점에서 행해진다. 이런 점은 종종 비법률가로 하여금 법의 타당성을 의문스럽게 만든다. 즉 예컨대 갑이 을에게 상해를 가해서 을이 상해죄로 기소된 경우에, 싸움이 생기게 된 연유나 과정을 보면 을에게 (도덕적으로 혹

은 사회적으로) 상당한 잘못이 있더라도, 갑에게 범죄구성요건이 갖추어지면 갑은 유죄로 인정되어 처벌받게 된다. 갑의 유죄 여부의 판단에서 기준이 되는 것은 오로지 법이 규정하는 구성요건 사실이 충족되었느냐 하는 점이지, 그가 비도덕적이냐(혹은 을이 더 비도덕적이냐) 하는 점이 아니다. 달리 말하면 도덕적으로 나쁜 놈이더라도 법적인 범죄구성요건을 갖춘 행위를 하지 않으면 처벌받지 않는다. 이는 민사사건에서도 마찬가지이다. 갑이 을에 대한 채무를 갚지 않은 경우에, 갑에게 법적으로 채무불이행의 요건이 갖추어지면, 비록 도덕적으로는 갑에게 나무랄 잘못이 없다고 여겨지더라도 갑은 그에 대한 법적 책임을 질 수 밖에 없다. 이런 경우에 패소한 자는 그 결과에 승복하지 않고 법이 공정하지 않다거나 혹은 재판절차가 공평하지 않다고 여기기 쉽다. 그러나 그러한 결과는 법에서는 법이 규정한 법률요건의 구비 여부만을 고려하기 때문이다.

④ 실제로 분쟁이 생기는 경우를 보면, 어느 한쪽에게 전적인 잘못이 있는 경우는 거의 없다. 그런데 당사자들은 대부분 상대방에게 전적으로 잘못이 있다고 생각한다. 왜냐하면 각자는 자신의 입장에서 사물을 보기 때문이다. 즉 양측 모두 자신의 입장에서 볼 때 자신이 옳다고 생각하며, 분쟁은 상대방이 옳지 않기 때문에 생긴 것이라고 생각한다. 그런데 제3자의 입장에서 보면 어느 쪽이 일방적으로 완전히 옳거나 그르지는 않다. 재판관은 양측의 주장을 듣고 법이 규정하는 기준에 따라 혹은 법에 담겨진 가치판단에 입각해서 어느 한 쪽의 손을 들어주어야 한다. 즉 예컨대 양측의 잘못이 비법률적으로는 51 : 49로 비등하다 하더라도, 법률적으로는 어느 한 쪽의 손을 들어주지 않을 수 없다. 뿐만 아니라 법률적 판단에서는 오로지 법률만을 기준으로 한다. 장발장이 너무도 배가 고파 빵 한 조각을 훔쳐 먹었다가 무서운 법의 심판을 받는 것은 비인간적이고 매몰찬 법의 모습을 가장 잘 보여주는 예일 것이다. 그러나 이러한 법의 가혹함 혹은 냉정함은 전혀 피할 수 없는 것은 아니다. 사법적으로는 신의성실의 원칙(민법 제2

조)을 적용해서 그러한 결과를 막을 길이 있다. 다만 너무 쉽게 그렇게 했다가는 법적 안정성이 흔들리는 또 다른 문제를 낳는다. 다음으로 형법적으로는 기소유예나 선고유예를 통해서 처벌을 보류할 수 있다. 그외에도 일도양단적인 해결을 피하기 위하여 이용되는 제도로서 화해나 조정 혹은 중재가 있다.

2. 「일반적」구속력

가. 「일반적」의 의미

① 일반적이란 의미는 법은 법이 적용되는 권역의 사람들에게 모두 적용된다는 것이다. 이는 규범의 본성에서 나오는 것이다. 왜냐하면 누구에게는 일정한 행위를 명하고 누구에게는 이를 명하지 않는다면 이는 규범이 아니기 때문이다. 그외에 법은 사회질서를 유지하는 기능을 하는데, 이러한 기능을 수행하기 위해서는 법이 누구에게나 적용되어야 한다. 따라서 이러한 점도 법의 일반적 구속력을 뒷받침한다.

② 법규범이 모든 사람에게 일반적으로 적용된다는 점 때문에, 법규범은 그것이 적용될 통상적인 경우를 가정해서 만들어진다. 그런데 사회에서 생기는 사안은 천차만별하므로, 통상적인 경우와는 전혀 다른 경우(즉 달리 규율할 필요가 있는 경우)도 있다. 따라서 법규범을 적용함에 있어서는 각 사안의 특수한 사정을 고려해야 한다. 따라서 법규범이 모든 사람에게 일반적으로 적용된다는 의미는 모든 사람이 법규범을 적용받는다는 의미일 뿐이고, 통상적 사안을 규율하기 위한 법규범을 개별적 사안의 구체적 사정을 고려치 않고 적용해야 한다는 의미는 아니다.

나. 규범과 명령의 차이

규범은 일반인에게 무엇을 하라고 명하는 것인데, 명령 중에는 단지 특정한 사람에 대해서 특정한 사정(현재의 사정) 하에서 무엇을 해야 한다 라고 지시하는 것이 있다. 이와 같이 특정한 개인에게 일정한 사정에서 주어지는 것은 규범이 아니다. 이는 명령(Imperativ)이다. 이에 반해서 규범은 특정한 상대방(수범자)에 매이지 않고 또 구체적 사정에 매이지 않고 "일반적으로 무엇을 해야 한다"라고 말하는 것이다. 즉 규범은 개인적(indivisual)·구체적(konkrete)으로가 아니고, 일반적(generell)·추상적(abstrakt)으로 무엇이 행해져야 한다고 하는 것이다. 그러므로 명령은 상황적인 것이고(situativ), 반면에 규범은 보편적인 것이라고 말해진다.

3. 일반적 「구속력」

가. 「구속력」의 의의

법이 구속력이 있다는 것은, 법적 의무가 이행되지 않는 경우에 그것이 강제적으로 관철된다는 것이다. 이런 점에서 일반적 「구속력」은 법의 강제성을 뜻한다.

만약 법이 무엇을 행하도록 명하였는데 어떤 사람(갑)은 이를 따르고 어떤 사람(을)은 이를 따르지 않았음에도 법이 이를 그대로 둔다면, 법의 자격을 잃게 된다. 법이 되기 위해서는 을에게 강제력을 동원해서 법을 따르게 해야 한다. 만약 을에게 이를 강제하지 않는다면 법은 공평하지 않은 것이 되고 따라서 사회질서를 유지하지 못하게 될 것이다. 이런 점에서 법의 강제성은 법의 징표이고, 법의 핵심적 요소이다.

나. 강제의 방법

강제의 방법은 법위반이 공공의 이익을 해하느냐 여부에 따라 달라진다.

1) 공익을 해하는 경우

이런 경우에는 법이 보다 엄격히 지켜져야 하며, 그렇게 하기 위해서는 보다 무거운 제재를 가해야 한다. 그러한 제재 중에서는 형법위반(범죄)에 대해서 가해지는 형벌이 가장 중심적인 것이다. 우리가 「법」 하면 먼저 「형벌」을 떠올리는 것은 법의 징표는 강제성인데 형벌이 강제성의 표본이기 때문이다. 그런데 오늘날에는 행정이 확대되면서 행정벌도 크게 증가했다. 부정식품에 대한 단속과 처벌, 세무조사와 세금체납에 대한 제재(명단공개 등) 등이 그 예이다.

2) 사익을 해하는 경우

단지 사적 이익을 해하는 경우에는 당사자에게 그로 인한 불이익의 처리를 맡기는 것이 적절하다. 따라서 공익을 해하는 경우보다는 완화된 형태의 제재가 가해진다. 사익을 침해하는 형태로는 채무불이행 혹은 불법행위가 있으며, 그에 대한 제재는 손해배상책임의 부과이다. 즉 채무자 혹은 불법행위자는 그로 인해서 상대방에게 생긴 손해를 메워줄 의무(책임)를 진다. 그 외에 채무불이행의 효과로서 강제이행(강제집행)이 가해질 수 있다.

3) 피침해법익과의 구별

유념할 점은 법위반이 공익을 해하느냐 단지 사익을 해하느냐 여부는 법위반행위가 직접적으로 피해자 개인의 이익을 침해하는 것이냐 하는 점과는 다른 것이다. 피해자 개인의 이익을 침해하는 행위 중에서도 그것이 사회질서의 유지 등 공공의 이익도 침해하는 경우에는 공익을 해하는 것이 된다. 살인이나 절도 등이 그 대표적 예이다. 형법상의 범죄행위에는 국가적 이익을 해하는 것과 사회적 법익을 해하는 것 이외에 개인적 법익을 해하는 것이 있는 바, 이는 위와 같은 점을 보여주는 것이다.

다. 일반적 구속력의 효과

법은 일반적 구속력 혹은 강제력을 가진다는 점으로부터 다음과 같은 것이 나온다.

1) 법의 내용의 신뢰성

법이 일반적 구속력을 가지기 위해서는 법의 내용이 올바르다고 여겨져야 한다. 왜냐하면 만약 법이 올바르지 않다면 사람들은 ― 강제력을 동원하더라도 ― 이를 따르지 않을 것이기 때문이다.

2) 인식 불문하고 적용

① 법이 일반적 구속력을 가지기 위해서는 법의 인식 여부를 불문하고 적용되어야 한다. 즉 법은 사람이 그것을 알았는가 혹은 원했는가 하는 점에 매이지 않고 적용되며, 누구든 법을 알지 못했다고 해서 법으로부터 벗어날 수 없어야 한다.

② 형법에서는 자신의 행위가 범죄(형사처벌의 대상)가 아니라고 오인한 경우에(이를 「법률의 착오」라고 한다), 그러한 오인이 「정당한 이유」가 있는 때에는 벌하지 않는다(형법 제16조). 그러면 이는 법은 인식 여부를 불문하고 적용된다는 것과 배치되는 것이 아닌가? 이와는 달리 행정법에서는

자신의 행위가 행정벌의 제재를 받는지를 모른 경우에도 처벌을 면하지 못하는데, 왜 양 경우를 달리 취급하는가? 우선 형법상의 위 규정은, 형벌은 범죄에 대한 제재인데 자신의 행위가 범죄가 되는지를 모른 경우까지 제재(형벌)를 가하는 것은 부적절하다는 점 때문에 둔 것이다. 즉 인식이 없으니까 형법이 적용되지 않고 따라서 범죄가 되지 않는다는 것이 아니고, 단지 범죄는 되지만 제재(책임)를 가하지 않는다는 것이다. 그런데 범죄는 거의 모두 반도덕적인 것 혹은 적어도 사회에 해로운 것인 바, 통상적인 정신능력을 가진 사람이라면 반도덕적인 혹은 반사회적인 행위를 하였음에도 이를 범죄가 아니라고 오인할 「정당한 이유」가 있다고 인정되지는 않을 것이다. 이 규정은 단지 행위자가 통상적인 정신능력이 결여된 경우에 적용될 것이다(범죄용의자가 정신이상인 것처럼 행동하는 것은 어쩌면 위의 규정에 의해서 제재를 피하려는 의도에 의한 것일 수 있다). 다음으로 행정법에서는 이와 달리 취급하는 이유는, 행정벌은 잘못에 대한 제재가 아니라 질서의 확립을 목적으로 하는 것이므로, 자신의 행위가 금지된 것임을 몰랐다는 이유로 처벌을 하지 않는다면 질서를 확보할 수 없기 때문이다.

라. 법과 다른 규범과의 구별표지로서의 강제성

법은 강제성을 가지는 점에서 다른 규범과 구별된다. 이 점은 항을 나누어 살핀다.

Ⅲ. 법규범과 기타의 사회규범

1. 서

① 사회에서 일정한 행위를 요구하는 규범, 즉 사회규범에는 여러 종류가 있다. 법규범은 이의 한 종류이고, 그 밖에도 도덕(윤리)규범, 풍속, 예법, 신사적 도리 등과 같은 사회규범이 있다. 법규범은 원래는 이러한 사회규범에서 유래하지만, 이중에서도 일부가 사회질서 유지를 위해서 반드시 지켜져야 하는 것(즉 위반시에는 강제가 가해지는 것)으로 발전하면서 사회규범과 법규범이 구별되었다.

▶ 기타의 사회규범을 살피기에 앞서서 이 책자에서의 용어의 의미를 명확히 하고자 한다. 우선 이 책자에서는 「사회규범」이라는 용어를 법규범을 포함해서 사회에서 요구되는 규범 전반을 가리키는 것으로 사용한다. 이러한 사회규범 중 법규범과 도덕규범의 의미는 대체로 명확하지만, 그 이외의 규범은 여러 가지이면서도 그 의미가 분명치 않으며, 더욱이 일반적으로 이들을 통칭하는 용어는 없는 것 같다. 그런데 민법 제103조 이하에서 「선량한 풍속 기타 사회질서」라는 문구가 있고, 민법학은 이를 「사회상규(社會常規)」라고 칭한다. 그러므로 이 책자에서는 풍속, 예법, 신사적 도리 등(즉 사회규범 중 법규범과 도덕규범을 제외한 것)을 「사회상규」라고 칭하기로 한다.

② 이하에서 법규범 이외의 사회규범 즉 도덕규범 및 사회상규의 의미 그리고 법규범과의 차이를 살핀다.

2. 도덕규범 = 윤리적 규범

가. 의의

1) 의의와 근원

도덕은 선, 올바름이라는 이상에 향해진 것이다. 그러므로 도덕규범(Sittliche Normen)은 그와 같은 이상이 요구하는 규범이다. 인간은 본성적으로 선악을 분별할 수 있는 생득적인 정신적 능력, 즉 양심(Gewissen, conscience)을 가지는 바, 도덕은 이러한 개개 인간의 양심에 근원하는 것이다. 즉 무엇이 선이고 도덕규범인지는 각자의 양심에 의해서 정해지고 양심에 의해서 효력을 가진다. 따라서 이는 주체 상호간에서(intersubjektiv)가 아니라 각 주체의 내면에서만(intrasubjektiv) 구속력을 가진다. — 도덕과 윤리는 때로는 동일한 의미로 사용된다. 이하의 설명에서도 간혹 그렇다. 그런데 엄격히는 양자는 다른 것이다. 윤리(Sittlichkeit)는 정의와 마찬가지로 가치개념이다. 즉 법은 정의를 이념으로 하는 것과 비슷하게, 도덕은 윤리를 이념으로 한다. 그리고 법과 도덕은 문화개념이다. 요컨대 도덕은 법에 대응하는 것이고, 윤리는 정의에 대응하는 것이다.

2) 공통되는 도덕

그러므로 무엇이 선이냐 하는 질문에 대해서 일반적으로 말해질 수는 없다. 그러나 많은 사람들이 같은 생각 내지 판단을 공유할 수 있다. 이때에는 이들 간에 도덕적 합의가 존재하게 된다(이러한 도덕을 「공적인 도덕」 öffentliche Moral이라고 칭한다). 그러나 이때에도 이러한 판단은 각자의 양심에 근거한 것이므로 여전히 — 법규범이 아니라 — 윤리적 규범에 속한다.

나. 법과 도덕의 차이

법과 도덕의 차이는 법의 외면성, 도덕의 내면성이라는 표어로 표현된다. 이러한 차이는 여러 가지 의미를 가진다.

① 이의 의미는 우선 관심방향에서 나타난다. 즉 법은 인간의 외부적 행동에 관심을 가지나(즉 외부적 행위를 규율하나), 도덕은 인간의 내적 심성에 관심을 가진다. 이러한 차이는 도덕은 선을 이상으로 할 뿐이나, 법은 인간의 공동생활을 규율하는 것이라는 점에서 나오는 것이다. 그러나 법에서도 내면적 행태(Verhalten)가 중요한 의미를 가질 수 있으며(예컨대 고의 또는 과실, 선의·악의 등), 반대로 도덕에서도 순수히 내면적 행태만을 고려하지는 않는다(예컨대 아무런 행동도 수반하지 않는 '경건한 희망'은 도덕적인 것으로 여겨지지 않는다).

② 외면성과 내면성은 규범을 준수하게 된 동기가 고려되느냐 여부에 차이를 낳게 한다. 즉 법은 법규범을 준수한 동기가 무엇이냐를 불문하지만, 도덕은 도덕규범을 준수한 동기가 문제된다. 달리 말하면 법은 적법성으로 만족하지만, 도덕은 그렇지 않다. 즉 법에서는 행동이 법과 외면적으로 합치되면 족하고, 어떤 이유로 그러한 합치에 이르렀는가는 문제되지 않으나, 도덕은 양심에 따라서 그렇게 행동하였을 것을 요구한다. 따라서 도덕적으로 행동하였다고 하기 위해서는 그러한 행동이 그의 양심에 따른 것이고, 불이익을 입더라도 그러한 행동을 해야 한다고 생각해서 그렇게 행동하였어야 한다. 만약 법에 위반되는 행동의 결과가 두려워서 법을 지켰다면, 법적 관점에서는 탓할게 없지만, 도덕적 관점에서는 탓하게 된다.

③ 법의 외면성과 도덕의 내면성은 어떤 행동을 선하다고 평가하는 경우에도 나타난다. 즉 법은 공동생활을 기준으로 그러한 평가를 하나, 도덕은 그 행동 자체를 두고 평가한다. 달리 말하면 법적 평가는 다른 사람에 대한 혹은 타인 전체에 대한 행동의 가치에 대한 것이고, 도덕적 평가는 단지 행

동의 가치에 대한 평가이다. 또 외면성과 내면성은 의무의 상대방 유무에
서도 차이를 낳는다. 즉 법적 의무는 항시 누군가 상대방이 있지만, 도덕적
의무는 상대방이 없고 오직 자기의 양심에 대한 의무이다.

④ 그 외에 법과 도덕의 외면성·내면성은 이의 효력원천(Geltungsquelle)
에서 차이를 가진다고 한다. 즉 법은 외부의 다른 의지(Wollen)가 법수범자
에게 의무를 지우는 것이고 이런 점에서 「타율성」을 가지나, 도덕은 이의
도덕률이 각자의 윤리적 인격성을 통해서 각자에게 과해지는 것이고 따라
서 「자율성」을 가진다고 말해진다. 그러나 법이 타율성을 가진다는 것은
강제와 당위와의 구별에 맞지 않는다. 왜냐하면 타인(의무부과자)의 의사에
의한 타율적 의무부과는 그 타인에게 강제하는 힘이 수반될 때에는 강제
(Müssen)를 낳을 수 있지만, 그러나 그것은 결코 언제나 당위(Sollen)를 낳
지는 않기 때문이다. 이런 점에서 오늘날에는 법은 타율적인 것이라는 주
장은 전면에 나타나지 않는다.

다. 위반의 효과

1) 인격적 평가

윤리적 규범의 위반에 대해서는 인격적인 몰가치적 판단·평가("그놈
참 못됐다")가 가해진다. 그것이 전부이다. 이는 그 사람의 내면적인 태도
에 대한 부정적 평가이다. 이런 점에서 위반의 경우에 법적 강제가 뒤따르
는 법규범과 구별된다.

2) 주관적 회피가능성의 필수성

어떤 행동이 윤리적 규범에 위반했는지를 판단함에 있어서는 과연 그가
이와 다른 행동을 할 수 있었는가 하는 점(주관적 회피가능성)이 반드시 고

려된다. 법적으로도 원칙적으로는 잘못(과실)이 있어야 그로 인한 결과(가해)에 대해서 책임을 지는데, 잘못이 있다고 하기 위해서는 주의의무 위반뿐만 아니라 주관적인 회피가능성도 있어야 한다. 이런 점에서는 윤리적 규범과 법규범은 일응 공통된다. 그러나 전자에서는 언제나 그렇지만 후자에서는 때로는 그렇지 않은 점에서 차이를 가진다. 즉 예컨대 타인에게 손해를 가하는 사고를 저지른 경우에, 원칙적으로는 가해자에게 과실이 있어야만 배상책임을 지지만, 예외적으로 과실이 없는 경우 즉 가해자로서도 "전혀 어쩔 수 없었다"고 평가되는 경우에도 책임을 질 수 있다. 이러한 책임은 가해물질이 타인에게 손해를 줄 가능성(위험)이 매우 크고 나아가 아무리 주의하더라도 가해를 완전히 방지할 수는 없는 경우에 인정된다(그래서 이러한 책임을 「위험책임」이라고 한다). 자동차운행자의 책임, 원자력책임 등이 그 예이다(제조물책임은 이에 준한다). 그외에 근로자의 업무상 재해에 대한 사용자의 배상책임도 이의 예라고 할 수 있다. 이러한 무과실책임(또는 위험책임)이 인정되는 근거는, 위험을 만들었다는 것 자체(원인책임) 혹은 그러한 위험물질을 이용해서 편익을 취하였다면 그로 인해서 생기는 손실을 감수해야 한다는 사상(보상책임)이다.

3. 사회상규

가. 총설

1) 의의

사회상규는 넓게는 사회에서 승인되고 대다수 구성원들이 따라 하는 교양있는 행위에 향해진 규범이다. 풍속, 예법, 신사적 도리(페어플레이) 등이 이에 해당한다.

민법 제103조는 「선량한 풍속 기타 사회질서」에 반하는 행위는 무효라고 규정한다. 이와 같이 사회상규에 반하여 무효인 행위의 대표적인 것은 첩계약, 도박행위 등이다. 그러나 예컨대 어떤 행위가 예법에 반한다고 해서 그 행위가 무효로 되지는 않는다. 따라서 사회상규 중에는 규범력이 강한 것(즉 위반하면 행위의 효력을 잃게 하는 것)과 규범력이 약한 것이 존재한다. 이하의 설명에서 말하는 사회상규는 이들을 모두 가리키는 것이다. 단지 규범력이 강한 것만을 가리키는 것은 좁은 의미의 사회상규라고 할 수 있고, 특히 이런 의미의 사회상규를 뜻하는 때에는 개별적으로 이렇게 칭하기로 한다.

2) 근원

사회상규는 각자의 양심에 근원하는 것이 아니고, 법규범과 유사하게 다수인의 관념에 근원하는 것이다. 즉 다수의 구성원이 그렇게 행동하는 것이 바람직하다 혹은 도리이다 라고 여기는 경우에 사회상규로 된다. 여기에서 더 나아가 '따라야 한다'고 하는 인식＝법적 확신이 생기면 법규범으로 된다.

3) 위반에 대한 효과

이의 위반에 대한 효과는 도덕규범과 유사하다. 즉 이의 위반은 사회에서의 비난(경시), 비웃음을 낳을 뿐이고, 구속력을 가지는 것이 아니다. 즉 지킬 것이 강제되거나 위반에 대해서 제재가 가해지지 않는다. 달리 말하면 이는 사람들 상호간의 외적인 행위에 관한 것이므로 상호주관적이기는 하지만(이 점에서 도덕규범과 다르다), 일반적 구속력을 가지지는 않는다.

그러나 좁은 의미의 사회상규에 위반하는 행위는 무효가 된다.

나. 다른 규범과의 차이

① 우선 윤리적 규범과의 차이를 보면, 사회상규와 윤리적 규범은 적지 않게 중첩된다. 즉 윤리적 규범은 동시에 사회상규에 해당하는 경우가 적지 않다. 이는 양심에 반하는 것은 대부분 사회적으로 부정적 평가를 받게 되기 때문이다. 그러나 윤리적 규범과 무관하게 형성된 것도 있다. 윤리적 규범과 결부된 사회상규로는 예의, 신사적 도리, 손님에게의 친절 등이 있다. 상대적으로 윤리적 표준과 무관한 것으로는 의복에 관한 풍조/유행 (Mode), 축제를 거행하는 양식 등이 있다.

② 사회상규와 법 그리고 도덕(윤리) 간의 공통성과 차이점을 보면, 사회 상규와 법은 사람들이 다른 사람과의 사이에서 어떻게 행동해야 하는가를 규율하는 점에서 공통된다. 따라서 단지 외부적 행동만을 관찰하며, 그 내면의 사고와 감정은 보지 않는다. 양자는 외적인 행동의 모방에서 생겨났다. 그러나 도덕은 외적인 모방과 규칙의 준수를 넘어서는 내면의 사고와 감정에 근원한다. 이의 뿌리는 윤리이며 여기에 향해져 있다. 즉 도덕은 사회상규 및 법과는 다른 방향이다. 도덕은 생각의 죄를 안다. 그러나 사회상규와 법은 그렇지 않다. 윤리는 내면의 동기를 평가하지만, 사회상규와 법은 오직 외부의 행동을 평가한다. 법에서는 어떤 사람이 무례하게 혹은 비도덕적으로 행위했다는 것은 아무런 문제가 되지 않는다. 도덕의 마지막 심판자는 오직 행위자의 고유한 확신(Überzeugung)이며, 이것이 그의 행동을 조종한다. 이에 반해서 사회상규와 법의 심판자는 외부에 자리하며, 외부로부터의 제재가 그의 행동을 조종한다.

4. 법규범과 다른 규범과의 관계

가. 공통 혹은 유사성

① 법규범은 상당 부분 윤리적 규범과 내용적으로 공통 내지 유사하다. "사람을 살해하지 말라! 도둑질하지 말라"라는 규범이 이의 대표적 예이다. 이는 많은 법규범이 윤리적 규범으로부터 나왔기 때문이다. 즉 윤리적 규범 중에서도 사회질서의 유지를 위하여 반드시 지켜져야 할 것이 법규범으로 되었기 때문이다. 「법은 도덕의 최소한」이라는 법언은 이를 잘 표현한다. 뿐만 아니라 법은 공통되는 윤리적 가치, 예컨대 자유, 법적 안정성, 계약에의 충실, 신뢰의 보호, 폭력으로부터의 생활과 건강의 보호 등을 실현하기 위해서 이러한 윤리적 가치를 법규범 안에 담았다.

② 법규범은 사회상규와 연결되기도 한다. 우선 사람들은 법적 거래를 함에 있어서 사회에서의 일반적 관념과 행동방식에 따라 행동한다. 그러므로 사회상규는 의사표시의 해석에서 참조된다. 민법 제106조가 「사회질서에 관계없는 규정」과 다른 관습이 있는 경우(이러한 관습이 대체로 사회상규이다)에는 그 관습에 의한다고 하는 것은 이런 점을 명언한 것이다. 나아가 공정이나 형평이라는 개념은 사회상규에 근원하는 것이라고 할 수 있다. 그밖에 사회상규는 법규범의 한계를 긋기도 하는데, 이의 구체적 내용은 뒤에서 살핀다.

나. 양자의 별개성

① 그러나 법규범 중에는 윤리적 규범이나 사회상규와 아무런 관계도 가지지 않는 것이 적지 않다. 세법은 거의 모두 그럴 것이다. 뿐만 아니라 교통법규(예컨대 「우측 통행」과 같은 법규범)도 그렇다.

② 이와는 반대로 법규범이 윤리적 규범 등을 형성하는 경우도 있다(국방의 의무는 정당한 이유 없이 군입대를 회피한 자는 사회적으로 비난받아야 한다는 사회인식을 낳았는 바, 이러한 사회의식은 이의 예가 아닐까?).

다. 양자의 관계에 관한 몇 가지 고려사항

1) 법규범이 기타의 규범과 부합하는 경우

① 이런 경우에는 그 법규범을 정당한 것으로 받아들일 개연성이 크다. 그러나 반드시 그렇지는 않다. 즉 예컨대 윤리적 규범에 반하는 것임에도 법규범이 이를 정당한 것으로 평가하는 경우도 있다. 이혼이 그 대표적 예이다. 낙태는 오늘날 문제되고 있다.

② 윤리적 규범은 대부분 간략하며 단지 대략적 내용만을 담고 있다. 따라서 양자가 부합하더라도 규범의 언어적 형태는 다르다. 즉 윤리적 규범은 통상적으로 직접적인 명령 혹은 금지(예컨대 "살인하지 말라")의 형태를 띤다. 그러나 법규범은 금지되거나 명령되는 행위를 외부적 징표에 따라 유형화하여 보다 구체적 형태(Umschreibung, 법률적 구성요건)로 파악함으로써 금지 또는 허용되는 행동이 무엇인지 그 내용을 명료히 한다. 즉 명확한 법적용을 가능하게 하기 위해서 법률적 구성요건을 가능한 세밀하게 서술한다. 그리고 이에 더하여 여기에 법적 효과를 연결시킨다(고의에 기해서 타인을 살인한 자는 무기징역에 처해진다). 즉 법률은 구성요건과 법적효과를 연결시키는 조건적 문장(명제)의 형태를 취한다.

2) 법과 도덕의 분화 그리고 그로 인해서 생기는 문제

사회가 다양화하면서 법과 도덕은 분화되었다. 양자가 분화되었다는 의미는 도덕적 비난을 받는 행위이더라도 그것이 법규범에 위반하지 않는 한

처벌할 수 없다는 것을 뜻한다. 양자의 분화가 낳은 영향은 무엇인가? 그 영향 중 대표적인 것은 도덕불감증이다. 이 문제는 후술한다(제4장 Ⅱ 2 다, 103쪽 이하). 그러나 그밖에도 법과 도덕의 분화는 여러 가지 어려운 문제를 낳는다. 예컨대 법은 윤리적 가치와 요구에 대하여 중립적이어야 하는가? 법은 윤리의 고려없이 해석되고 적용되어야 하는가? 이러한 문제는 앞으로 더 생각해보기로 한다. 다만 유념할 것은, 법이 윤리에 가까워지면 가까워질수록 법의 운영(즉 법원의 판결)은 불안정해진다. 그러나 윤리와 거리를 두면 둘수록 더 올바르지 않게 된다.

라. 법규범의 한계를 긋는 사회규범

사회규범은 주로 법규범을 탄생시키는 작용을 하지만, 때로는 법규범의 한계를 긋는 작용을 한다.

① 이의 대표적 예는 권리의 행사가 신의성실의 원칙에 반하는 경우에는 허용되지 않는다는 점(민법 2조),[1] 그리고 어떤 행위가 법(강행법규)에 직접 위반하지는 않더라도 선량한 풍속이나 사회질서에 위반하는 경우에는 무효가 된다는 점이다(민법 제103조).[2] 이러한 점은 사회의 진전으로 법규범이 윤리적 규범이나 사회상규(여기에서의 사회상규는 좁은 의미에서의 사회상규이다)와 분리되고 더 나아가 정책적 이유에서 이들과 무관한 법규범이 무수히 제정되었지만, 법규범의 가장 큰 울타리는 여전히 — 원래는 법규범의 뿌리였던 — 윤리적 규범과 사회상규임을 말하는 것이 아닐까?

---

1) 그러한 예로서 소멸시효의 주장이 신의칙에 반한다고 한 판례는 9장 Ⅱ 나 2), 335쪽에서 소개한다.
2) 과거에 반사회적 행위의 전형적인 경우는 첩계약이었다. 근래의 사례로서 흥미있는 것은 의뢰인이 변호사에게 지나치게 높은 성공사례금을 지급하기로 하는 약정이다. 그러한 약정은 무효이므로 변호사는 그 약정 사례금을 청구할 수 없고 단지 합리적인 범위의 성공사례금만을 청구할 수 있다.

② 사회상규가 법규범의 한계를 긋는 보다 구체적인 예는 소위 위법성조 각사유이다. 그러한 사유 중 대표적인 것은 정당방위와 긴급피난이다. 전자 는 상대방이 가해하려 하자 이를 막기 위해서 상대방을 가해하는 것이고, 후자는 상대방의 가해를 피하려다 제3자에게 손해를 가하는 것이다. 통상 적으로는 타인에게 손해를 가하는 행위(가해행위)는 위법한 것이지만, 사회 상규는 위와 같은 가해행위는 허용된다고 여겼던 것이다. 그리고 법규범은 정당방위와 긴급피난을 위법성조각사유로 규정함으로써 이와 같은 사회상 규를 법규범으로 받아들였다.

정당방위나 긴급피난이 위법성조각사유로 된 것은 사회상규에 기초한 것이라는 점은 민법규정만으로는 파악되지 않는다. 그런데 법학과 판례는 정당방위나 긴급피난 이외에 「사회상규에 부합하는 것」을 위법성조각사유 의 하나로 인정한다.[3] 이는 위법성조각사유라는 제도가 사회상규로부터 나 온 것이라는 점을 간접적으로 보여주는 것이다.

③ 도덕규범이나 사회상규는 법규범에 비해서 느슨하고 외연이 넓다. 이 중에서 사회질서 유지를 위해서 필요한 것이 법규범으로 전화되었다. 그러 나 그럼에도 도덕규범 등은 법규범의 울타리로 작용한다.

---

3) 이전에 사회상규에 반하지 않는 대표적 예는 교육목적에서 또 그러한 한도에서 학생에게 가하는 회초리였다. 그런데 오늘날에는 어떠한 회초리도 사회상규에 적합하다고 여겨지 지 않는다. 이는 법의 궁극적인 기준(즉 법적으로 허용되느냐 여부)은 사회적 인식임을 보여주는 것이다.

제3장
법의 이념

I. 서설

1. 의의

① 법의 이념이란 법이 궁극적으로 추구하는 가치 혹은 법의 최상의 가치이다. 법이념은 법을 법으로 만드는 것이고, 이런 점에서 법이념은 법의 개념에 있어서 구성적·본질적 성질을 가진다. 그러나 동시에 법이념은 실정법에 대한 평가의 기준이다.

② 어떤 인간작품도 이념과 관련시키지 않고는 개념을 파악할 수 없다. 예컨대 책상이라는 인간작품을 목적을 떠나서 정의해 보자. 어떤 사람은 네 개의 다리를 가진 목판이라고 정의할 것이다. 그러나 책상 중에는 다리가 네 개가 아닌 것도 있고, 또 목판이 아닌 것도 있다. 반대로 책상이 아닌 것에도 그런 것이 있다. 그래서 작품의 목적(책상의 용도)이 더해져야, "책상은 사람이 앉아 일을 하고, 무엇을 그 위에 올려 놓으려고 만든 시설"이라고 하는 책상의 개념에 이르게 된다. 이와 같이 인간작품에 대해서 그 목적을 무시하고 고찰하는 것 즉 가치맹목적으로 고찰하는 것은 불가능하다. 법도 인간의 작품이며, 따라서 모든 인간작품과 마찬가지로 이념에 의해서만, 즉 가치와 관련지워서만 파악될 수 있다. 법은 문화현상으로서, 「법이념을 실현하기 위한 의미를 가진 소여」이다.

2. 논의되는 점

① 법의 역사를 보면 근대 후기까지는 정의를 법의 이념으로 여기는 사상이 지배적이었다. 그런데 19세기에 그러한 사상을 부정하는 견해가 세력을 펼쳤다(법실증주의). 그러므로 먼저 정의가 법의 이념이냐 하는 문제에 관한 대립되는 견해를 살펴볼 필요가 있다.

② 적어도 오늘날에는 정의가 법의 최상의 가치라는 점, 즉 법은 정의를 실현하기 위한 것이라는 점에 대해서는 폭넓은 합의가 이루어져 있다. 법은 올바르지 않을 수 있으나, 그러한 법도 올바르려고 하기 때문에 법인 것이다. 그러면 무엇이 정의인가? 이는 고대부터 오늘날까지 끊임없이 논의되어 오는 문제이다. 따라서 무엇이 정의인가 하는 점을 살펴볼 필요가 있다.

③ 그런데 무엇이 정의인가 하는 문제에서, 전통적으로는 정의를 이념으로 보고 그 내용이 무엇이냐를 살펴왔는데, 근래 정의를 이념으로 보지 않고 사람들이 평화롭게 살아가기 위한 길로 이해하는 견해가 제기된다. 즉 정의를 이념이 아니라 실제적인 것으로 보는 것이다. 따라서 정의의 내용에서는 이러한 두 가지 이론을 나누어 살핀다.

3. 법에서 왜 정의가 중요한가?

① 『정의』는 비단 법에 고유한 가치 내지 관심사는 아니다. 정의는 일상생활에서도 자주 등장하는 가치이다. 예컨대 "경기 도중에 규칙을 바꿔서는 안된다"고 하는 것도 정의의 요구이다. 이와 같이 정의는 법뿐만 아니라 도덕 기타 모든 사회규범에 공통되는 가치이다.

② 그런데 정의는 법에서 가장 중요한 의미를 가진다. 그 이유는, 법은 강제력을 가지기 때문이다. 즉 만약 법이 정의에 부합하지 않으면 이를 적

용받는 국민(수범자)의 고통이 너무나 크기 때문이다. 그래서 법에서는 끊임없이 "정의는 법의 이념이다" 혹은 "법은 정의의 요구에 부합해야 한다"는 점이 강조되는 것이다.

4. 정의의 의미

정의의 내용에 들어가기에 앞서 기초적인 정의의 의미를 살펴본다.

① 정의는 통상 객관적 정의와 주관적 정의로 구분된다. 법의 이념으로서의 정의는 객관적 정의, 즉 인간 상호간의 관계에서 올바른 것이다. 주관적 의미의 정의는 윤리적 善이라고 할 수 있다. 주관적 정의는 이상적 인간을 이상으로 하고, 객관적 정의는 이상적 사회질서를 이상으로 한다.

② 정의는 법률 자체에 관한 것일 수도 있고 법률의 적용 또는 준수에 관한 것일 수도 있다. 이중에서 뒤의 형태의 정의, 특히 법률에 충실한 판사의 정의는 합법성 내지 법에의 충실(Rechtlichkeit)이라고 부르는 것이 좋다. 여기에서의 정의는 전자의 형태이다.

Ⅱ. 정의는 법의 이념인가?

1. 서

정의가 법의 이념인가 하는 문제의 핵심은, 정의의 명령은 법에서 「처분불가한」 가치인가 하는 점이다. 이는 법은 이미 법률(사람이 만드는 법) 이전에 존재하는 것인가, 따라서 입법자는 이러한 법을 존중해야 하고 이에 반하는 법률을 만들 수 없는가 하는 문제이다. 이 문제는 시대를 불문하고 언제나 법철학의 주된 주제이다. 뿐만 아니라 입법과 법의 집행·적용에서 마치 법의 그림자처럼 법에 따라다니는 문제이다. 이 문제에 관해서 역사적으로는 정의를 법의 이념으로 여기는 자연법사상과 이를 부인하는 법실증주의가 대립한다. 다만 오늘날에는 이에 관한 논쟁은 거의 수그러들었다. 그러나 위의 두 견해는 법에서의 모든 문제에 관해서 상반된 입장을 취한다. 그러므로 두 법사상의 의미를 명확히 이해할 필요가 있다. 이하에서 두 견해의 내용을 살피고, 필자의 견해를 적어본다.

2. 두 입장의 대립

가. 자연법사상

① 이는 정의를 법의 이념으로 보는 입장이다. 역사적으로 보면 고대부터[1] 근대 중반에 이르기 까지 자연법사상이 지배했다. 이에 의하면 법은

현세의 누군가(왕이건 시민 총체이건 혹은 의회이건)가 만드는 것이 아니고, 그에 앞서 초실정적인 법(자연법)이 존재한다. 그러므로 입법가는 법을 자의적으로 창조할 권한을 가지지 않으며, 자연법의 테두리를 벗어나면 안 된다. 입법가나 법적용자는 단지 이러한 법을 발견 내지 인식하는 것이다. 여기에서는 정의와 법은 본성상 내용과 형식이다. 즉 법은 올바른 질서를 보장하는 것이다.

② 자연법사상의 내용을 보다 상세히 살피면,

▶ 법의 근원 : 자연법사상은 인간세계 밖에 초자연적인 힘이 존재하고 또 이러한 힘에 의해서 만들어진 초실정적인 법(자연법)이 존재한다고 하면서, 인간이 만든 법(실정법)은 이러한 자연법에 의해서 주어진 것이라고 생각한다. 그리고 자연법은 언제나 변함이 없으며, 인간은 이러한 법을 발견할 뿐이라고 한다. 다만 자연법의 기원에 관해서 고대와 중세 그리고 근대에서 차이가 있을 뿐이다(이는 제6장 IV 3 나, 191쪽 참조).

▶ 법의 (효력)근거 : 자연법사상은 법의 효력근거, 즉 법이 법으로서 효력을 가지고 적용되는 근거는 이의 내용에 있다고 한다(내용으로부터 법이 나온다). 즉 법이 자연법에 부합하기 때문에 법이 되고 법으로서의 효력을 가진다고 한다. 달리 말하면 자연법이 법에게 그 내용을 수여하고 법을 형성한다고 여기는 것이다. 입법자에 의해서 법이 만들어진다고 하더라도, 자연법 = 정의는 법을 통해서 실현되어져야 할 가치라는 데는 변함이 없다고 한다. 따라서 자연법에 반하는 실정법은 법

---

1) 이런 점은 로마법대전 1권의 서두에 잘 나타나 있다. 여기에는 다음과 같이 적혀있다 : "진심으로 법에 종사하고자 하는 사람은 다른 무엇보다 앞서 법(Recht = ius)이라는 이름이 어디에서 유래하는가를 알아야 한다. 이것은 정의 내지 정당성(Gerechtigkeit, iustitia)에서 유래한다. 왜냐하면 Celsus가 인상깊게 정의한 것처럼 법은 선(Gut)과 올바름(Gerechten)의 예술이기 때문이다." 그 외에 자연법사상은 고대의 그리스신화에서도 잘 나타나는데, 이는 뒤에서 소개한다(제6장 Ⅱ 1 다, 180쪽에서의 주 1).

으로 여겨지지 않는다.

▶ 법의 의미 : 자연법사상은 '법이 무엇이냐'라는 물음에 대해서, 현행의 실정법과는 무관하게, 그보다 상위에 있는 자연법 즉「올바른」질서를 법이라고 한다. 이는 법을 규범적으로 파악하려는 것이다. 즉 자연법사상은 무엇이 실정법으로서 효력을 가지고 있는가를 살피는 것이 아니고, 무엇이 실정법으로서 효력을 가져야 하는가를 살피는 것이다. 그리고 실정법은 이러한 초실정적 질서를 기준으로 정당성이 측정된다고 한다. 실정법이 정당하지 않으면 그 법은 '옳지 않다'고 하고, 그 정도가 심하면 '법이 아니다'라고 한다. 그리고 이와 같이 법이 아닌 것은 그 적용을 부인해야 한다고 주장한다.

나. 법실증주의

① 법실증주의는 근대 중반 이후 등장한 절대국가가 평화의 보장과 질서의 유지라는 국가적 임무를 위해서 수많은 법을 제정하면서 등장한 것으로서, 국가가 제정한 성문법(제정법)만을 법으로 보는 입장이다(보다 상세한 배경은 제6장 IV 4 나, 204쪽 이하 참조).

② 법실증주의의 내용을 보다 상세히 살피면,

▶ 법의 기원 : 법실증주의는 법은 사회를 규율하기 위한 도구일 뿐이라는 도구사상에 기초하는 것이다. 즉 법은 국가가 필요에 의해서 만든 것이라고 생각하는 것이다. 이는 초실정적인 힘에 기초한 자연법의 존재를 부인하고, 국가에 의해서 만들어진 법률(Gesetz)만을 법(Recht)으로 보는 것이다.

▶ 법의 (효력)근거 : 법실증주의는 법의 효력근거는 적법한 절차에 기해서 만들어졌다는 점(즉 적법한 성립)에 있다고 한다. 이 입장의 대표적 학자인 켈젠(Hans Kelsen, 1881-1973)은 이러한 점을 다음과 같이 명료

하게 표현한다 : "그러므로 어떠한 임의적인 내용도 법이 될 수 있다."
▶ 법의 의미 : 법실증주의는 '법이 무엇이냐'라는 질문에 대해서 "권한있
  는 자에 의해서 문자로 만들어져 일정한 사회 안에서 일정한 시간에
  적용되는(효력을 가지는) 법＝실정법"이라고 대답한다. 즉 법은 사람
  들에 의해서 문자로 쓰여진(gesetzte) 규범질서이다. 법이 정당하냐 하
  는 점은 문제되지 않았다. 이는 법을 사실로 파악하려는 것이다. 즉 법
  을 경험적으로 감지할 수 있는 대상물로 여겼고, 따라서 묘사될 수 있
  는 것으로 보았다.

다. 오늘날의 견해

① 근대 초기까지는 자연법사상이 지배적이었으나, 근대 중반 이후 제정
법의 증대로 법은 인간이 만든 제작물임을 깨닫게 되면서 법실증주의가 풍
미하였다.[2] 그런데 20세기에 나치의 불법국가를 경험하고 나서 2차 세계대
전 이후에 자연법사상이 다시 전면에 나타났다. 이의 대표자는 독일의 대
표적인 법철학자 라드부르크(Gustav Radbruch, 1878-1949)이다. ― 이 장의
앞머리에서 책상을 예로 들면서 법을 포함한 모든 인간작품은 이념과 관련
시키지 않고는 개념을 파악할 수 없다고 한 설명은 그의 이론이다.
② 그런데 20세기 후반에 이르러 대부분의 국가는 자연법사상에서 요구
하는 원리(정의의 요소) 혹은 인류 공통의 가치를 법률 특히 헌법 속에 담
았다(헌법은 보다 구체적으로 정의의 요구를 천명하였다). 그리하여 20세기
후반에 이르러서는 자연법사상은 빛이 희미해지고, 법의 본성을 명확히 파

---

2) 법실증주의도 정의를 전혀 법의 이념에서 배제한 것은 아니고, 정의의 의미를 단지 "같
   은 것을 같게 다른 것은 다르게 서로 상응되게 취급해야 한다"는 문장으로 표현되는 평
   등원리로 축소하였다. 그리고 법실증주의는 형식적인 원칙만이 학문적 대상이 된다고 생
   각했기 때문에, 정의의 내용은 학문의 대상이 될 수 없다고 생각했다. 이들에 의하면 정
   의는 정치에 속한다.

악하거나 또는 법을 보다 정밀히 묘사하려는 이론(법리학)이 주류를 이루게 되었다. 그러면서 굳이 실정법 바깥에서 정의의 요구를 끌어들여 법의 옳고 그름을 평가할 필요가 없다는 입장이 일반화되었다. 이 견해는 법의 내용이 정의에 부합하느냐를 불문하는 19세기의 법실증주의와는 다르지만, 실정법 밖에 있는 정의를 실정법의 평가기준으로 보는 것을 배척한다. 이런 점에서 이 견해는 적어도 실정법만을 법으로 보는 입장이며, 따라서 이를 넓게 (새로운) 법실증주의로 분류할 수 있다.

라. 검토

그러면 오늘날에는 정의를 법의 이념으로 볼 필요가 없는가?

1) 일반인의 의식

우선 일반인의 법에 대한 인식을 살펴보자. 예컨대 어떤 재판의 결과가 자신의 생각과 너무 다를 뿐만 아니라 잘못되었다고 여겨지는 경우에, 사람들은 법이 정의롭지 못하다거나 혹은 법의 적용(재판)이 정의에 반하게 행해졌다고 비난한다. 혹은 더 나아가 재판에서 적용되었던 법은 법이 아니라고 한다. 국가 차원에서 보더라도 어느 국가이건(특히 불법국가이더라도) 자국의 법은 정의롭다고 말한다. 이러한 예는 법은 정의로워야 한다는 것이 일반인뿐만 아니라 모든 국가의 공통된 생각임을 보여준다. 그러므로 정의는 법의 이념에 속한다고 해야 한다. 실제적으로도 법에서는 ─ 정의의 불확실성에도 불구하고 ─ 정의가 법의 형성에서 구심력으로 작용한다.

2) 새로운 법실증주의 내용

자연법사상과 법실증주의는 근본적으로는 법의 내용이 정의에 부합해야 법이 되는가 하는 점을 둘러싼 대립이다. 그런데 오늘날의 새로운 법실증주의는 정의의 명령이나 요구(인간의 존엄성, 자유와 평등과 같이 헌법에 담겨진 원리들)가 실정법 속에 담겨져 있기 때문에 굳이 법의 내용이 정의에 부합해야 하느냐 하는 문제를 살필 필요가 없다고 한다. 이는 법에는 정의의 명령이 존재한다는 것, 그리고 법은 이러한 정의의 명령에 부합해야 한다는 것을 전제로 하는 것이다. 그렇다면 새로운 법실증주의도 외면에는 실증주의의 옷을 입었지만, 내면적으로는 자연법사상을 취하는 것이 아닐까?

3) 정의의 기준의 불명확성 문제

법실증주의 입장에서는 자연법사상을 취하더라도 무엇이 정당하냐 하는 기준이 상대적이거나 혹은 관념적이어서 불명확하다고 비판한다. 혹은 더 나아가 실정법 바깥에 있는 불명확한 자연법을 기준으로 현행법을 평가하는 것은 부당하다고 비판한다. 즉 이러한 자연법사상의 불명확성을 실증주의의 근거로 삼는다. 그러면 정의의 기준은 과연 불명확한가? 혹은 정의의 기준의 불명확성은 정의를 법의 이념으로 보는 것을 어렵게 만드는가? 즉 정의기준의 불명확성은 자연법사상의 아킬레스건인가? 우선 간명하게 몇 가지 질문을 던져보자. 20세기 독일의 나치정권은 정의에 부합하는 국가인가? 국민의 기본권을 전혀 배려하지 않는 공산주의국가는 정의에 부합하는 국가인가? 1972년의 유신헌법이 규정한 긴급조치권은 정의에 부합하는 법인가? 헌법재판소는 어떤 법률이 위헌인가 하는 판단의 기준을 가지지 않는가? 이러한 몇 가지 질문을 통해서 알 수 있는 것은, 정의의 기준은 사전에는 드러나지 않지만 구체적 문제나 실제적 사건에서는 명확히 존재한다는 점이다. 왜냐하면 만약 정의의 기준이 존재하지 않는다면 위와 같은 질문에 대해서 올바른 답을 할 수 없기 때문이다. 우리는 위의 질문에 대해서 전혀 주저없이 답을 한다. 이는 정의의 기준이 있으니까 그러한 질문에 대해서 답을 할 수 있는 것이다. 무엇이 정의에 부합하는가 하는 점은 시대와 사회에 따라서 달라지고 사람마다 달리 생각할 수 있지만, 그 기준은 분명 존재한다. 다만 이는 구체적 경우에 즉응해서 나타나기 때문에 미리 그 내용이 가시화될 수 없고 미리 확정할 수 없을 뿐이다. 오히려 그렇기 때문에 이는 탄력적이다. 이러한 점이 정의의 생명이다.

4) 헌법적 문제의 해결기준으로서의 정의

정의의 명령은 헌법에 담겨져 있다고 하지만, 예컨대 신체의 자유를 어느 정도 보장할지 혹은 재산권을 어느 정도 보호할지는 헌법으로부터 답이 나오지 않는다. 뿐만 아니라 이러한 헌법적 가치 내지 정의의 명령이 서로 충돌하는 경우가 끊임없이 생기는데,3) 이때 충돌하는 가치를 어떻게 조절할 것인가 하는 점 역시 헌법으로부터는 알 수 없다. 따라서 이러한 문제를 해결하는 기준은 헌법(실정법질서) 밖에서 찾을 수밖에 없다. 그 기준이 바

---

3) 그러한 사건의 한 예로는 명예훼손 사건, 대광고교 사건(대법원 2010.4.22. 2008다38288 전원합의체 판결) 등이 있다. 이중 전자는 뒤에서 소개하고(제5장 Ⅱ 4 다, 주 7, 171쪽), 여기에서는 전자의 내용을 소개한다. 이 사건은 종교교육(종교행사 포함)을 실시하고 이의 참여를 강제하는 종립학교에서 한 학생이 그러한 교육에의 참여를 거부하자 그 학생에게 퇴학처분을 내렸고, 이에 위 학생이 학교에 대해서 퇴학처분은 위법하다고 해서 불법행위책임을 물은 사건이다. 이에 대해서 판결은 다음과 같이 판시한다 : 헌법 제20조의 종교의 자유에는 종립학교에서의 적극적인 종교교육의 자유와, 학생이 자신의 종교적인 확신에 반하는 행위를 강요당하지 아니하는 소극적인 자유가 포함된다. 따라서 학교의 적극적인 자유와 학생의 소극적인 자유라는 두 기본권이 충돌하는 바, 이런 경우에는 구체적인 사정을 고려해서 양 기본권 사이의 실제적인 조화를 꾀해야 한다. 그런데 고등학교 평준화정책에 의해서 학생들이 추첨을 통하여 특정학교에 강제로 배정되는 현실에서는 학생에게 종교교육을 대신하는 대체과목을 개설하거나 종교교육에의 참여를 거부할 수 있도록 하지 않은 채 종교교육을 강제하는 것은 종립학교에서 허용되는 종교교육의 한계를 넘은 것이며 학생의 인격권을 침해하는 것이다. 그리고 위 학생이 학교의 종교행사에 반대함에 있어서 교사 등에게 지나치게 불손한 태도를 취한 것이 아님에도 퇴학처분이라는 가장 강한 징계를 한 것은 사회통념상 용인될 수 없을 정도의 징계권 남용이다(그리하여 학교의 처분은 위법한 것이라고 해서 불법행위책임을 인정).

로 정의인 것이다. 즉 법률가는 헌법이 보호하고자 하는 가치를 구체적 사건에서 어느 정도 보호할지, 이들이 서로 충돌하는 경우에 어느 선에서 양자를 타협 · 조화시켜야 할지를 결정해야 하는데, 이때 고려되고 기준으로 작용하는 것이 정의인 것이다. 이런 점에서 정의는 여전히 법의 최상의 가치이다. 다만 그것이 미리 보이지 않을 뿐이다.

법실증주의는 정의의 내용이 불명확하다고 비판하면서도, 실정법 안에 자연법적 원리를 수용했기 때문에 실정법을 떠나 자연법적 원리를 원용할 필요가 없다고 주장하는 것은 자기모순이다. 더 나아가 실정법에 자연법적 원리 내지 정의의 명령을 수용했다고 하지만, 이의 내용은 추상적이고 불명확해서 다시 정의라는 보다 궁극적인 가치를 고려하지 않고는 그 내용을 알 수 없다. 더욱이 보호해야 할 가치가 충돌되는 경우에 이를 어떻게 조절할 것인가 하는 문제가 생기는데, 이를 판단함에 있어서는 정의가 기준이 될 수밖에 없다.

III. 정의이론 1 — 이념으로서의 정의의 내용

1. 평등(평등원리 = 평등취급의 원칙)

① 예컨대 아이들에게 과자를 나누어 주는데 있어서, 어떤 아이가 뚜렷한 이유도 없이 과자를 적게 받게 되면, 그 아이는 과자를 먹어서 얻을 「쾌락」 대신에 — 성숙된 표현으로 말하자면 — 정의감정을 손상받을 것이다. 이는 이유없이 불평등한 취급을 하는 것은 우리의 법감정을 교란시킨다는 점을 단적으로 보여주는 것이다. 이러한 사소한 예에서도 평등(평등취급)이 정의의 명령이라는 점이 잘 나타난다.

② 이와 같이 정의의 핵심적 내용 내지 요소는 평등이라는 점에 관해서는 견해가 일치한다. 평등은 모든 사람을 동등하게 취급하는 것 혹은 그렇게 함으로써 실현하려는 가치·이념이다. 그런데 문제는 어떻게 해야 평등을 실현하는가 하는 점이다. 평등을 실현하기 위해서는 먼저 왜 평등이 정의의 핵심적 내용인가 하는 점을 알아야 한다. 따라서 먼저 이 점을 살핀다. 다음으로 평등을 실현하는 방법으로 오랫 동안 얘기된 것은 「각자에게 그의 것을」이라는 원리이다. 따라서 이 원리의 내용을 살핀다. 그외에 평등과 관련된 것으로서 법치주의 및 기회의 균등을 살핀다.

＊ Gerechtigkeit = Gleichheit, "Der größte Feind des Rechtes ist das Vorrecht."(정의는 곧 평등이며, "법의 가장 큰 적은 특권이다.")

가. 평등의 출발점으로서의 인간의 평등

1) 평등이 정의의 요소인 이유

왜 평등이 정의의 핵심적 요소인가? 왜 법은 모든 사람을 평등하게 취급해야 하는가? 그 이유는 인간의 본성은 누구나 평등하기 때문이다. 모든 인간은 자연적으로 주어진 신체적 및 정신적 능력은 천차만별하고 결코 평등하지 않으나, 인간으로서의 본성은 누구나 동일하고 평등하다. 즉 모든 인간은 「자신만의 공간」=「자신을 위한 세계」가 있으며, 자신의 생각에 따라서 자신을 전개하고자 하는 본성을 가진다. 이러한 점에서는 모든 인간은 동일하다. 법이 모든 인간을 평등하게 취급하는 것은 이러한 점에 기한 것이다. 즉 인간의 「본성」은 누구나 동일하기 때문에 법은 모든 인간을 평등하게 대우하고 보호해야 한다는 명제가 나오는 것이다. 법적 평등의 원칙은 인간의 본성에 기한 것임을 깨닫는다면, 각자의 자연적 혹은 생물학적 속성에 눈이 흐려져 그러한 차이를 이유로 인간을 차별적으로 취급하는 어리석음을 극복할 수 있을 것이다. 요컨대 평등이라는 공준은 인간 본성에 기초한 것으로서, 생물학적인 개념이 아니라 법적인 개념이다. 법이 모든 인간을 평등하게 취급해야 하는 것은 인간의 본성이 요구하는 것이다.

2) 법적 평등의 점진적 실현

법의 역사를 보면 인간은 얼마 전까지도 어떤 이유나 기준에서든 사람 간에 경계를 긋고 다른 사람의 존엄을 인정하지 않았으며, 현재까지도 그러한 잔재가 남아있다. 이념적·제도적으로는 인간의 평등이 관철된 곳에서조차, 실제로는 이것이 계속해서 위협받고 있다. 오늘날 법적 평등이 가장 잘 실현되어 있다고 평가되는 미국에서도 흑백간의 차별이 문제되는 것은 이의 좋은 예이다. 그러나 그런 가운데서도 점차적으로 보다 많은 인간이 보다 넓은 영역에서 평등한 법적 주체로 승인되고 있다. 이러한 변화를 이끄는 원동력은 인간의 본성은 누구나 평등하다고 하는 점에 대한 깨달음이다. 오래 전부터 모든 사람을 동등하게 취급해야 한다는 법적 평등의 원리가 정의의 핵심적 내용으로 여겨져 온 것은 이 때문이다. 법적 평등이라는 공준은 오늘날의 민주주의에 영양분을 주는 원천이다.

나. 어떻게 평등을 실현할 것인가?

1) 여러 가지 실현원리

어떻게 평등을 실현할 것인가? 이 질문에 대해서는 여러 가지 대답이 가능하겠지만, 가장 간명한 대답은 「각자에게 그의 것을」이라는 원리이다. 이는 모든 사람에게 그의 것을 주는 것이 모두를 평등하게 취급하는 최상의 방법이라는 것이다. 그외에 「눈에는 눈, 이에는 이」, 「네가 나에게 한 그대로 나 또한 너에게」 등으로 표현되는 응보원칙(Talio Prinzip)도 평등취급의 한 표현이다.

2) 각자에게 그의 것을

① 「각자에게 그의 것을」이라는 의미는 언제나 모두를 똑같이 취급하라는 것이 아니고, 동일한 것은 동일하게 취급하고 동일하지 않은 것은 그 차이에 따라 다르게 취급하라는 것이다. 이의 내용을 설명하는 대표적인 이론은 2천여 년 전의 아리스토텔레스의 평균적 정의와 배분적 정의의 구별이론이다(아리스토텔레스는 이와 같이 평등을 정의의 중심적 내용으로 보면서, 평등을 이와 같이 두 가지로 구분하였다). 이 이론은 지금도 유용하다.

② 평균적 정의는 서로 대응하는 것 내지 교환되는 것의 크기는 같아야

한다는 것이다. 즉 같은 것에 대해서는 같은 것을 주어야 한다는 것이다. 이는 물건의 교환·매매·임대 등과 같은 재화의 거래 혹은 노동이나 서비스와 같은 용역의 제공에서 적용된다. 그리고 손해배상에서도 그러하다. 즉 100의 가치가 있는 물건을 얻은 사람은 100을 지급해야 하며, 타인에게 100의 손해를 가한 자는 피해자가 입은 손해가 온전히 보전되도록 100을 배상해야 한다. 이는 산술적 평등을 기준으로 하는 것이다("각자에게 똑같은 것을!"). 이에 대하여 배분적 정의는 주로 공적 권한(선거권, 피선거권 등)이나 공적 부담(조세, 사회보장 등)에서 적용되는 것으로서, 각자에게 그의 기여 정도를 고려해서 배분한다는 것이다("각자에게 그에게 적절한 것을!"). 평균적 정의는 병렬관계에서의 정의이고, 배분적 정의는 상하관계에서의 정의이다. 오늘날의 법의 구별에 의한다면 전자는 사법상의 정의이고, 후자는 공법상의 정의이다. 이중에서 배분적 정의가 정의의 원형이다. 즉 법개념은 배분적 정의의 이념을 지향해야 한다.

③ 이러한 평등원리는 우선 배분적 정의에서 배분의 기준이 불분명한 점에서 타당성이 의문시될 수 있다. 즉 예컨대 세금은 소득액에 비례해서가 아니라 고소득자에게는 보다 높은 세금을 부과하게 되는데, 과연 어떤 기준으로 혹은 어떤 정도로 세율을 차등화하는 것이 정의에 부합하는가를 알 수 없다. 그러나 이러한 의문은 평균적 정의에서도 마찬가지로 생긴다. 물론 평균적 정의는 배분적 정의에 비하면 기준이 명확하다. 특히 손해배상에서 그렇다. 왜냐하면 손해배상은 원상태를 복구하는 것을 원칙으로 하기 때문이다(예컨대 실수로 남의 안경을 깬 경우에, 깨어진 것과 똑같은 안경을 배상하도록 하는 것). 그러나 거래하는 재화나 용역이 종류를 달리하는 경우에는 각자가 그에 대해서 어느 정도의 가치를 가지는가를 산정하기 어렵다. 자유로운 시장에서 형성되는 가격은 평균적 가치이나, 당사자들이 주관적으로 느끼는 가치는 이와 다르기 때문이다. 당사자 한 쪽이 특수한 사정 때문에 그 재화를 반드시 필요로 하는 경우를 생각해 보라. 이러한 점은

용역의 경우에 더욱 두드러진다. 예컨대 숙련공과 초보자의 시간당 노동가치를 동일하다고 할 수 있는가? 다르다면 어느 정도? 그 외에도 같은 치료행위에 대하여 고소득자와 저소득자 간에 치료비를 달리하는 것은 정당한가 하는 의문이 생긴다. 이렇게 볼 때 평균적 정의가 지배하는 재화나 용역의 교환의 영역에서도 배분적 정의가 지배하는 영역에서와 마찬가지로 정의의 기준은 불분명하다.

④ 결국 「각자에게 그의 것을」이라는 공식 내지 원리 자체는 정의의 내용임은 분명하지만, 재화나 용역의 가치 혹은 기여의 정도를 어떻게 평가할 것인가 혹은 나아가 사람들 각자의 어떠한 차이점을 어떤 관점에서 고려해야 그 취급이 정당한가 하는 어려운 문제가 생긴다. 결국 이 공식은 분명 정의의 내용을 결정하는 추상적 기준을 제시하기는 하지만, 누구를 어떻게 취급하는 것이 적절한가 하는 구체적 평가기준을 제시하지는 못한다. 따라서 평등원칙은 다른 원리를 끌어들이지 않고는 정의의 내용을 결정할 수 없다. 그러한 것으로 대체로 합목적성, 법적 안정성이 제시된다. 이의 내용은 다음의 항에서 살피고, 그에 앞서 아래에서는 평등원리와 관련된 내용을 좀 더 살핀다.

3) 평등 기준의 불명확성의 의미

평등의 기준의 불명확성은 정의를 법의 이념으로 삼더라도 무엇이 정의에 부합하는가 하는 판단을 어렵게 만든다. 사람들은 때로는 법은 정의에 반한다고 비난하지만, 이의 상당 부분은 법이 정의롭지 않기 때문이 아니고 무엇이 정의로운지(평등한지)를 결정할 고정적인 기준이 없기 때문이 아닐까? 법을 비아냥거리는 말로서, "귀에 걸면 귀걸이, 코에 걸면 코걸이"라는 말이 있다. 그러나 이는 정의의 내용 내지 기준이 불명확하기 때문에 오는 것으로서 불가피하다. 그리고 이는 오히려 법의 생명인 탄력성을 뜻하는 것으로 볼 수 있다. 어쩌면 정의의 내용이 불명확한 것은 정의의 본질을 이루는 것이 아닐까?

다. 평등의 실현을 위한 법적 장치로서의 법치주의

1) 인간이 아닌 법의 지배(人治 아닌 *法治*)

① 동일한 것은 동일하게 취급하기 위해서는, 동일한지 여부를 동일한 척도에 의하여 판단해야 한다. 이를 위해서는 개별적인 인간이 아니라 법이 사태를 규율해야 한다. 즉 누구에게 무엇을 줄 것인가를 인간이 주관적 판단에 의해서 결정해서는 안되고, 객관적인 법을 기준으로 이를 결정해야 한다. 왜냐하면 인간의 주관이 개입하면 무엇이 동일한지부터 어떻게 하는 것이 동일한 취급인지에 이르기까지 자의적 판단이 개입되기 때문이다. 이런 점에서 평등원리를 실현하기 위해서는「법의 지배」＝법치주의라는 법적 장치가 필요하다.

② 법치주의는 민주주의와 함께 현대국가의 가장 핵심적인 요소이다. 3권분립은 바로 법치주의를 실현하기 위한 방편으로 창안된 제도이다. 법치주의와 민주주의는 헌법의 가장 중요한 원리이다.

2) 법치주의와 관련해서 유념할 점

① 법치주의는 앞서 본 것처럼 치자(治者)＝권력자에게 요구되는 것이다. 즉 치자는 법을 집행함에 있어서 자신의 주관적 기준이 아니라 법의 객관적 기준에 의하라는 것이다. 그런데 사회에서는 흔히 치자가 被治者(수범자, 시민)에게 '법을 지킬 것'을 요구하면서 이를 법치주의의 요구라고 말한다. 이는 법치주의를 치자의 규제도구로 삼는 것으로서, 법치주의라는 개념을 변질시키는 치자의 오만이 아닐까?

② 법치주의는 사람 또는 권력이 지배해서는 안되고 객관적인 법이 지배해야 한다는 것이다. 그런데 객관적인 법의 지배라는 점을 강조하다 보면, 그 법이 정당하냐는 고려하지 않을 위험이 있다. 즉 합법성만을 내세우고 정당성을 생각하지 않거나, 혹은 형식적인 「합법성」을 정당성의 가장 친근한 형태로 여길 수 있다. 그렇게 되면 법치주의는 오히려 악법의 루트가 될 수 있다. 이러한 결과를 막기 위해서는 위와 같은 법치주의의 원래의 뜻을 언제나 유념하고, 법의 실질적 면 즉 법의 내용에 대한 검토를 잊지 말아야 한다.

라. 기회의 균등

① 「각자에게 그의 것을」이라는 공식은 모든 사람에게 모든 것을 동일하게 분배하라는 것, 즉 분배의 균등으로 이해되어서는 안된다. 위 공식은 각자에게 「동일한 것」을 주라는 것이 아니라, 각자에게 「그의 것」을 주라는 것이다. 여기에는 각자에게 적극적으로 자신에게 주어질 것을 결정할 수 있는 가능성을 주라는 의미가 담겨져 있다. 즉 각자에게 자신이 받을 몫을 결정하기 위한 기회를 동등하게 주라는 의미이다.

② 공산사회는 평등의 의미를 재화의 배분 및 소유에서의 평등으로 생각한다. 그러나 정의의 내용으로서의 평등은 기회의 평등을 뜻한다. 즉 평등은 소유와 배분의 평등이 아니라 기회의 평등을 뜻한다. 정의의 내용으로 기회의 균등을 보장한다면, 현재는 재화의 배분과 소유의 불평등이 존재하더라도 장차 보다 많은 노력을 기울여 남보다 더 많은 부(富)를 가질 수 있다는 기대를 가지게 된다. 따라서 불평등이 오히려 경쟁을 자극해서 각자의 에너지를 증대시키고 그럼으로써 불평등을 극복하고 많은 재화＝부를 얻게 해 줄 수 있다. 그리고 이는 개인의 부뿐만 아니라 나아가 사회 전체의 부까지도 증대시키고, 이는 다시 개인의 부를 증대시킬 것이다. 요컨대

기회의 균등은 각자에게 보다 많은 것을 얻을 수 있게 함으로써 배분과 소유의 평등(평등한 공유)보다도 훨씬 더 좋은 결과를 가져다 줄 수 있다. 그리고 이러한 결과는 20세기 후반 자본주의와 공산주의가 낳은 경제력의 차이에서 현실로 드러났다. 뿐만 아니라 기회의 균등을 보장하는 것은 인간의 본성에도 적합하다. 왜냐하면 모든 인간은 자아를 전개하고 꿈을 실현하고자 갈망하는데, 이를 위해서는 모든 인간에게 기회의 균등이 주어져야 하기 때문이다.

③ 자유와 평등은 자유주의 국가 혹은 민주국가에서 가장 중요한 가치이다. 그런데 이중에서 자유를 우선적 가치로 삼는다면 태어날 때부터 자연적인 능력과 재능을 가진 자 혹은 사회적 배경을 가진 자는 이를 이용해서 더 많은 부와 수익을 얻지만, 그렇지 못한 자는 반대로 될 것이다. 이와 같이 자유의 보장을 지나치게 강조하게 되면, 부와 수익이 태어날 때 이미 부여받은 자연적인 능력과 사회적 배경에 의해서 결정된다. 그렇게 되면 각자의 운명은 얼마나 많은 능력과 배경을 가지고 태어났느냐 하는 자연적 운에 의해서 결정된다. 과거에는 그것이 자연의 섭리라고 생각하였을 것이다. 그러나 이는 평등사상에서 볼 때나 도덕적 시각에서 볼 때 정당하지 않다. 이러한 결과를 시정하는 길은 자유 못지 않게 평등, 특히 기회의 평등을 보장하는 것이다. 만약 기회의 평등을 보장해 주지 않으면 자연적 조건이나 사회적 배경에서 불운을 얻은 자 — 자연적 재능의 부족, 가난한 가정에서의 출생 등 — 는 자연적 불운으로 인한 결과를 극복할 수 없게 된다. 달리기를 비유해서 말한다면, 자연적으로 유리한 조건을 가진 자는 그렇지 않은 자보다 훨씬 앞에서 출발하게 되어 후자는 영원히 전자에 접근하거나 앞지를 수 없을 것이다. 자연적 불운의 결과를 극복하는 길은 모두에게 기회의 평등을 보장하는 것이다. 즉 모든 사람을 똑같이 동일한 출발선에서 시작하게 하는 것이다. 그렇게 해야만 자연적 불운 때문에 생긴 불행한 운명에서 벗어날 수 있다. 이런 점에서 기회의 평등은 평등사상의 가장 핵심

적인 요소이다. 기회의 평등은 모든 사람의 에너지를 극대화시키는 작용을
할 것이다.

④ 기회의 평등을 위해서 가장 필요한 것은 교육의 평등이다. 즉 누구든
지 평등하게 교육을 받을 권리를 보장해 주어야 사회적 배경이 없는 자도
노력을 통해서 그러한 배경을 가진 자를 앞설 수 있다.

2. 평등의 보충원리로서의 합목적성 및 법적안정성

가. 보충원리의 필요성

평등원리는 순수히 형식적인 것이다. 이는 같은 것은 같게, 다른 것은 다
르게 취급해야 한다는 것을 말할 뿐이다. 더 나아가 무엇이 같은 것이고 또
다른 것인가, 그리고 어떻게 하는 것이 같은 것과 다른 것을 각기 그에 상
응하게 취급하는 것인가 하는 점은 말하지 않는다. 그러므로 평등원리만으
로부터는 올바른 법이 도출되지 않는다. 즉 평등은 그것만으로 완결적인
(erschöpfende) 것이 아니다. 정의의 내용을 알기 위해서는 다른 원칙에 의
한 보충이 필요하다. 이와 같이 형식적 성질을 가지는 평등원리를 보충하
는 실질적 원칙으로 많이 제시되는 것은 「합목적성」과 「법적 안정성」이다.

나. 합목적성

① 정의의 내용을 결정함에 있어서 고려되는 첫 번째 보충원리는 합목적
성이다. 즉 정의의 내용을 도출하기 위해서는 법의 목적을 고려해야 한다.
그러나 무엇이 법의 목적에 부합하는가 하는 문제는 획일적으로 답할 수 있

는 것이 아니고, 법과 국가에 관한 상이한 입장(대표적인 것으로서 자유주
의이냐 사회주의이냐 하는 점)에 따라서 또 사회여건에 따라서 상대적으로
대답될 수밖에 없다. 이런 점에서 합목적성에서는 상대주의가 지배한다.

② 법의 목적은 궁극적으로는 공동의 생활을 영위하는 모든 사람에게 이
익이 되는 것, 즉 공동선(gemeines Besten)이다. 무엇이 공동선인가 하는 문
제에 대해서는 여러 가지 대답이 가능하겠지만, 가장 중심이 되는 것은 공
공의 이익 내지 공공복리일 것이다. 법의 목적은 좁게는 개별적으로 당해
법률이 실현하려는 가치 내지 보호하려는 이익을 의미한다.

③ 합목적성을 고려함에 있어서는 법이 실현하려는 목적을 가장 잘 달성
하는 수단이 무엇인가 하는 점만이 아니고 그러한 수단이 낳을 수 있는 피
해도 고려해야 한다. 즉 목적을 잘 실현할 뿐만 아니라 그로 인해서 발생할
수 있는 피해가 가능한 적은 수단을 선택해야 한다. 목적의 실현과 피해의
발생을 조화롭고 균형있게 만드는 수단만이 정당화된다. 이를 비례성 원칙
이라고 한다.

다. 법적 안정성

1) 또 다른 보충 원리로서의 법적 안정성

합목적성은 정의의 내용을 결정함에 있어서 최종적인 요소는 아니다. 법
은 공동생활의 질서이므로 정의의 내용이 각 개인의 다양한 의견에 내맡겨
질 수 없으며, 모든 사람에게 동일하게 타당해야 한다. 그러므로 정의의 내
용을 결정함에 있어서 고려되는 또 다른 보충원리는 법적 안정성이다. 법
적 안정성은 합목적성과는 달리 법률관과 국가관의 대립을 초월하는 이념
이다. 즉 예컨대 자유주의국가이건 사회주의국가인건 불문하고 요구되는
이념이다. —— 어떤 법적 문제에 관해서 견해가 다투어지는 경우에 그에

대한 어떤 결말이 내려지는 것은 올바르고 목적에 맞는 결말을 찾는데 우왕좌왕하는 것보다 중요하며, 나쁜 법질서나마 존재한다는 것은 무정부상태보다 중요하다고 말해진다. 이렇듯 법질서의 가장 중요한 과제는 질서와 평화를 확보해주는 법적 안정성이다.

2) 법적 안정성은 다음과 같은 것을 요소로 한다

① 실정성 : 평등원리 자체는 무엇이 같은 것인가 혹은 다르다면 어떻게 달리 취급해야 하는가 하는 점에 관한 기준을 가지지 않는다. 따라서 이 점에 관해서 다양한 주장이 제기될 수 있다. 그런데 그렇게 되면 법의 내용은 명확히 인식될 수 없게 된다. 이러한 혼란을 막고 법적 평화를 기하기 위해서는 법의 내용이 권위에 기해서 확정되어야 한다. 이와 같이 법이 안정적이기 위해서는 우선 실정성이 필요하다.

실정성의 의미는 단순히 법이 「제정(gesetzt)」되어 있다는 것만이 아니고, 법률의 내용이 가능한 상세히 정해지고 그리하여 자의없이 적용될 수 있다는 것이다(명확성). 그러나 그렇다고 해서 무엇이 정당한 것인가를 상세한 점까지 구체적 목록으로 작성하는 것(이러한 방법을 casuistical method, Casuistik이라고 하는데, 이의 적절한 번역용어가 없어서 본서에서는 「개별사례 고찰방식」이라고 한다)은 고도의 법적 안정성을 보장하지만, 그러나 개별적 사례에서의 실질적 정의(공공복리의 정의)에 저촉될 수 있다. 그러므로 위와 같은 이율배반성은 전적으로 해소될 수는 없다. 다만 법공동체의 평화를 위해서 원칙적으로 법적 안정성에게 우선권이 인정되어야 한다.

② 실용성 : 법이 안정적이기 위해서는 법의 내용이 실제로 적용될 수 있어야 한다. 즉 사회현실과 조화되어야 한다. 만약 법이 사회현실과 조화되지 않으면 법은 법전 속의 법 즉 실제로 적용되지 않은 죽은 법이 될 것이다.

③ 불가변성(불변성, 지속성) : 이는 법이 너무 쉽게 변경되어서는 안된다는 것이다. 다만 이는 자칫 목표의 충돌을 가져올 수 있다. 즉 법적안정성은 결함있는 법률이라도 지속성을 가질 것을 요구하지만, 실질적 정의의 입장에서는 그러한 법률은 가능한 속히 좋은 법률로 대체될 것을 요구한다.

라. 3요소 간에서의 긴장관계

1) 충돌의 불가피성

① 정의의 핵심인 평등원리는 같은 것은 같이 취급할 것을 요구한다. 그런데 합목적성이 추구하는 실질적 정의(사회적 정의)는 같은 것을 다르게 취급할 것을 요구하기도 한다. 따라서 평등원리와 합목적성은 충돌할 수 있다. 그런데 법적 안정성 또한 법적 평화를 위해서 같은 것을 같이 취급할 것을 요구한다. 따라서 합목적성과 법적 안정성도 충돌한다. 더욱이 법적 안정성은 비록 결함있는 실정법이더라도 이의 안정적 실현을 원한다. 그러므로 합목적성과의 충돌은 더욱 커진다. 이와 같이 정의의 3요소 간에서는 목표의 충돌 ― 무엇보다도 합목적성과 법적 안정성 간의 충돌 ― 이 발생한다. 이런 경우에 각자가 동시에 실현될 수 없으므로, 무엇을 우선시켜야 하는가 하는 문제가 생긴다.

② 정의의 3요소 중에서 무엇을 우선시키느냐 하는 문제는 크게는 국가관과 법률관에 의해서 영향받겠지만, 이들 간에 고정적인 순위는 존재하지 않는다. 각 법제도마다 이들을 어떻게 조율할지를 결정한다. 대부분의 법제도는 서로 충돌하는 법이념을 어떻게 조율할지에 관한 결정을 담고 있으며, 이러한 결정과정에서 서로 모순관계에 있는 법이념의 세 측면은 서로 밀고 당기면서 함께 공동으로 법을 형성한다. 이러한 점에 대한 이해를 돕기 위해서 다음 항에서 그러한 몇 가지 예를 소개한다.

③ 3요소 간의 긴장관계에 관해서는 법률가와 일반인의 생각에 차이가 있을 것이다. 대체로 법률가는 법적 안정성을 중시하지만, 일반인은 평등원리를 중시할 것이다. 그러나 어느 것에 기울어져서는 안된다. 만약 법률가의 시각에서 법적 안정성만을 중시한다면, 일반인은 그러한 법(운영)을 받아들이지 않을 것이다. 한 손에 균형잡힌 저울을 들고 다른 손에 칼을 든 여인상이 정의를 뜻하는 상징물로 여겨지는 것은, 법은 충돌하는 가치 간의 균형있는 조율이어야 한다는 점(칼의 의미는 이러한 조율을 실현해야 한다는 점)을 보여주는 것이다.

2) 충돌되는 법이념을 조율하는 법제도의 예

그러한 예로서 우선 민법의 행위능력제도(미성년자 등은 단독으로 행위할 수 없고 부모의 동의를 얻어서 하도록 하는 제도)를 살펴본다. 이 제도는 판단능력이 부족한 자를 보호하기 위한 것이므로 합목적성을 고려한 것이다. 그런데 법적 안정성은 어떤 자를 보호할지에 관해서 명확한 기준을 요구한다. 이를 위해서 민법은 성년시기를 19세로 획일화하였다(민법 5조 1항 본문). 이에 의하면 19세의 하루 미만자와 19세와는 전혀 달리 취급되고, 반대로 19세 하루 미만자는 7세와 거의 동일하게 취급된다. 이러한 점은 평등원리의 이념에서 보면 부적절하다. 왜냐하면 이에 의하면 거의 같은 것을 전혀 달리 취급하거나, 거의 다른 것을 같이 취급하기 때문이다. 그러나 법은 역시 법적 안정성을 고려해서 그러한 편차를 수용하였다. 그런데 다른 한편으로 민법은 미성년자임에도 예외적으로 단독으로 행위할 수 있는 경우를 인정하는 바(민법 5조 1항 단서 등), 이는 합목적성을 고려해서 법적 안정성을 후퇴시킨 것이다.

여러 요소들이 교차되는 법제도 중에서 흥미로운 것은 민법에서의 소멸시효, 취득시효, 점유의 보호 등이다. 이 제도들은 원래는 법에 반하는 상태임에도 법이 법적 생활의 안정을 위해서 이러한 상태에 법적 효력을 인정 (즉 권리를 부여하거나 혹은 권리를 상실시키는 효력을 부여)하는 것인 바, 이는 정당성이 안정성에 길을 열어준 것이다. 관습법이 제정법을 개폐하는 경우 역시 원래는 위법한 사실상태가 법적안정성을 위해서 객관적 법을 폐지하고 새로이 법을 창설하는 현상으로서, 이의 예에 속한다. 그 외에 판결에 대해서는 이의 정당성을 불문하고 엄격한 기판력을 인정하는 것도 정의가 법적 안정성에 양보하는 현상이라고도 할 수 있지만, 재심에 의해서 기판력을 배제하는 것은 다시 법적 안정성이 정의에 양보하는 것이 된다.

3) 인권

정의의 요소들이 충돌하는 대표적 예로서 인권 문제를 살펴본다. 인권은 추상적으로 생각할 때에는 보편적 가치이고 정의의 불가결한 내용을 이룬다. 그러나 인권이 실제 현실에 직면해서 구체화되면 상대적인 것이 된다. 예컨대 생명에 대한 인간의 권리는, 일반적으로 말하는 한 아무도 의문시하지 않는다. 그러나 전쟁에서의 살인은 말할 필요도 없고, 예컨대 회복불가능한 중환자에 대한 소극적 안락사의 문제에 대해서는 서로 다른 주장을 할 것이다. 인간의 생명은 이미 오래 전부터 절대적 가치가 아니다. 인간의 존엄성도 이의 구체적 내용에 직면해서는 상대성을 면하지 못한다. 즉 인간의 존엄성에 어떠한 내용도 연결시키지 않을 때에는 이는 절대적이지만, 그러나 이는 공허한 것이다. 낙태를 예로 해서 살펴보자. (적어도 임신 초기 3개월 내의) 낙태의 불가벌을 찬성하는 사람들은 인간의 존엄성 ─ 여성의 자기결정권 ─ 으로부터 여성은 자신과 '자신의 배'를 마음대로 할 수 있다는 것이 도출된다고 주장한다. 이에 대해서 낙태금지에 찬성하는 사람은 인간의 존엄성은 모든 인간의 생명체 따라서 미출생아에게도 당연히 주어진다고 한다.

여기에서는 이런 문제를 상세히 논하려는 것이 아니다. 단지 우리는 인권을 막연히 절대적인 가치로 생각하지만, 이는 구체적 문제에 부딪쳐 보면 절대적으로 타당한 것이 아니라는 점을 말하려는 것이다. 이러한 문제에 부수해서 생기는 의문은, 어떠한 기본권도 「본질적 내용」이 침해되어서는 안된다고 하는 헌법 37조 2항이 구체적으로 어떤 의미일까 하는 의문이다. 이 문제 역시 더 이상 논의는 하지 않는다.

마. 합목적성과 관련해서 유념할 점

합목적성의 내용은 국가관과 법률관에 영향받는다는 점은 전술하였다. 이하에서는 합목적성과 관련해서 유념할 점은 부언한다.

1) 개인주의적 가치와 공동체적 가치의 교차

한 국가의 법이 추구하는 가치는 매우 다양하지만, 크게 보면 개인의 자유와 창의, 자율성을 중시하는 개인주의적 내지 자유주의적 가치(그리고 이러한 가치관)와, 공동체의 보존과 발전을 중시하는 전체주의적 내지 공동체적 가치(그리고 이러한 가치관)로 나눌 수 있다. 이 두 가지 상반되는 가치는 법영역에 따라 교차한다. 즉 공익을 추구하는 영역(대체로 공법의 적용영역)에서는 공동체적 가치가 중시될 것이다. 반면에 개인 간의 법률관계 영역(대체로 사법의 적용영역)에서는 개인주의적 가치가 중시될 것이다. 따라서 예컨대 누구에게 어떤 형벌을 과할 것인가 혹은 누구에게 어느 정도의 세금을 부과할 것인가 하는 문제를 규율하는 때에는 법은 수범자의 이익보다는 공동사회 전체의 이익을 고려해서 일방적으로 결정하고, 누가 무엇을 얼마에 살 것인가 하는 문제를 규율하는 때에는 법은 이를 가능한 각자의 자유로운 결정(합의)에 맡기는 것이 합목적성에 맞을 것이다. 다만 근래에는 인간다운 생활을 보장하기 위해서 개인의 생활관계에 국가가 개입하는 경우가 많아졌는 바(노동법이나 사회보장법 등), 이러한 영역에서는 개인의 자율성이 공동체 또는 사회적 약자의 보호에 양보하는 것이 합목적성에 맞을 것이다. ── 뒤에서 설명하는 것처럼 법은 공법과 사법으로 구분되고, 양자는 지도원리를 달리하는 바, 이러한 점은 바로 정의의 한 요소인 합목적성에 기초한 것이다(제9장 Ⅱ 1 다, 351쪽).

2) 입법에서의 합목적성

① 법의 목적을 고려해야 한다는 것은 법의 정립에서부터 법의 해석이나 적용에서도 요구되는 것이다. 이중에서 법의 해석에서의 목적의 고려는 법률의 해석의 문제이므로 뒤(제8장)로 미루고, 여기에서는 입법에서의 합목적성에 관해서 살펴본다.

② 입법에서의 합목적성은 입법을 함에 있어서는 어떤 가치 내지 이익을 어느 정도 보호하는 것이 입법의 취지에 맞고 법의 이념인 정의에 부합하는가를 고려하라는 것이다. 그런데 입법취지나 정의에 부합하기 위해서는 그 법에서 관련되고 충돌되는 이익이 무엇이고, 이를 어떻게 조절하는 것이 합리적인가 하는 점을 면밀히 검토하고 비교교량해야 한다. 즉 멀리는 정의이념을 고려해서, 그리고 보다 가깝게는 관련된 이익을 분석하고 비교교량해서 구체적인 입법내용을 결정해야 한다. 그런데 관련된 이익은 서로 충돌되므로, 어떻게 하는 것이 대립하는 이익을 합리적으로 조절하는가 하는 점에 대한 생각이 제각각 다르다. 오늘날 많은 입법에 관해서, 과연 그것이 정의에 부합하느냐 하는 의문을 제기하는 경우가 대단히 많은데, 이의 가장 큰 이유는 각 입장마다 이해관계가 다르고 따라서 어느 이익을 더 보호할 것인가 하는 기술적 문제에 대한 판단이 다른데 기인한다. 즉 예컨대 이해관계가 충돌되는 갑·을·병 등이 A 혹은 B 혹은 C라는 이익을 다

른 이익보다 더(그 정도에서도 월등히 혹은 조금 더) 보호해야 한다고 주장하였는데 갑의 주장이 관철된 경우에, 다른 참여자는 그러한 입법은 — 단지 자신의 이익에 반하는 것이 아니라 — 정의에 맞지 않는다고 주장한다. 따라서 입법이 올바른가 하는 의문 혹은 비판은 어쩌면 불가피할지도 모른다. 그러나 그렇더라도 입법을 함에 있어서 보다 많은 이해관계자들로부터 의견을 듣고 다수의 의견이 무엇인가를 고려한다면 그러한 비판은 상당히 극복될 것이다. 이와는 다른 얘기지만 선거는 어느 이익을 더 보호할지에 관한 국민의 선택일 것이다.

3. 형평

가. 총설

① 형평을 정의의 한 내용으로 볼 것인가 하는 점에 관해서는 견해가 통일되어 있지 않다. 아리스토텔레스는 니코마키아윤리학(Nikomachischen Ethik)에서 (V.14), 형평은 정의에 우월하는 것이라고 하면서도 정의에 대립하는 것이 아니라 오히려 정의의 한 종류에 지나지 않는다는 딜레마와 씨름하였다. 그러면서 정의와 형평은 서로 다른 가치가 아니라 통일적인 가치에 도달하려는 것이고 다만 상이한 과정으로 도달하려는 것이라는 해결을 시사했다. 오늘날 라드부르크는, 법의 지도이념으로서 정의와 함께 이와 경쟁하는 것으로서 형평이 있다고 한다. 이와 같이 형평을 정의의 한 내용으로 보는 것이 대체적인 견해라고 할 수 있다.

② 정의와 형평의 관계에 관한 설명은 다양하다. 정의는 보편적·일반적 규범의 관점에서 개별적 사안을 보는 것이고, 형평은 개별적 사안에서 그의 특수한 규칙(rule)을 찾는 것이라고도 하고, 정의는 일반적 원칙으로부터

정법을 연역적으로 발전시키는 것이고, 형평은 「사물의 본성」으로부터 정법을 직관적으로 인식하는 것이라고도 한다. 또 정의와 형평은 시선의 방향(Blickrichtung)에서 차이를 가지는 바, 정의는 입법자가 가지는 시선이고, 형평은 법관이 가지는 시선이라고 한다. 즉 입법자는 일반적 규범으로부터 출발해서 개별적 사례로 나아가고(연역), 법관은 개별적 사례로부터 출발해서 일반적 규범으로 나아간다(귀납)고 한다.[4]

③ 이와 같이 형평을 정의와 별개의 법의 이념으로 설명하는 이론도 있지만, 그보다는 정의의 한 요소 내지 가치로 보고, 단지 평등과 대립하는 것으로 보는 것이 적절하다. 이러한 입장에서 3자 간의 관계를 설명한다면, 정의는 평등원리보다 큰 것이다. 평등원리는 올바름에 접근하기 위한 충분한 조건은 아니다. 정의를 실현하기 위해서는 평등원리와 함께 형평이라는 가치가 요구된다. 평등원리가 형식적 정의를 지향하는 것이라면, 형평은 실질적 정의를 지향하는 것이다.

그러면 평등원리와 함께 정의의 내용을 결정하는 합목적성 및 법적안정성과 형평과는 어떤 차이가 있는가? 전2자는 평등원리를 보충하는 것으로서 이와 긴장관계에 놓이기도 하지만 함께 정의의 내용을 결정하는데 대해서, 형평은 평등원리와 대립하는 것이다. 그렇게 때문에 형평을 평등원리와

---

4) 형평의 특성을 잘 보여주는 것은 아리스토텔레스의 형평의 성질에 대한 다음과 같은 설명이다 ― "어려움은 형평이 법이기는 하지만, 이는 법률적 법(gesetzliches Recht)이라는 의미에서의 법이 아니라 법률적 법의 수정(Korrektur dessen)이라는 의미에서의 법이다. 그 이유는, 모든 법률은 일반적인 것인데, 많은 경우에 올바른 결정은 일반적인 법률을 통해서 주어질 수 없다는 점 때문이다. … 법률은 일반적으로 말하는데, 그러나 일반적 규정에 포함되지 않는 사례가 구체적으로 발생하면, 입법자가 이러한 사례를 고려하지 않는 한 그 결함을 다음과 같이 개선하는 것이 올바르게 행동하는 것이다 : 만약 입법자가 그러한 사례에 직면했다면 스스로 행하였으리라고 여겨지는 바대로, 그리고 그가 그러한 사례를 만약 알았다면 법률에 규정했으리라고 여겨지는 바대로 개선하는 것(이 올바르다)"(이는 Kaufmann, Rechtsphilosophie, 2.Aufl., 1997, S. 160 주 13에서 재인용한 것이다). 이의 마지막 문장은 법관은 법률의 흠결의 경우 "자신이 입법자라면 제정했을 규칙에 따라" 재판해야 한다고 규정하는 스위스민법 1조 2항에서 부활했다.

는 별개의 정의의 요소로 설명하는 것이다.

나. 형평의 기능
— 개별적 경우에서의 형식적 엄격성의 교정

① 형평은 일반적 · 보편적 규칙이 개별적 경우의 특수성 때문에 맞지 않는 경우에 그 특수성에 맞게 규율함에 있어서 고려되는 가치이다. 즉 형평은 「엄격한 법」에 따른 일반적 규칙에서 벗어나 각 경우의 구체적 사정에 맞는 적절한 해결을 도모함에 있어서 고려될 가치이다. 따라서 형평은 개별적 경우에서의 정의를 도모하는 것이다. 즉 「개별적 사례에서의 정의」이다.

② 왜 형평이 필요한가? 평등원리는 동일한 것은 동일하게 취급할 것을 요구하지만, 세상에는 모든 점에서 동일한 사건은 없다고 해도 과언이 아니다. 즉 추상적 · 일반적으로는 동일해 보여도 구체적 · 개별적으로는 차이가 있다. 라드부르크가 말하는 것처럼, 평등은 언제나 항상 현존하는 차이를 일정한 관점 아래서 사상(捨象)시킨 것(Abstration, abstraction)이다. 따라서 일반적인 규칙이 개별적 경우에까지 예외없이 적절하지는 않다. 평등원리는 자칫 개별적 경우의 특수성을 간과하게 하고, 그럼으로써 서로 다른 사물을 동일한 것으로 취급하게 할 수 있다. 달리 말하면 평등원리는 엄밀히 보아서는 그 규범에 맞지 않는 경우까지도 그 규범에 따라 측량하게 만든다. 그렇게 되면 정의는 이러한 경직된 법의 운용에 부딪쳐 이그러질 것이다. 즉 평등이 오히려 정의를 방해할 수 있다. 법의 경직된 운영은 실제적 타당성을 손상시킬 수 있다. 개별적 · 구체적 사건을 다루는 법관은 각 경우의 구체적 · 실제적 차이를 볼 수 있다. 만약 그럼에도 이러한 차이를 고려치 않고 그 사건이 추상적으로는 일반적 통상적 사건과 개념적으로 동일하다고 해서 이와 동일하게 취급하게 되면, 그러한 경직된 법적용은 부적절하고 불공평한 결과를 낳으리라는 것을 깨달을 것이다. 이런 경우에

그는 형평이라는 가치를 고려해서 법의 형식적 엄격성을 완화시켜야 한다. 형평은 법관이 가지는 시선이라는 표현은 이런 뜻에 기한 것이다.

③ 평등은「동일한 것은 동일하게」취급하는 것이다. 그렇다면「다른 것은 다르게」취급해야 한다. 즉 동일한 것은 동일하게 취급함으로써 법적 안정성을 기해야 하지만, 다른 것은 다르게 취급함으로써 구체적 타당성을 기해야 한다. 이런 점에서 볼 때 평등이 추구하는 법적 안정성과 형평이 추구하는 구체적 타당성은 서로 대립하는 것이 아니라 서로 결부되어 있는 것이며, 정의의 양 면이다. 다만 평등은 동일한 경우에 적용되는 것이고 형평은 서로 다른 경우에 적용되는 것으로서, 따라서 적용영역에 차이가 있을 뿐이다.

다. 형평의 현상형태

1) 새로운 법체계의 형성

법의 역사를 보면 사회적 여건의 근본적 변화로 인하여 전통적인 엄격한 법체계가 사회여건에 맞지 않는 경우에 형평에 기해서 기성의 법체계와는 독립된 새로운 법체계를 형성시킨 경우가 있다. 그 대표적인 것은, 로마법에서 기존의 시민법에 대한 만민법의 형성(제6장 II 2 가, 181쪽), 그리고 영미법에서 기존의 보통법(common law)에 대한 형평법(Equity)의 형성이다(제6장 VI 1, 230쪽 이하). 이러한 법의 역사는 형평의 이념이 가장 뚜렷하게 나타난 예이고, 형평이 법의 중요한 이념임을 가장 잘 보여주는 것이다.

2) 사회여건의 변화에 따른 법률의 수정

모든 법은 그 시대의 사회여건에 기초해서 만들어진다. 그런데 법의 역사를 보면 법은 끊임없이 변화해 왔다. 이는 사회여건의 변화 때문이다. 앞의 예에서와 같이 근본적인 사회변화의 시기에는 새로운 법체계를 구축하지만, 그렇지 않은 때에는 점진적인 사회변화에 맞춰 법률 자체를 변경하거나(새로운 법률의 제정 혹은 기존 법률의 개정), 또는 법률의 변경 없이 판례에 의해서 법률의 의미를 달리 파악한다(사회의 변화에 따라 판례가 변경된 예는 제8장 Ⅲ 2 마, 301쪽 참조). 이런 법의 변화는 형평에 기초한 것이다.

3) 일반조항에 의한 구체적 타당성 도모

① 법률의 대부분은 구체적인 법률요건과 법률효과를 규정한다. 이에 의하면 그러한 법률요건이 갖추어지면 그러한 법률효과가 발생하는 것으로 취급해야 한다. 그런데 때로는 개별적 사안에서의 특수한 사정을 고려할 때 법률요건이 갖추어지지 못하였더라도 법률효과를 인정하거나 그와 반대되는 결과를 인정하는 것이 타당하다고 여겨지는 경우가 있다. 이런 경우를 고려해서 우리 민법은 구체적인 법률요건을 명언하지 않고 단지 추상적으로 권리행사와 의무이행은 신의에 맞게 성실히 행하여야 한다거나(제2조), 반사회적 행위는 무효라는 규정을 둔다(제103조). 이러한 규정(일반조항)을 둔 이유는, 개별적인 법조문에 의하면 구체적 사정에 맞지 않는 결과가 생길 수 있는 바 이런 경우에는 개별적 사건의 특수한 사정과 형평이라는 가치를 고려해서 판단하도록 하기 위해서 이다. 법관은 이러한 일반조항을 적용해서 엄격한 법적용에서 벗어나 구체적 사정에 적합한 판결을 할 수 있다(이에 관해서는 제9장 Ⅰ 2 나 2), 334쪽 참조).

② 일반조항에 의한 탄력적인 법적용은, 그 적용될 법률 자체의 타당성을 일반적으로 문제삼지 않고, 단지 개별적 경우에 적절한 판결을 가능하게 한다. 오늘날에는 점차 더 많은 영역에서 형평이란 관점이 중요한 해결 기준으로 되고 있다. — 민법이 신의성실의 원칙을 명문화할 뿐만 아니라

이를 민법의 첫머리에 두는 것, 그리고 나아가 이 원칙은 민법뿐만 아니라 모든 법분야에서 타당한 원리로 승인되는 것은, 형평의 원리가 법해석과 법적용에서 중요한 기준이 된다는 것을 보여주는 것이다.

라. 형평의 변증법

① 형평의 고려는 일반적 규범의 적용과 대립한다. 즉 형평에 기한 판결은 당해 사건에는 적절하지만 일반적 규범과는 충돌된다. 이런 점에서는 형평은 그의 대가로서 법의 규범력의 약화 즉 법적 안정성의 파괴 내지 약화를 낳는다.

형평의 고려가 가지는 이러한 문제점을 해소하는 길은, 어떤 이유에서 일반적 규범의 적용에서 벗어나 형평의 결과를 수용하였는가 하는 것을 설명하는 것이다. 그렇게 하게 되면 그러한 판단의 합리성을 강화하고 당해 사건의 당사자들로 하여금 그 결과를 수긍할 수 있게 만들 뿐만 아니라, 나아가 시민들이 어떤 경우에 형평에 기한 판결이 내려질지를 예측할 수 있게 한다. 그리고 나아가 그와 유사한 사건에서 동일한 판결이 쌓임으로써 그것이 다시 일반적 규범 안에 포섭되고 법적 안정성을 획득할 수 있게 된다.

② 앞에서 정의는 보편적·일반적 규범의 관점에서 개별적 사안을 보는 것이고, 형평은 개별적 사안에서 그의 특수한 규칙을 찾는 것이라고 했다. 그러나 후자에서의 특수한 규칙은 아직은 법규범이 아니다. 왜냐하면 이는 당해 사건에서만 적용되는 것이기 때문이다. 그런데 이러한 특수한 규칙이 점차 쌓이면서 궁극적으로는 보편적 규칙으로 고양된다. 왜냐하면 형평에 기한 특수한 규칙도 법적 안정성을 위해서 그 이후 유사한 사건에서는 동일하게 적용되고 따라서 종국에는 일반화되기 때문이다. 오늘날의 보편적 규범의 상당 부분은 아마도 원래는 개별적 사안에서 내려진 것이었는데 그러한 사안이 많아지면서 보편적 규범으로 전환된 것이 아닐까?

4. 정의를 실현함에 있어서 유념할 점

정의는 법이 궁극적으로 추구하는 가치이다. 즉 법은 정의에 부합해야한다. 그런데 법을 운용함에 있어서 정의를 실현하는 것은 매우 어렵다. 이하에서는 정의의 실현함에 있어서 유념할 점을 살펴 본다.

가. 상반되는 정의의 요소

① 평등과 형평은 이 경우를 저 경우와 같게 취급할지 다르게 취급할지에 관해서 서로 상반된 요구를 한다. 그런데 양 경우를 과연 같은 것으로볼지 여부를 판단하는 것은 결코 용이하지 않고 또 명확한 기준이 없다. 따라서 평등과 형평 중 어느 쪽의 요구를 따를지를 결정하는 것은 쉽지 않다.더욱이 어느 쪽을 따르더라도 그것이 절대적으로 옳다고 여겨지지 않는다.이와 같이 법을 정의에 부합하게 운용하는 것은 쉽지 않다

② 특히 형평에 기한 판단을 하는 것은 법에 반하는 해석을 하는 것이기때문에 어렵다. 법은 일반적 구속력을 가지는 규범이기 때문에, 일반적 통상적인 경우를 전제로 해서 만들어진다. 그런데 현안인 사건이 특수한 경우에는 법에 따른 규율은 맞지 않는다. 이런 경우에는 형평의 원리를 고려해서 그 특수한 사정에 맞게 처리해야 한다. 그런데 그렇게 하는 것은 법규정에 대해서 예외를 인정하는 것이 되고 법률을 넘어선 해석을 하는 것이된다. 그러므로 이러한 해결을 하기는 쉽지 않다. 그렇다고 해서 그러한 어려움을 피하기 위해서 예외적 내지 특수한 경우를 총망라해서 규정하는 것은 불가능하다. 만약 그렇게 규정한다면 오히려 자칫 경직된 법운영을 낳을 수 있다. 왜냐하면 예외적 경우에 관한 규정은 확대 혹은 유추규정이 원칙적으로 금지되기 때문이다. 그러므로 예외적 경우의 적절한 해결은 구체적 사건에서 법을 해석하고 적용하는 재판관에게 맡길 수밖에 없다. 물론

재판관이 너무 쉽게 형평을 내세워 법에 반하는 해석을 빈번히 하게 되면 법적 안정성이 깨진다. 그러나 반대로 형평을 고려치 않고 오로지 법문에만 충실하려 한다면 구체적 타당성이 깨질 것이다. 그러므로 재판관은 평등과 형평, 법적 안정성과 구체적 타당성을 적절히 조화시켜야 하며, 이것이 재판관의 궁극적인 임무이다.

나. 정의(평등·형평)와 헌법상의 가치 = 기본권 (개별적이고 실제적인 가치) 간의 관계

① 앞에서 정의의 요소를 살펴보았다. 그런데 헌법에 규정된 인간의 존엄과 가치, 평등, 신체적 자유, 표현의 자유 그리고 인간다운 생활을 할 권리 등(헌법상의 가치 내지 기본권)은 정의의 한 내용이다. 그러면 평등·형평 등과 같은 정의의 요소와 헌법상의 이러한 기본권(법실증주의에 의하면 정의명령은 법 바깥에 있는 것이 아니고 이런 헌법규정이 곧 정의명령이다)은 어떤 관계인가? 헌법상의 기본권은 정의의 한 내용물이고 정의가 보호해야 할 실제적 이익이다. 이러한 이익 = 권리를 보호하는 것은 정의의 명령이고 요구이다. 그런데 정의는 그 자체 구체적이고 실제적인 이익을 내용으로 하는 것이 아니다. 즉 정의는 국가에게 예컨대 신체의 자유, 표현의 자유, 인간다운 생활을 보장할 것을 요구하지만, 그러한 자유나 생존권이 곧 정의의 내용은 아니다. 정의는 법이 지향하는 궁극적 가치일 뿐이고, 구체적으로 어떤 이익을 보호하느냐 혹은 얼마나 보호하느냐를 명하는 것이 아니다. 정의는 구체적 사건에서 실제적 이익이 서로 충돌하는 경우(예컨대 표현의 자유와 알 권리가 충돌하는 경우), 그래서 이들 이익을 어떻게 조화시킬 것인가가 문제된 경우에 고려되고 이때 궁극적인 기준으로 작용하는 것이다. 그러므로 정의의 명령이 헌법 안에 수용되었더라도 여전히 정의는 법의 이념이 되는 것이다. 요컨대 정의는 기본권을 보호할 것을 요

구하지만, 기본권 자체가 정의의 내용은 아니다.

② 앞에서 이익의 충돌시에 양자를 어떻게 조화시킬 것인가를 결정함에 있어서 정의가 궁극적 기준이 된다고 했는데, 이는 헌법이 명언하는 이익(혹은 권리)이 충돌하는 경우 뿐만 아니라 일반적인 이익 간의 충돌의 경우에도 마찬가지이다. 즉 예컨대 권리자의 특수한 사정으로 인해서 권리를 제때 행사하지 않아서 소멸시효가 완성되었지만 신의성실의 원칙을 적용해서 시효완성의 효과를 배제할 것인가 하는 점이 문제된 경우에도 정의가 기준이 된다. 또 갑이 을을 상해하였는데 병이 을의 상해를 악화시킨 경우, 그런데 갑이 을에 대해서 그러한 상해 전부에 대해서 손해배상을 청구한 경우도 마찬가지이다. 평등과 형평은 이와 같이 당사자 간의 이익이 충돌되는 모든 경우(분쟁은 모두 그렇기 때문에 생기고 소송이 제기된다)에 법을 해석하고 적용함에 있어서 고려될 요소라고 할 수 있다.

다. 법의 편면성?

① 어떤 사람은 법은 권력자를 위한 것이고, 이런 점에서 법은 정의와 배치된다고 한다. 어떤 사람은 반대로 법은 정의로워야 한다고 하면서, 따라서 법은 사회적 약자를 위한 것이어야 한다고 생각한다. 그외에도 어떤 사람은 법은 사회질서를 유지하기 위한 도구라고 생각하고, 따라서 법은 정의와는 무관한 것이라고 한다. 그러면 어느 것이 맞는가? 왜 법에 대해서 이런 상반된 이해가 나오는가?

법에 대한 이와 같은 상반된 이해가 나오는 이유는 일반적 구속력이라는 법의 본성 그리고 법이 추구하는 정의의 양면성 때문이다. 우선 법은 당사자가 누구인가를 불문하고, 즉 당사자가 권력자이냐 사회적 약자이냐를 불문하고 동일하게 즉 공평하게 적용되는 것이다. 그런데 권력자는 법을 이용하기 수월하기도 하고 또 법을 통해서 보다 많은 이익을 얻기 때문에, 마치 법 자체가 권력자를 우대하는 것처럼 보이는 것이다. 다음으로 사회적 약자의 보호를 강조하는 것은 법의 공평성에 맞지 않는다. 다만 현대에서는 사회적 약자에 대한 국가적 배려가 증대하고 있으므로 법 자체가 이들을 위해서 운용되는 것처럼 보일 수 있다. 요컨대 권력자와 사회적 약자 중에서 누구를 더 보호하지는 않는다. 그런데 보는 시각에 따라서 법은 권력자를 위한 것으로 보이기도 하고 사회적 약자를 위한 것으로 보이기도 하는 것이다. 그 외에 사회질서의 유지는 정의와 무관한 것이 아니라 정의를 위한 것이다. 이런 점에서 법을 어느 한 쪽에 기울어진 것으로 보는 앞의 어떤 생각도 맞지 않다.

　② 법을 편향적으로 보는 점과 관련해서 한 가지 덧붙이면, 보는 사람의 주관적 가치관이 법을 더욱 그렇게 느끼게 만든다는 점이다. 정의의 근원은 각자의 양심이므로 각자 상이한 정의관을 가지는 것은 당연하다. 그런데 그렇다면 다른 사람의 정의관도 수용해야 한다. 그리고 서로 무엇이 옳으냐를 논의하는 여유가 있어야 한다.

　우리 사회에서는 과연 그런 여유가 있는지 의문이다. 논의의 장을 마련하고 다툼을 화합으로 이끄는 것이 정치의 역할이다. 그런데 우리의 정치는 과연 그런 역할을 하는가? 오히려 자신의 잘못은 가린 채 남의 잘못만을 파헤쳐 국민을 분란시키지는 않는가? 국민의 절대적 지지를 받은 정치권도 타방의 반대를 고려해야 하는데, 과반수는 커녕 단순히 상대적 다수에 불과한 정치권이 다수임을 내세워 모든 것을 독식하려 한다면, 그 결과는 너무나 뻔하지 않을까?

라. 대륙법과 영미법의 차이

　전통적으로 영미법에서는 구체적 사건에 대한 판결이 곧 법이다. 이러한 법제에서는 일반적 경우에 관한 원칙적 규칙을 담은 법률이 존재하지 않는다. 따라서 특히 선례가 없는 사건을 재판함에 있어서는 어떻게 판단해야 할지 고민하고 나아가 판단근거를 상세히 설명하면서 판결을 내린다. 또 그렇기 때문에 현재의 사건이 이전의 사건과 유사하나 구체적 사정에 차이를 가지는 경우에는, 이전 사건에서의 판결근거에서 볼 때 현재의 사건에서도 이전 사건과 동일하게 판단할지 여부, 만약 다르게 판단해야 한다면 그 이유는 무엇인지 등을 상세히 설명한다. 그러므로 판결(물론 지도적 판결이지만)을 보게 되면 법을 어떻게 운영할지를 느끼게 되고, 또 소위 일반적인 경우에 관한 판결 이외에 특수한 경우에 관한 판결도 적지 않게 존재하게 된다. 그래서 이러한 판례를 통해서 법을 배우게 되는 영미 법률가는 재판(법의 운영)은 구체적 사정에 맞는 해결을 추구하는 것이라는 점을 처음부터 — 이론을 통해서 머리로가 아니라 법과의 접촉을 통해서 가슴으로 — 깨닫게 된다. 그런데 대륙법은 보다 일반적이고 통상적 경우에 관한 판례를 기초로 해서 성문화된 법을 만들었으며, 더욱이 수많은 구체적 사례를 사실적으로 표현할 수 없으므로 이를 추상화해서 추출된 전문적인 법개념과 법률용어를 사용해서 법규정을 만들었다(이 점은 제9장 Ⅰ 2 다, 336쪽 참조). 그래서 재판을 함에 있어서는 — 영미법에서와 같이 어떻게 하는 것이 타당한지를 검토하는 것이 아니라 — 당해 사건을 규율하는 법조문을 적용해서 판결을 내린다(이의 구체적 예는 제9장의 주 4, 344쪽 참조). 더욱이 현재의 사건이 법규정의 전제가 되었던 통상적 사건과 차이가 있더라도 법규정의 적용을 부인하는데 주저하게 된다. 이와 같이 대륙법계 법률가는 당해 사건을 규율하는 법률규정을 먼저 생각하고 이를 판결의 근거로 삼는데 익숙해진다. 따라서 영미 법률가에 비하여 구체적으로 타당한 해결보다는 법률규정에 따른 해결을 하게 된다.

Ⅳ. 정의이론 2 ─ 정의에 이르는 길

1. 이념이 아니라 실제로서의 정의

우리는 정의를 인간의 본성에 기초한 이념적 가치로 생각해 왔다. 그런데 근래 정의를, 전혀 다른 생각을 가진 사람들이 함께 생활하고 번영할 수 있도록 해주는 것, 즉 좋은 공동생활을 가능하게 해주는 것으로 이해하는 견해가 제기된다. 이는 정의를 이념적인 것이 아니라 실제적인 것으로 여기는 것이다. 이 견해는, 정의에 관한 이론은 무엇이 정의의 내용인가 하는 것보다는, 어떻게 해야 사회와 국가가 ─ 그 안에 존재하는 현저한 사회적 불평등에도 불구하고 ─ 전체적으로 합리적이라고 여겨지는 것을 찾을 수 있는가 하는 것을 탐구하는 것이라고 한다. 그리고 정의는 평등이나 형평과 같은 관념적·추상적인 것이 아니라, 이와 같이 어떤 집단에서 좋은 생활을 가져다주는 길이라고 한다.

2. 정의도출을 위한 선결문제

가. 정의의 심판자로서의 양심

정의를 이러한 의미로 파악할 때 정의에서 먼저 문제되는 것은, 정의를 판단하는 근원이 무엇인가 하는 점이다. 즉 "누가 혹은 어떻게 무엇이 정당한 것인가를 판단하는가? 각자의 주관적 양심인가 아니면 그 외의 무엇인가?" 칸트의 용어를 빌리자면 정의의 판단은 『자율적』인가 아니면 『타율적』인가 하는 문제이다.

① 인간의 역사를 보면 오랫 동안 공동생활의 질서에 대한 기준은 『타율적』으로 주어졌다. 즉 전래의 윤리와 관습, 종교 등으로부터 공동생활의 기준이 정해졌다. 이렇듯 외부에 존재하는 무엇이 정의를 결정했으며, 사람들은 이를 의문시하지 않았다.

이러한 정당성의 근원에 대한 사고는 근대에 들어 여러 가지 이유 — 종교전쟁에 대한 회의, 신대륙 발견을 통한 종래의 세계관에 대한 반성, 자연과학의 발달 등 — 에서 심각한 동요를 겪었다.

② 이에 관하여 결정적인 변화를 가져다 준 것은 칸트이다. 그는 각 개인의 양심을 도덕적 판단(정의, 정당성)의 마지막 심판자로 선언했다. 양심은 선악을 분별하는 생득적인 정신적 능력으로서, 지성과 구별되는 것이다. 지성은 어떤 행위가 객관적으로 올바른가 아닌가를 판단하는 것인데 대해서, 양심은 자신의 행위가 올바른가 아닌가를 판단하는 『도덕적 판단력』이다. 개인의 양심이 이성을 최대한 구사하여 선하고 공평하다고 느끼는 것이 올바른 것이다. 따라서 개인의 양심이 도덕적 판단의 원천이고 최후의 근거이다. —— 현대의 가장 대표적인 법실증주의자인 켈젠도 다음과 같이 말한다 : "무엇이 옳고 옳지 않은가 하는 문제의 결정은 우리 안에 있다."

예컨대 우리는 낙태나 적극적 혹은 소극적 안락사를 처벌할 것인가, 만약 처벌하지 않는다면 어떤 조건 하에서 그래야 하는가 등을 둘러싸고 논쟁을 벌인다. 이는 무엇이 정당한 법인가 하는 문제에 관한 답을 찾기 위한 논쟁이다. 그런데 이러한 논쟁에서 각자는 자신의 양심에 따라서 무엇이 정당한가를 판단한다. 이러한 각 개인의 주관적인 양심이 정당성 판단의 원천인 것이다.

나. 합의

이처럼 정의의 심판자는 이성에 의해 인도되는 각자의 양심이라면, 모든 사람이 평등한 도덕적 심판자이므로, 모든 사람의 양심은 누구나 똑같이 존중받아야 한다. 따라서 무엇이 정의로운가 하는 것은 최종적으로 모든 사람이 합의를 통해서 결정해야 한다. 즉 수많은 시민들로 구성된 사회에서는 각자의 양심에 기한 판단이 개인의 주관적 차원을 넘어 다수의 합의에 도달함으로써 정의가 결정된다. 그러면 이러한 합의가 가능한가? 즉 무엇이 정의로운가 하는 점을 많은 사람들의 합의에 의해서 결정할 수 있는가? 만약 그것이 사실상 불가능하다면 어떻게 해야 하는가? 이 문제가 정의의 핵심 주제가 된다.

3. 다수결의 원칙

가. 전원의 합의 대신 다수결의 원칙

구성원 전원의 합의가 가능한가? 사람들의 생각은 서로 다르다. 또 사람들은 사회생활에서 서로 상이한 입장에 있기 때문에 각자 무엇이 이익인가 하는데 대한 생각이 다르다. 더욱이 이익이 관련되면 각자의 생각은 이성적이지 않다. 즉 사람들은 자신에게 보다 이로운 것이라면, 그것이 설령 정의의 원칙에 반하더라도 이를 선호하거나 혹은 그것이 정의라고 주장한다. 그런데 각자의 이해관계는 서로 다르기 때문에 정의의 주장이 충돌한다. 그러므로 결국 무엇이 정당한가에 관하여 구성원들 간에서 전원 합의가 이루어지는 것은 현실적으로 가능하지 않다.

그러면 각 참여자마다 서로 다른 의견인 경우에 어떻게 전체의 의사를 결정할 것인가? 이때에는 보다 많은 사람들이 원하는 것, 정의롭다고 하는 것을 전체의 의사로 할 수 밖에 없다. 이것이 민주주의에서의 다수결의 원칙이다.

나. 다수결 원칙이 정의가 되기 위한 전제 (다수결원칙의 조건)

그러면 다수결 원칙에 의한 결정은 곧바로 정의 ― 즉 그 집단에게 가장 이익이 되는 것 ― 가 되는가? 그렇게 되기 위해서는 다수결의 원칙은 몇 가지 전제가 필요하다.

1) 정보의 공유

다수결에 참여하는 자들은 자신의 수준에서 알고 있는 지식이나 정보를 토대로 표결에 참여하게 된다. 그런데 만약 낮은 수준의 지식이나 정보를 가진 자가 다수인 집단에서 무조건 표결에 들어간다면 다수결의 결과는 그 집단에게 이익이 되지 않을 수 있다. 그러한 결과를 예방하기 위해서는 먼저 문제된 사항에 관련된 지식과 정보가 충분히 공개되어 가능한 모두가 이를 공유하도록 해야 한다.

2) 자유로운 토의

사람은 누구나 자신의 동의 없이 부과된 원칙에 대해서는 거부감을 가진다. 보다 많은 사람이 다수결의 결과를 받아들이도록 하기 위해서는 표결에 앞서 보다 많은 사람들이 자유로운 토의를 거쳐야 한다. 자유로운 토의를 거치지 않는다면 각자는 한번 가졌던 생각에서 벗어나지 못하고 따라서 타인과의 의사소통 나아가 타인의 의견에 대한 동의에 이를 수 없다. 자유

로운 토의를 통해서 자기이익을 위한 편견의 기초가 되는 지식이나 경험
― 성(性), 부(富), 인종, 민족, 능력 그리고 일반적인 사회환경 등에 관한 지
식 등 ― 에서 벗어나야 타인의 의견에 동의할 수 있다. 다른 각도에서 말
한다면, 우리는 타인과의 의사소통을 거쳐 자신의 세계관이 적절한지를 확
인하게 된다. 그리고 타인과의 의사소통을 통해서 주관성이 극복된다. 19세
기 독일의 형법학자 포이어바하(Ludwig Feuerbach, 1804-1872)는 "사람은
혼자가 아니라 타인과 더불어서만 이성에 도달한다. … 나 혼자 생각한 것
은 의심해야 하지만, 다른 사람도 나와 같이 생각하면 이제 이 생각은 확실
한 것이다"고 했다. 우리는 무엇이 옳은 것인가 하는 정의관에 관해서도 다
른 사람과 의사소통을 거치는 것이 필요하다. 그리고 이런 과정을 거쳐 점
차 많은 사람들이 대략적으로는 같은 생각을 가지게 된다. 다만 보다 구체
적 내용에 들어가서는 보편적 합의의 가능성은 한계에 봉착하게 될 것이
다. 예컨대 낙태에 대한 논의에서 태아의 생명은 원칙적으로 보호해야 할
가치라는 점에 대해서는 대부분 의견이 일치하고, 동시에 임산부의 자기결
정권도 그 자체로는 존중해야 할 가치라는 점에 대해서도 의견이 일치할
수 있다. 그러나 이 양자가 충돌하는 상황에서 어떻게 두 이익을 비교 형량
하고 조율할 것인가 하는 점에 관해서는 의견이 갈린다. 어떤 가치를 우선
시키는가에 대한 판단은 타고난 성향에 따라 혹은 경험에 따라 다르기 때
문이다. 그런데 그러한 차이는 특히 참여자가 최선의 지식과 양심에 따라
판단하는 것이 아니라 각자의 목적과 이익을 저울질해서 판단하는 경우에
는 매우 클 뿐만 아니라 합의가 불가능해진다. 이런 경우에는 부득이 다수
결 원칙에 의할 수밖에 없다. 그러나 사전에 충분한 토의를 거쳤다면 조금
은 더 쉽게 나와 다른 의견을 받아들일 수 있을 것이다.

3) 소수자의 간접적 동의

다수결 원칙은 실제로는 소수가 이에 저항함에도 다수가 소수를 넘어 결정하는 것이다. 그러므로 여기에서는 자기결정의 정당성은, 밑에 깔린 소수의 반대조차도 동의로 계산할 수 있는 경우에만 인정된다. 즉 원칙적으로 표결절차에 참여한 사람은 비록 표결결과와 다른 결과를 원하였더라도 그 표결결과에 합의한 것이라고 할 수 있어야 자기결정으로 인정된다. 이와 같이 모든 참여자의 간접적 동의가 긍정되지 않는다면 표결은 정의를 위한 길이 되지 못할 것이다. 이러한 간접적 동의를 가능하게 하는 것은, 앞서 말한 바와 같이 모든 참여자들에게 충분한 정보가 제공되고, 이에 기초해서 충분한 토의를 거치도록 하는데서 더 나아가 소수자에게 숙고할 충분한 시간을 주는 것이다. 이러한 과정을 거친다면 참여자들은 가능한 어떤 결과라도 수용할 준비가 되어 있다고 할 수 있고, 따라서 소수자는 스스로 다수자의 의견에 동의한 것이라고 할 수 있다.

4) 정리한다면,

이와 같이 민주주의는 현실적으로 정의의 문제를 해결하기 위한 적절한 모델이지만, 그렇게 되기 위해서는 이와 같이 여러 가지 전제가 필요하다. 즉 참여자 모두에게 충분한 정보가 주어지고, 나아가 모든 자가 충분한 토의를 거치고 각자의 의사결정에 자율성이 최대한 보장되어야 다수결의 결과는 시민의 자기결정이 최대한 반영된 것으로서 존중되고 따라서 정의에 이르는 길을 제시한 것이 될 수 있다. 법규범이 이러한 과정을 거쳐 보다 다수의 사람들의 동의에 기한 것으로 인정될 때 이의 실효성도 고양될 것이다.

5) 우리 문화

합의를 통한 정의의 추구라는 문제에서 우리 사회의 토론문화를 생각해 본다. 다양한 사람들이 모여사는 사회에서 의견이 갈라지는 것은 당연하다. 그리고 각자가 자신의 의견을 내세우는 것 역시 당연하다. 내가 나의 의견을 내세우고 그것이 정당하다고 주장하는 것처럼 남도 그렇게 하는 것을 인정해야 한다. 따라서 남의 말을 듣고 자유로운 토론을 벌여야 한다. 이러한 과정에서 각 의견의 문제점과 장점이 드러나고, 그리하여 쌍방 간의 감정대립을 넘어 상호간의 이해와 양보가 가능하다. 이것이 민주주의의 진정한 의미이다. 그런데 과연 우리 사회에 진정한 토론문화가 존재하는가 하는 의문이 든다.

이에 덧붙여 근래의 의회에서의 입법과정을 생각해 본다. 각 의원은 법안의 내용조차 모른 채 당에서 결정한 바에 따르고, 각 당은 무엇이 올바른 법이냐가 아니라 자신들의 이해관계에 따라서 법안을 찬성하거나 반대한다. 그리고 법안을 제출한 측에서는 국민에게 이의 내용을 설명하고 이해하도록 하려는 생각은 전혀 하지 않고 오로지 이를 통과시키기 위해서 다른 당과 협상(deal)을 하는데 힘을 쏟는다. 법안을 둘러싼 토론의 장은 찾아보기 어렵다. 이런 현실을 생각하면 과연 이렇게 만들어진 법을 법으로 받아들이고 지켜야 하는가 하는 회의마저 든다.

그러면 이러한 토론문화의 부재는 왜 생겨났는가? 어린 시절부터 교실에서 주입식 교육만 받아와 토론을 경험하지 못한 때문이 아닐까? 이것이 우리의 가장 큰 약점이 아닐까? 이러한 점을 극복하지 못한다면 현재보다 나은 미래가 가능할까?

다. 다수결 원칙의 한계

예컨대 다수의 민족 혹은 종교가 뒤섞여 있는 국가에서는 각 민족 또는 종교의 이익이나 문화는 서로 상이할 것이다. 그럼에도 다수결 원칙만을 강조한다면 고정된 소수는 고정된 다수 혹은 연합된 다수의 폭정에 시달릴 수밖에 없다. 이런 점에서 볼 때 다수결 원칙은 어떤 경우에나 타당하는 원리가 아님을 알 수 있다. 다수결 원칙은 법치주의의 이념을 통해서 교화되어야 한다. 즉 다수결에 의한 결정이더라도 헌법이 보장하는 국민의 기본권을 침해해서는 안되며, 이를 통해서 『여과』되어야 한다. 민주주의에서의 다수결 원칙은 다른 사람도 자신과 똑같이 존중받아야 할 도덕적 주체라는 사상에 기초한 것이다. 다수결 원칙의 정당성은 이러한 다수결 원칙의 전제 자체에서 한계가 그어진다.

4. 자기결정의 원리로서의 합의

① 사람은 자신이 결정한 것에 대해서는 그 결과가 어떻든 이를 쉽게 받아들인다. 이것이 법에서 자기결정의 원리가 지배하는 이유 내지 근거이다. 다음과 같은 예를 생각해 보자. 나의 집 둘레의 담장을 페인트칠하는데 대한 가격으로 50만원은 공정한 가격인가 하는 질문에 대해서, 사람들은 제각기 서로 다른 대답을 할 것이다. 그런데 만약 내가 페인트공과의 협상을 통해서 그러한 가격에 합의하였다고 한다면, 상황은 전혀 달라진다. 이때에는 대부분의 사람들은, 비록 합의 이전에는 이와 다른 가격이 더 적절하다고 생각했더라도, 그 합의된 가격은 공정하다고 할 것이다.

② 사법(私法)은 이러한 자기결정의 원리에 기해서 사적자치의 원칙을 최상의 원리로 삼고 있다. 사적자치의 원칙의 가장 직접적인 표현은 계약자유

의 원칙이다. 상대방과의 합의로 성립하는 계약이 수인 간의 관계를 적절하게 규율하는 모델로 여겨지는 근거는 바로, 사람은 자신에게 관련된 사항을 스스로 결정할 것을 요구할 뿐만 아니라, 자신의 결정에 대해서는 이의를 제기하지 않는다는 점에 있다. 쌍방이 합의한 곳에서 조절(Ausgleich)이 이루어지고, 그렇기 때문에 이러한 조절에 대해서는 이의할 수 없는 것이다.

③ 다수결 원칙에 의한 합의를 정의에 도달하는 모델로 삼는 것은 바로 이러한 자기결정의 원리에 기초한 것이다. 그렇기 때문에 그 결과가 구속력을 가지는 것이다. 다수결 원칙을 통한 정의의 도출은 자기결정의 원리를 계약상의 두 당사자가 아니라 사회구성원 전체로 옮긴 것이다. 이는 개인이 아니라 전체로서의 사회가 스스로에 관해서 결정하는 것이다. 다만 여기에서는 계약에서와 같이 당사자 전원의 의견이 일치할 수는 없기 때문에 보다 다수의 합의에 의하는 것이다. 이것이 계약에서와의 차이이다. 합의는 사회를 다스리는 「정당한」 혹은 「합리적인」 규칙을 찾아내는 수단이며, 정의는 바로 이러한 합의에 의해서 결정된다고 할 수 있다.

제4장
법과 사회 : 법에 영향을 주는 요소

법률가는 실정법 안에 담겨있는 법의 모습만을 보는데 익숙해 있다. 그러는 중에 법 자체를 사회와 단절된 폐쇄된 세계로 이해하게 된다. 그러나 실제로는 법은 단절된 현상이 아니다. 법은 전체적 문화의 일부이다. 사회에서는 여러 가지 체계(System) 내지 요소 — 예컨대 도덕 혹은 종교, 경제, 정치, 지리, 기후 등 — 가 사람의 행동에 영향을 주고 사회를 움직인다. 법도 그러한 체계의 하나이다. 그리고 이러한 체계들은 서로 다른 체계에 영향을 준다. 따라서 법을 이해함에 있어서는 법과 다른 체계들과의 관련을 고찰할 필요가 있다. 이하에서 먼저 법체계를 보는 상반된 이론으로서, 법을 폐쇄된 체계로 보는 이론(내부이론)과 사회의 여러 체계와의 관련 속에서 법을 보는 이론(사회이론)을 살핀다. 다음으로 법의 밖에 있는 여러 체계 중에서 법에 가장 많은 영향을 주는 것은 도덕·정치·경제인 바, 이러한 체계들과 법과의 관계, 즉 예컨대 정치가 법에 어떠한 영향을 주었는가, 또 법은 다시 정치에 어떻게 작용하였는가 하는 점을 살핀다.

Ⅰ. 내부적 법이론과 사회적 법이론[1]

1. 내부적 법이론

가. 의의

법률가는 대체로 법을 사회와 고립되고 격리된 체계로 보는 한편, 이러한 법체계의 내부에는 법에 특유한 원리와 규칙(법의 작동원리)이 존재하고 이러한 내부적 원리를 작동시켜 법률문제를 해결한다고 생각한다. 이런 점에서 이러한 이론을 내부적 법이론(internal theories of law)이라고 칭한다. 이것은 법학을 하나의 (법)과학(legal science)으로 보려는데 기한 것이다. 즉 마치 자연과학이 특정한 대상에 관해서 이의 객관적 진실을 탐구하는 것과 마찬가지로(예컨대 생물학은 생명체에 관한 객관적 진실을 탐구하는 것처럼), 법학은 법(그런데 여기에서의 법은 오직 실정법을 뜻한다) 자체의 객관적 진실을 탐구해야 한다는 것이다. 이 이론은 법의 의미와 체계, 실정법에 담겨진 개념과 원리, 이를 구체적 사건에 적용하는 법기술 등을 정밀히 분석하고 가다듬었다. 전통적인 법해석학 혹은 법리학에서의 이론이 곧 내부적 법이론의 내용이 된다.

---

1) 여기에서의 내부적 법이론과 사회적 법이론에 관한 설명은 Lawrence Meir Friedman, Law and Society : An Introduction, 92ff., 1977에 기초한 것이다. 이러한 설명은 법사회학에서 법해석학과 법사회학과의 차이를 보여주기 위해서 제시되는 것이다.

나. 기계적(기계공학적) 이론 : 기술로서의 법

이 이론은 공장에서 수많은 부품을 가진 거대한 기계가 서로 조직적으로 연결되어서 전체가 하나의 체계를 이루어 하나로서 작동하는(work) 것처럼, 법도 수많은 개념과 원리들이 하나의 체계를 이루어 서로 조직적으로 연결되어 함께 작동한다고 한다. 이와 같이 법을 기계에 비유해서 법을 보는 점에서 내부적 법이론을 「기계공학적 법률학(mechanical jurisprudence)」이라고 한다. 이것은 대부분의 법원의 결정을, 공장에서 거대한 기계를 정해진 작동원리를 적용해서 산출한 생산물과 마찬가지로 보는 것이다. 즉 한 쪽 끝에서 사람들이 법적 판단을 요구하면 법률가는 법체계 내부에 있는 작동원리를 적용해서 그 답을 구하고 그리하여 다른 쪽 끝으로 이에 대한 답(판결, 결정, 명령 등)을 산출한다는 것이다. 이 이론에 의하면 법적 문제에 대해서는 「올바른」 대답이 있다. 숙련된 법관은 기계를 적절하게 프로그램함으로써(즉 작동원리를 제대로 적용함으로써) 이 올바른 대답을 찾아낸다. 법적 원리와 규칙을 올바로 작동함으로써 결과(output)를 산출한다는 것이다. 기계공학적 법률학은 형식적인(formal) 작동원리에 기초해서 결과를 정밀하게 예측한다. 이러한 이론은 19세기 후반에 절정에 달했으며, 오늘날에도 여전히 많은 법률가가 이러한 입장을 취한다. 사건을 처리함에 있어서 법관에게 개인적 선택이나 재량이 없다고 주장하는 경우에는, 그들은 바로 기계공학적 법률학의 주장을 말하는 것이다. 다만 오늘날 현명한 법학자라면 이러한 법률학의 가정을, 적어도 이의 가장 극단적인 형태로는 받아들이지 않는다.

다. 검토

실제로 많은 법적 행위는 거의 기계적으로 해결된다. 예컨대 혼인하려는

19세 이상의 남과 녀가 일정한 서류를 작성해서 담당공무원에게 제출하면 공무원은 법규정을 단순히 적용해서 혼인을 성립시킨다. 특히 낮은 단계의 공적 업무에서는 대부분의 사건이 기계적으로 처리된다. 하급의 법원(예컨 대 교통법규 위반사건 담당 법원)에서의 대부분의 사건도 마찬가지이다. 뿐만 아니라 법원은 가능하면 기계적으로 행위할 것이 요구된다. 만약 모 든 법관이 일상적인 사건에서 개인의 정의감에 따라서 처리하거나 혹은 사 회적 의식에 반하게 처리한다면, 법은 이성적이고 질서있는 경로를 통해서 진행되어야 한다는 명제는 크게 훼손될 것이다. 그러나 항소법원의 사건 특히 다툼이 격렬한 사건에서는 법 안에서 쉽게 해답을 찾을 수 없기 때문 에 그와 같이 처리할 수 없다. 이러한 사건에서는 상호 주장과 응답 간에 너무 많은 요소들이 개입되어 있다. 예컨대 사회관행이나 전통, 법관의 정 의감, 이데올로기 등이 법관이 판결을 내릴 때 작용하며, 법관의 결정에 영 향을 미친다. 자유법 운동과 법현실주의는 이러한 현실을 깨닫고 기계적 법률학에 대항한 것이다. 이들은 법관은 실제로 광범한 자유재량을 가지며, 그들이 바라는 결과에 도달하기 위한 법리를 형성할 수 있다고 주장했던 것이다.

2. 사회적 법이론

가. 총설

① 내부적 법이론에 대응하는 사회적 법이론(social theories of law)은 법 을 사회적 힘에 의해서 만들어지고 사회변화에 따라 변하는 가변물로 본 다. 이 이론은 법체계는 기본적으로 법의 밖에 있는 힘에 의해서 만들어진 다는 점에서 출발하는 것이다. 이는 사회에서 일어나고 있는 것, 즉 실제의

사회현상과 사람들의 인식 등에서 법을 보려 한다. 내부적 이론과 사회적 이론은 각기, 유전자가 행동을 결정한다고 하는 유전론과 환경이 행동을 결정한다고 하는 환경론에 비유할 수 있다.

② 사회적 법이론은 법이 만들어지고 폐지되고 개정되는 실제적 모습을 보려는 것이다. 역사적인 법의 변화모습을 보면, 중세법은 중세의 사회여건에 적합하게 만들어졌으며, 근대법은 근대사회의 상황에 적합하게 만들어졌다. 또 예컨대 공장노동자가 등장하면서 노동법이 새로운 법분야로 성장했으며, 공장·철도·광산이 등장하면서 산업재해에 관한 법이 만들어졌다. 또 만연한 기술과 희소해지는 자원의 시대에서 환경법이 출현하였다. 이와 같이 커다란 법의 변화는 사회의 변화에 따른 것이다. 이런 점을 지적하는 것이 사회적 법이론이다. 뿐만 아니라 오늘날의 입법과정을 보면 사회적 힘이 입법에 영향을 미친다(이의 내용은 뒤에서 살핀다). 이런 점에서 이 이론은 법의 실제적 모습 혹은 장기적인 법의 생성과 변화를 설명하는 데 적합하다.

사회적 법이론은 다른 한편으로는 법의 해석과 적용에도 관련된다. 물론 이 이론은 일상적인 법률문제를 처리하는 방법을 설명하려는 것은 아니다. 이러한 법률문제를 처리함에 있어서 고려되는 요소가 무엇인가를 살피는 것은 내부적 이론의 일이다. 그러나 중요한 법률문제 혹은 다툼있는 사건을 처리함에 있어서는 앞서 말한 바와 같이 단순히 내부적인 법의 작동원리를 적용해서는 해답을 얻을 수 없다. 이러한 사건에서는 법과 사회와의 관계, 특히 어떻게 하는 것이 사회의 현실을 타당하게 규율하는가 하는 점이 가장 중요한 고려요소이다. 이런 점에서 사회적 법이론은 중요사건을 해결하는 방법을 설명하는데 적합하다.

③ 사회적 법이론에도 여러 가지가 있다. 마르크스의 법사상은 법에서의 경제의 힘을 강조했다. 19세기의 역사법학파 그리고 많은 사회학자들은 법의 배후에 있는 문화적 요소를 강조했다. 이들은 법은 공동체의 도덕적 관

념, 전통, 관습으로부터 생긴다고 한다. 즉 법은 국민의 의식에 뿌리를 두고 유기적으로 성장해온 것으로서, 깊은 전통의 산출물이라고 한다. 이 견해는 법의 본질에 관해서 「사회공학」의 무용성을 강하게 내포한다. 또 여기에는 마르크스주의와 정반대되는 정치적 사고가 함축되어 있다.

나. 법에 영향을 주는 사회적 힘

　사회적 법이론은 특히 입법작용을 중심으로 전개되었던 바, 그 내용을 간단히 살핀다.

　① 우리는 일응 사회에서의 다수의 의사 내지 공공의 의사(여론)가 곧 법에 영향을 주고 때로는 법을 만든다고 생각한다. 그러나 객관적으로 다수의 의사가 무엇인가를 알 수 없다. 물론 여론조사를 이용해서 다수의 의사를 파악할 수 있다고 생각할지 모르지만, 여론조사는 다수의 의견을 제대로 반영하지 못한다. 왜냐하면 우선 여론조사는 사람들이 설문에 대해서 어떻게 답하였는가를 측정하는 것이지, 사람들이 무엇을 생각하는가를 측정하는 것이 아니기 때문이다. 더욱이 실제 생활에서는 여러 가지 문제들이 얽혀져 있는데, 설문은 그러한 점은 고려치 않고 서로 무관한 설문들을 하나 하나씩 묻는다. 예컨대 단순하게 마약법이 더 강력해져야 하는가 여부, 세금이 너무 높은가 여부 등을 물을 뿐이다. 즉 설문들은 체계적으로 연결되어 있지 않으므로, 이러한 조사가 사람들의 의사를 제대로 반영할 수 없다. 그 외에도 여론조사는 그 문제에 관해서 이전부터 이해관계 또는 관심을 가지던 사람이건 그렇지 않은 사람이건 상관없이 무작위로 뽑아내서 묻는다. 따라서 대답이 진지한지 의문스럽다. 또 설문에 답하는 것은 단지 일부이다. 설문에 대해서 명확한 의견을 가졌더라도 단순한 설문조사에는 자신의 의견을 표하지 않는 사람이 적지 않다. 이런 사람들의 의견은 여론으로 계산되지 않는다. 따라서 여론은 진정한 공공의 의사가 되지 못한다.

② 설령 어떤 방법으로 객관적인 공공의 의사를 파악한다 하더라도, 그러한 공공의사가 법에 영향을 주는 것이 아니다. 이러한 의사가 나아가 법에게 자신의 의견에 따라 법을 만들어줄 것을 요구함으로써(즉 자신의 이익을 보호해 줄 것을 요구함으로써) 비로소 이들의 의사가 「공공의 의사」라는 의상을 입고 법에 영향을 준다. 즉 단지 추상적인 공공의 의사 혹은 사회적 힘이 직접 법을 만드는 것이 아니고, 그러한 것들이 실제의 요구로 전환되어야 비로소 법이 만들어진다. 요구로 전환되지 않는 한 법적으로 중요하지 않다.

그러면 실제로 누가 그러한 요구를 하는가? 사회에는 다른 사람들보다 많은 권력이나 재산을 가지거나 혹은 활동력이 강한 사람이 있다. 이런 사람들이 적극적으로 자신의 의견을 표명하고 이를 입법에 반영하도록 요구한다. 이들이 입법과정에서 일반인보다 강한 영향력을 미치는 것이다. 입법부는 어떤 사람 혹은 단체가 정치적으로 더 적극적으로 활동하는지를 알 뿐만 아니라, 누가 실효성있는 방법으로 자신들을 지지하거나 반대할지를 안다. 입법자는 이러한 점을 계산하면서 활동한다. 따라서 이와 같이 활동력이 강한 사람들의 의사가 법에 반영되는 것이다.

③ 정리하자면, 우리는 흔히 다수의 의사가 법을 만든다고 하거나, 법은 객관적인 이익의 산물이라고 한다. 그러나 실제로는 다수의 의사가 아니라 우세한 사회적 세력이 자신에게 이익되는 것을 보호해 줄 것을 요구함으로써 법이 만들어진다. 즉 우세한 사회적 세력의 요구가 다수의 의사 혹은 객관적 이익으로 치장되어 법을 만드는 것이다.

다. 사회적 법이론의 실제적 적용모습

① 우리 둘레에서는 사회적 법이론을 뒷받침하는 현상을 쉽게 볼 수 있다. 매일 우리는 일정한 이익집단(즉 사회적 힘)이 정부와 국회에 일정한

법을 만들도록 압력을 가하는 것을 본다. 이렇게 해서 법이 만들어지는 것이다.

② 그러나 국가 내에서도 각 부서마나 사회적 힘에 영향받는 정도는 서로 다르다. 입법부에서는 법을 제정하는 과정에서 사회적 힘이 크게 작용한다. 의회에서 의원들 혹은 그의 정당은 법을 어떻게 변화시킬지에 관해서 선거권자에게 약속을 한다. 또 사람들은 의원에게 직접 접근해서 여러 가지(예컨대 세금인하 등)를 요구한다. 의원들은 공약이나 주민의 요구를 입법에 반영하기 위해서 노력한다.

그러나 법원에서는 사회적 힘의 역할은 매우 희미하다. 법정(法廷, courtroom의 분위기는 의회의 그것과 다르다. 여기에서는 낡은 전통이 법관을 둘러싸고 있다. 이의 법복과 도구는 법관을 위엄있고 초연한 존재로 여기게 만든다. 법정에 들어서는 사람은 누구나 엄숙하고 형식적인 규칙을 따른다. 그 분위기는 경건하기까지 하다. 사용되는 언어는 기술적이고 딱딱하다. 법관의 업무스타일은 형식적이고 독립적이다. 그외에도 소송당사자는 법관을 지지하기로 약속하거나 자신의 요구를 들어줄 것을 요구하지 않는다.

그러면 사회이론은 법원에도 적용되는가? 개별적 사건에서는 그리고 단기적으로는 사회적 힘이 작용하는 것을 보기 어렵다. 판사는 입법가와 다르다. 판사의 논의와 평결(panel)은 공개되지 않는다. 그들은 소송당사자나 일반인이 무엇을 원하는가를 추측하고 이를 따르는 대표자가 아니다. 변호사는 ― 입법과정에서 처럼 로비를 통해서가 아니라 단지 ― 신중한 법적 논거를 통해서 판사를 설득하고자 한다. 그러나 길게 보면 법원의 판단은 사회적 힘에 영향받지 않을 수 없다. 만약 사법체계가 이와 단절되어 지나치게 독립적이라면, 이는 주요한 사회적·경제적·정치적 힘이 요구하는 것과는 다른, 또는 이들의 이익에 반하는 잘못된 판단을 내릴 수 있다. 특히 대부분의 사람들이 법은 일정한 목표를 위한 수단이라고 믿는데, 법원이 이를 무시할 수는 없을 것이다. 그러므로 법원도 길게 보면 사회적 힘이 요구하는 방향으로 움직일 것이 기대된다. 따라서 법원의 업무에서도 사회적 힘이 작용하지 않을 수 없다.

③ 법원에서 판사의 업무(담당하는 사건)는 두 종류이다. 하나는 일상적이고 규칙에 의해서 이미 결정되어 있는 사건, 즉 소위 간단한 사건이다. 여기에서는 「법」이 곧 규칙으로 작용한다('the law' does rule). 대부분의 사건이 이에 속한다. 다른 하나는 미묘하고 흥미있고 뜨겁게 다투어지며 중대한 결과를 낳는 사건이다. 이러한 사건은 하급심에서는 극히 일부이고 심급이 높아질수록 많은 비중을 차지할 것이다. 이러한 사건에서는 「법」이 결정적인 것으로 작용하는 경우는 별로 없다. 이러한 사건에서는 정의나 도의심 그리고 사회적 힘이 중요한 역할을 한다.

그러면 앞에서 말한 간단한 사건에서는 판사는 단지 사건에 법을 적용해서 기계적으로 결정을 내리는 것인가? 또 뒤에서 말한 중대한 결정은 「법」을 따른 것인가? 전자에서 판사는 기계적으로 결정한 것으로 보인다. 그리고 판사는 자신은 법에 구속되어 법에 따라 행위한 것이라고 생각할 것이다. 그러나 그러한 결정은 본질적으로 자신을 기계적으로 행위하도록 한 판사의 결정에서 나온 것이다. 즉 그 결정이 진정으로 기계적인 것은 아니다. 후자의 사건에서도 그 결정은 법을 따르지 않은 것이 아니고 판사가 그것이 법을 따른 것이라고 결정하였기 때문에 나온 것이다. 결국 정리한다면, 판사가 법적인 판단을 내리는 기준 내지 열쇠는 「법」자체에서 발견되는 것이 아니라 인간으로서의 그리고 사회적 존재로서의 판사 안에서 발견된다고 할 수 있다.

Ⅱ. 법과 도덕

법과 도덕의 개념적 차이는 전술했다(제2장 Ⅲ 2, 29쪽 이하). 이하에서는 법과 도덕의 분리와 이로 인한 영향 내지 효과를 살펴본다. 그리고 법과 도덕의 분리가 낳은 부정적 영향을 해소 혹은 완화시킬 방법을 살핀다.

1. 법과 도덕의 분리

먼 옛날에는 도덕이 법의 근원이기 때문에, 법은 무언가 보다 깊은 곳에 있는, 실정화되지 않은 「옳은」 것이라고 여겨졌다. 즉 법과 도덕이 결합되어 있었다. 이러한 현상은 고대에서는 물론이고 중세에서도 유지되었다. 특히 중세에서는 법은 자연적 질서가 아니라 신에 기반을 둔 것이었다. 이런 점은 "신이 곧 법이다"라고 기술하는 작센슈피겔에서 잘 나타난다. 그런데 중세 성기에 이르러 황제와 교황 간의 대립은 점차 이러한 사고에 틈을 생기게 했다. 즉 십자가 전쟁·종교개혁·서임다툼(제후의 종교결정권) 등을 겪으면서, 법은 신의 뜻이고 옳은 것이라는 생각이 옅어졌다. 그러면서 점차 법과 도덕이 분리되어 갔다. 그런데 근대에 이르러 새로운 사회문제가 등장하고 이를 해결하기 위해서 수많은 법률이 만들어지면서 이러한 분리는 가속되고 점차 당연한 것으로 생각되었다. 법과 도덕의 분리는 법실증주의 사상에 의해서 더욱 짙어졌다. 왜냐하면 이 사상은 입법가는 원하는 내용이면 그것이 어떤 것이든 법률이라는 형태 속에 담을 수 있다고 여겼기 때문이다. 즉 법은 적법한 절차에 따라서 만들어지면 족하고 그 내용

이 옳은 것이냐 혹은 도덕과 부합하느냐 하는 것은 문제되지 않았기 때문
이다(법률만능사상). 이제 법의 내용은 도덕에 근원하지 않는 것으로 생각
되었으며, 근대에서의 제정법의 증대는 법과 도덕의 분리를 종결시켰다.

　법은 옳은 것 즉 진실한 것 = 진리였으며, 진리는 실제적 문제에서「종교
」에 기초하기 때문에, 법과 도덕의 분리는 동시에 법과 종교의 분리이다.

2. 법과 도덕의 분리가 낳은 영향

가. 법의 준수를 위한 외적 강제의 개입

　법과 도덕이 분리되기 전에는 법적인 의무와 도덕적인 의무가 일치하였
으므로, 법을 따르게 하기 위해서 특별한 유인요소 내지 자극을 필요로 하
지 않았다. 왜냐하면 법이 도덕과 부합하기 때문에 누구나 이를 따라야 한
다고 생각하였기 때문이다. 즉 내면적인 자기확신(승인)이 법을 따르게 했
던 것이다. 그런데 법과 도덕이 분리되면서 법을 준수하게 하기 위해서 외
부적인 강제력이 필요하게 되었다. 즉 법과 도덕의 분리로 인하여 양자가
각기 서로 다른 의무 그리고 때로는 서로 모순되는 의무를 요구하게 되면
서 ― 특히 도덕과는 무관한 ― 법적인 의무의 위반의 경우에 사회질서 유
지를 위해서 외부적 강제력을 동원해서 이를 준수하도록 강제할 필요가 생
겼다. 즉 법을 따르게 하는 유인요소로서 내면적인 자기확신(승인) 이외에
외부적인 강제력이 필요하게 되었다.

나. 법의 내용의 변화

1) 법의 형식화

법과 도덕이 분리되면서 법의 내용은 문제되지 않고 법의 형식을 갖추면 법이 되었다(형식화). 이전에는 법은 옳은 것 즉 진리 혹은 정의였으며, 선험적인 것 절대적인 것이었다. 즉 법은 모든 사람이 공통되게 옳다고 여기는 것을 내용으로 했다. 그런데 법과 도덕이 분리되면서 법으로서의 형식을 갖추면 법이 되었고, 그것이 도덕 혹은 종교적 교리에 부합하는지 여부는 문제되지 않았다. 이제 법은 상대적인 것으로 되었고, 누구나 옳다고 여기는 것이어야 하는 것이 아니었다. 그러한 사고는 법이 종교로부터 해방되면서 더욱 가속화되었다.

2) 사고의 자유＝다른 생각의 수용 / 자유의 신장

그런데 법의 형식화는 법에서 전혀 예상치 못한 변화를 낳았다. 즉 근대 초기의 자연법학파는 모든 인간은 자유롭고 평등하다는 점을 강조하였는데, 이러한 자연법사상은 법으로 하여금 나와 달리 생각하거나 행동하는 사람도 그것이 법의 테두리 안에 있는 한 보호할 것을 요구하였다. 이로써 도덕 내지 종교로부터의 법의 분리는 사고의 자유라는 전혀 예상하지 않은 방향으로 영향을 미쳤다. 이제 모든 사람이 자신의 다름을 정당한 것으로서 요구하게 되었다. 요컨대 법과 도덕의 분리는 법에서 진리의 문제를 퇴각시키는데 그치지 않고, 인간의 사고 · 믿음을 도덕이나 종교로부터 해방시켰다. 이제 법은 모든 사람에게 자유롭게 생각하고 행동하는 것을 허여하였다. 법의 탈도덕화＝형식화는 개인의 자유를 위한 밑거름이 되었던 것이다. 18세기 말에 형식적인 법개념이 승리를 거두었을 때 자유에 대한 열정이 절정에 이른 것은 우연이 아니다. 근대 초기에 자연법학파가 각인의 자유와 창의를 최상의 가치로 여기고 이를 크게 신장시킨 역사를 생각하면 이러한 변화를 보다 잘 이해할 수 있을 것이다.

3) 법의 공동화 ― 법률만능사상

그런데 법과 도덕의 분리는 법의 내용을 형식화시켰을 뿐만 아니라 공동화(空洞化)시켰다. 즉 어떤 내용이라도 법이 될 수 있게 되었다. 이는 19세기에 이르러 국가가 새로운 사회문제를 규율하기 위해서 무수히 많은 실정법을 만들어내면서 성장한 법실증주의 사상에 영향받은 바가 크다. 이 사상은 입법가는 원하는 내용이면 어떤 것이든 법률로 규정할 수 있다고 여겼다. 이제 법은 적법한 절차에 따라서 만들어지면 족하고 그 내용이 옳은 것이냐 혹은 도덕과 부합하느냐 하는 것은 문제되지 않았다(법률만능사상). 그리고 사람의 행위는 단지 겉으로 합법적이면 족하였다. 이제 법의 효력 근거는 진실＝정의＝종교 혹은 도덕이 아니라 입법가의 권위였다.

다. 윤리적 다원주의와 도덕불감증

1) 윤리적 다원주의

법과 도덕의 분리는 개인의 자유를 만개(滿開)케 하였다. 이는 각인의 다양성을 인정할 뿐만 아니라, 각자의 의견(즉 각자가 옳다고 여기는 것)을 존중하는 윤리적 다원주의를 낳았다. 법과 도덕의 분리는 각자 자유로운 사고와 믿음을 허여하였으므로, 이러한 다원적 사회에서는 사람마다 무엇이 옳으냐 하는 점에 관한 주관적 신념을 달리 했다. 이제 모든 사람에게 공통되는 신조는 찾기 어렵게 되었다.

2) 법과 도덕의 충돌

법과 도덕의 분리는 다른 한편으로는 양자의 충돌을 낳기도 한다. 이런 현상은 우리 둘레에서도 쉽게 볼 수 있다. 예컨대 가톨릭의 신앙은 임신중절을 금한다. 그러나 이는 법적으로는 일정한 경우에 허용된다. 그러면 카톨릭신자인 의사나 간호사는 법적으로 적법한 임신중절을 거절한 경우에 법은 이를 용인할 것인가? 또 다른 예로 여호와의 증인의 신자가 신앙을 근거로 국방의무를 거부한 경우에 법은 이를 용인할 것인가? 이러한 문제는 법과 도덕이 분리되면서 생긴 문제이다.

3) 도덕불감증

법과 도덕의 분리는 도덕적으로 잘못된 행위이더라도 법적으로 잘못된 것이 아니면 문제삼지 않는데서 더 나아가, 법적으로 문제되지 않으면 도덕적으로 잘못된 행위이더라도 이를 감히 행하게 하였다(도덕불감증). 자유의 신장은 법과 도덕의 분리가 낳은 긍정적인 영향이라면, 도덕불감증은 부정적인 영향이다. 이런 현상은 결코 바람직하지 않음은 너무나 분명하다. 왜냐하면 그렇게 되면 사회는 정신적으로 부패해져, 반도덕적인 행위가 법의 이름 아래 횡행하거나 위법한 행위를 함에도 양심의 가책을 전혀 느끼지 못할 것이기 때문이다. 그러면 어떻게 법과 도덕의 분리가 낳은 도덕의 손상을 최소화할 수 있는가? 달리 말하면 적법하지만 비도덕적인 행위를 억제하는 길은 무엇인가? 이것이 오늘날 법에서 가장 어렵고 중요한 문제 중 하나일 것이다.

3. 윤리적 다원주의의 극복

가. 종교에 의한 억제

도덕불감증으로 인한 도덕의 손상을 최소화하는 길은 종교를 통한 비도덕적 행위의 억제일 것이다. 왜냐하면 종교의 본성을 고려하면 종교는 비도덕적 행위로 나가고자 하는 충동을 억제 내지 약화시킬 것으로 기대되기 때문이다. 더욱이 종교에서의 전지전능하신 신이라는 표상은 — 특히 사회가 도덕과 멀어진 곳에서 — 사람의 행동방향을 조정하는데 커다란 역할을 하기 때문이다. 이런 점은 다음의 예에서 쉽게 알 수 있다. 누구도 알지 못하는 곳에서 혼자 행동하는 자는 타인이 자신의 행동을 어떻게 평가할지를 생각하지 않을 것이다. 그러나 자신의 행동을 다른 사람이 알고 있다는 것을 깨닫게 되면, 그는 자신의 행동이 다른 사람에게 어떻게 평가될까 하는 것을 생각하게 된다. 이와 같이 스스로가 다른 사람에게 관찰되어진다는 것을 아는 사람은 자신의 행동이 타인의 평가에 놓이게 된다는 것을 의식하면서 조심스럽게 행동하게 된다. 그런데 전지전능하신 신은 나의 모든 행동을 보고 계신다. 신의 앞에서는 아무 것도 — 가장 비밀스런 내면의 사고와 의사까지도 — 숨겨지지 않는다. 이와 같이 종교는 인간의 행동을 지배하고 컨트롤한다. 신은 내면적으로 나를 초월하는 어마어마한 존재로서, 강제를 수반함이 없이 내가 규칙을 따르도록 만든다. 요컨대 도덕과 법이 분리되었음에도 종교는 여전히 우리의 행동을 조종하는 바, 이를 통해서 법과 도덕 간의 괴리로 인한 문제점이 완화될 수 있다. 달리 말하면 법은 자유를 허용하였으나, 종교는 자유를 겸손하게 사용할 것을 명한다.

나. 극단적 다원주의와 이의 극복

1) 극단적 다원주의

종교적 신앙이 깊이 뿌리박혀 있어 종교가 온전히 견지되는 사회라면 법적인 자유의 잘못된 사용을 크게 염려할 필요가 없다. 왜냐하면 이러한 사회에서는 앞서 말한 것처럼 많은 사람들은 자신의 행동이 이 세상의 최후의 심판자＝신의 심판에 놓인다는 마음으로 행동하기 때문이다. 그런데 현재의 사회를 보면 그런 모습은 보이지 않는다. 단지 일부 사람들만이 신에 대한 믿음 ― 단지 내세의 평온을 위한 기복신앙이 아니라 ― 을 가진다. 많은 사람들은 궁극적으로 진정한 가치를 가지는 것은 자신에게 직접 물질적 이득을 가져다 주는 것이라고 믿는다. 그러면 이와 같이 대부분의 사람들이 내면적·근본적으로 서로 공통성을 가지지 않은 채 각기 이기주의·재물만능사상에 빠져있는 경우에, 법과 도덕의 괴리로 인한 문제는 어떻게 해결될 수 있을까? 만약 해결될 수 없다면 어떻게 해야 하는가?

2) 외부적 규제의 강화

아마도 이와 같이 공통의 신념이 전적으로 결여된 극단적인 다원화 사회에서는 어쩌면 법과 도덕의 괴리로 인한 문제를 해결하는 방법은 없을 것이다. 즉 이러한 극단적인 다원주의의 상황에서는 종교 등 법외적 힘으로 법의 지나친 탈도덕화를 방지하는 것, 혹은 시민의 내면적 확신에 근거해서 법의 준수를 보장하는 것은 포기될 수밖에 없을 것이다. 이러한 사회에서는 올바른 사회질서를 유지하기 위해서는 법의 내용이 보다 세밀해지고 나아가 그러한 법이 더욱 엄격하게 준수되도록 해야 한다. 그런데 이를 위해서는 모든 법위반행위를 빠짐없이 발견하고 처벌할 수 있는 포괄적이고 빈틈없는 통제시스템이 필요하다. 그래야만 강제의 위협을 통해서라도 규범의 준수가 확보될 수 있다. 그러나 과연 그러한 통제시스템이 현실적으로 가능할까? 그리고 나아가 그러한 방법이 적절한가? 오늘날의 극단적인 다원화사회에서는 법이나 도덕으로부터의 이탈행위는 극도로 다양해지고 은밀해지기 때문에 그러한 가능성과 적절성 모두 매우 의문스럽다. 그러면 다른 방법으로는 무엇이 있을까?

3) 합의를 통한 법의 내면적 수용

조직적인 법적강제만으로는 사회를 제대로 규율하기 불충분하거나 불가능하다면 어떻게 해야 하는가? 이 문제에 대해서는 앞에서 정의라는 주제에서 살핀 바와 같이, 서로 생각이 다른 사람들이 함께 평화롭게 살아가는 길은 합의에 의해서 그 집단의 법규범을 만드는 것이라는 점이 길을 제시할 수 있다. 보다 많은 사람들이 자신과 공동체의 문제를 합의를 통해서 규율한다면 사람들은 그러한 법을 수용하고 따를 것이다. 자유의사에 의한 규범의 수용은 자유질서의 결정적 기초이다. 보다 많은 사람들이 의견을 교환하고 합의를 통해서 법을 만든다면 많은 사람들이 그러한 법을 내면으로부터 받아들일 것이고, 따라서 법의 준수를 위한 강제의 필요성은 크게 감소할 것이다. 극단적 다원주의 하에서 법과 도덕의 괴리를 완화하는 길은, 포괄적·전면적인 사회통제가 아니라 합의를 통한 법의 내면적 수용일 것이다.

다. 사상의 자유의 한계

오늘날 우리는 통상적으로, 다른 사람이 무엇을 생각하는가 하는 점은 그가 법을 위반하지 않는 이상 상관없다고 생각한다. 과연 그런가? 오늘 생각했던 것으로부터 내일의 행동이 나온다. 그러므로 다른 사람이 무엇을 생각하는가는 중요하다. 사상의 자유가 보장되는 곳이라고 해서 어떤 의사라도 모두 괜찮은 것이 아니다. 세속적 국가는 시민에게 일정한 종교교리를 강제할 수는 없다. 그러나 국가가 자유를 무제한으로 허용함으로써 국가의 기반이 와해되지 않도록 하려면 국가는 관용에 대해서 신중히 생각해야 한다. 이데올로기(독일의 나치즘, 일본의 군국주의 등이 이의 예)는 합리적으로 설명되고 설득될 수 없으므로, 국가의 존재를 부정하거나 국가의 이념과 반하는 이데올로기는 관용으로 수용될 수 없다. 달리 생각하는 사람에 대한 관용은, 그 사람이 다른 생각을 하기는 하지만 그러나 그도 나와 같은 국가를 생각하고 나와 마찬가지로 국가의 존립을 전제로 하는 범위에서는 동일한 생각이라는 것을 전제로 한다. 만약 타인의 다른 생각에 이러한 정도의 공통성이 없다면, 즉 이러한 한계를 넘는다면, 이에 대한 관용은 사회를 혼란시키고 따라서 용납될 수 없을 것이다. 이러한 공통성조차 없는 경우에는 오직 통제만이 남는다. 다만 타인의 생각이 이러한 한계를 넘었느냐를 판단함에는 신중을 기해야 한다.

Ⅲ. 법과 정치

1. 정치와 법의 관계

가. 양자의 차이

1) 동일한 목표의 상이한 실현

정치란 사회생활에서 일어나는 대립·분쟁을 조정하고 통일적인 질서를 유지시키는 작용을 말한다. 따라서 법과 정치는 동일한 목표를 가진다. 그러나 양자는 동일한 목표를 전혀 다른 방법으로 실현하려고 노력한다. 그래서 양자는 서로 대립·충돌한다. 즉 법은 평등 특히 법적안정성을 이념으로 하므로, 전승되어오는 확립된 질서를 가능한 유지하고자 한다. 이런 점에서 법은 정적으로 작용한다. 그러므로 법의 입장에서는 계속해서 법률의 변경을 제안하는 법률가는 좋지 않은 법률가이다. 이에 반해서 정치는 현재의 질서를 변화시키고 새로운 질서를 낳으려고 하며, 따라서 본질상 역동적이다. 정치에서는 끊임없이 변화를 제안하는 자만이 성공한다. 현재에 만족하는 사람들은 움직이는데 신중하나, 만족하지 않는 사람은 불만의 소리를 높이며 기성질서를 변화시키고자 한다. 정치는 이러한 불만의 소리에 귀를 기울이고, 변화를 제안한다. 선거에서는 단지 지금까지 좋은 것으로 승인된 것을 지키고 이를 이전보다 확대하겠다는 프로그람을 가진 자보다는, 지금까지 달성되지 않은 것을 추구하고 여기에 모든 것을 걸겠다고 하는 자가 성공한다. 요컨대 법률가에게는 현재의 법을 돌보는 것이 관심사이고, 정치인에게는 장차의 법을 만들어내는 것이 관심사이다.

2) 정의에의 상이한 접근

또 다른 차이로서, 법률가는 이념적으로 정의에 접근하나, 정치가는 현실적으로 정의에 접근한다. 법률가는 무엇이 정의에 맞는가 의심스러운 경우에, 논쟁과 설득을 통해서 정의에 접근하려 한다. 그는 근거와 반대근거를 종합적으로 고찰하고 양자를 상호 비교하며, 관련된 사람들의 이해에 호소한다. 이에 반해 정치가는 대부분의 사람들이 자신들의 생각에 매여있고, 그래서 논쟁을 통해서는 거의 영향받지 않는다는 점을 잘 알고 있다. 따라서 정치적으로 자신이 옳다고 생각하는 것을 관철하기 위해서는, 논쟁에 힘을 기울일 것이 아니라 생각을 같이하는 사람들을 모아 힘을 강화하는데 힘을 쏟아야 한다는 것을 알고 있다. 그래서 그는 긴 손으로 함께 일할 사람(자기 편)을 모으고 이들과 함께 상대방(달리 생각하는 사람)과 싸운다. 여기에서는 목적은 방법을 치유한다고 하는 기회주의적인 사고가 지배하며, 전적으로 결과만이 문제된다. 정치적인 친구는 생각을 같이하는 사람이지만, 여기에서의 생각은 무엇이 진실이냐 하는데 대한 것이 아니고 결과에 대한 것이다. 그리고 때로는 공통되는 상대방에 의해서 결정된다("나의 적의 적은 나의 친구이다"). 요컨대 법에서는 옳으냐 그르냐 하는 차이로 편이 갈라지는데 반해서, 정치에서는 결과에 대한 생각이 같으냐 하는 점에 의해서 그리고 때로는 친구이냐 적이냐 하는 점에 의해서 편이 나누어진다. 성공한 정치인은 어떻게 하면 새로운 친구를 많이 얻어 적을 이기느냐 하는 것을 가장 잘 아는 사람이다.

2. 법과 정치의 관계 — 양자 간의 긴장관계

가. 역사적 과정

1) 정치와 법의 무관련

역사적으로 보면 법과 정치 간의 충돌은 비교적 늦게 나타난 현상이다. 근대 이전에는, 즉 국가가 체계적·통일적인 조직을 갖추고 계속적으로 사회질서의 유지라는 과제를 떠맡기 전까지는, 정치는 단지 간헐적으로 사람들의 구체적인 생활 속으로 침투했다. 고대나 중세에서는 정치의 대상은 오직 전쟁과 정복의 수행 그리고 조세의 부과와 특권의 분배였다. 이런 시대에서는 법은 전적으로 비정치적인 것으로 여겨졌다("법은 정치와 무관하다").

2) 법과 정치의 결부와 정치의 우위

법과 정치가 결부된 것은 국가 내지 국가권력의 보유자가 일정한 필요에 의해서 수많은 법을 제정하면서부터 이다. 즉 근대에 들어 절대주의 국가가 형성되면서 우선 공법 영역에서 사회질서를 유지하기 위한 필수불가결한 수단으로서 법률의 제정과 집행이 군주의 손에 놓여지게 되었다. 사회에서 새롭게 생겨나는 사회현상이나 사실상의 폐해 혹은 불편을 제거하기 위해서 군주는 「선한 경찰」의 체현자로서 새로운 법률과 규칙을 제정해야 했던 것이다. 그 결과 18세기 이래 법에 대한 인식에 커다란 변화가 생겼다. 즉 사회질서의 유지를 위해서 법을 만드는 것은 정치의 일로 되었으며, 정치는 필요한 경우에 입법적 장치를 통해서 법을 만든다고 생각되었다. 정의가 아니라 정치가 법을 만드는 것이 되었다.

정치가 법을 만드는 현상은 점차 사법영역으로 확산되었다. 근대 초까지는 사법영역에서는 정치가 예전부터 전승되어온 법을 건드릴 수는 없다고 생각되어 전승되어온 법을 존중해서 이를 실정법에 그대로 규정하였지만, 이제 사인간의 법률문제를 올바로 규율하는 것도 정치의 일로 여겨졌다. 이로써 전승되어온 사법에서도 필요한 때에는 변경을 가했다. 다만 사법에서의 변경은 먼저 봉건적 속박을 타파하고 각인의 자유를 확대시키는 방향으로 이루어졌다. 이러한 변화를 가장 잘 담은 것은 나폴레옹민법전이다.

3) 정치는 어떤 법이든 만든다

법이 실정적인 것(만들어지는 것)으로 되면서, 법률의 적용근거가 바뀌었다. 법은 입법자가 필요한 경우에 만드는 것이라면, 법의 내용이 있어야 할 법을 올바로 담고 있는가 하는 점은 더 이상 문제되지 않았다. 어떤 것이 법이 되는 이유는, 그것이 법이라고 하여 구속력을 가지는 것으로 규정되었기 때문이다. 입법의 권한을 가지는 군주는 점차 더 권한을 확대하고 구속력을 강화하였다. 이러한 현상은 법발전에 있어서 전환의 획을 그었다. 이제 법은 올바른 것 혹은 초실정적인 것이 아니라 오로지 실정적인positiv 것으로 되었다.

나. 법과 정치의 줄다리기

① 정치가 법을 만들게 되면서 양자는 긴장관계에 놓이게 되었다. 왜냐하면 법과 정치는 동일한 목표를 가지면서도 서로 상반되는 속성을 가지므로 서로 충돌될 뿐만 아니라, 서로 자신들에게 주어진 경계를 지키려 하지 않기 때문이다. 법률가는 끊임없이 정치가 꼼짝할 수 없도록 정치를 법의 밧줄로 붙잡아 매두고자 노력한다. 그래서 법이 정치보다 우월한 힘을 획득한 곳에서는 공공의 생활이 안정적으로 되는데, 이는 역으로 법을 정체시킬 우려가 있다. 반대로 정치가는 자신의 계획을 달성하기 위해서 현재

의 입법적 장치를 거침없이 이용할 뿐만 아니라, 기성의 법률이 장애가 될 때에는 이를 폐기 또는 수정하고자 한다. 그래서 정치가 법보다 우월한 힘을 획득한 곳에서는(소위 혁명이 성공한 경우가 이의 대표적인 예이지만, 대립적인 이념의 정권교체도 이에 해당한다) 법은 힘있는 정치가가 우선시하는 이익을 관철하기 위한 수단으로 전락한다. 따라서 법은 올바르거나 혹은 보다 설득력 있는 것과는 다른 내용으로 만들어질 우려가 있다. 그러므로 법과 정치가 견제와 균형을 이루어, 정치가 무제한적으로 법에 묶이거나 반대로 법이 지나치게 정치화하지 않고 서로 밀고 당기어 이의 중간에서 중용을 유지하는 것이 바람직하다.

　② 정치와 법을 조화시키고 균형을 이루어가는 장치가 바로 선거제도이다. 과거에 국왕이 세습되던 시기에는 국왕은 자의에 의해서 마음대로 법을 만들었으나, 근대 후기에 이르러 선거에 의해서 최고권력이 선택되면서, 현재 권력을 장악한 정치가일지라도 올바른 법을 만들지 않으면 다음 선거에서 승리할 수 없게 되었다. 그래서 이들도 자신의 입맛에 맞는 법이 아니라 올바른 법 혹은 보다 많은 국민이 원하는 법을 만들도록 강요받게 되었다.

3. 정치의 우위와 법의 자치

가. 정치의 우위성

　법과 정치의 관계는 이와 같이 역사적으로 근본적인 변화를 겪었다. 근대에 들어 사회문제를 규율하기 위해서 새로운 법률이 정치에 의해서 끊임없이 만들어지면서, 정치가 법에 우선하게 되었다. 이제 법은 단지 「형식」이고 이의 내용은 전적으로 정치에 의해서 채워지게 되었다. 법으로서 효력을 가지는 것은 모두 정치에 의해서 정해진 것이다. 특히 실증주의적 견해에 의하면 법은 입법장치를 이용해서 임의로 처리될 수 있다. 즉 입법자는 원하는 바대로 임의로 법에 무언가를 넣을 수도 있고 뺄 수도 있다.

나. 법의 상대적 자치

그러면 과연 법은 정치에 의해서 만들어질 뿐이고, 정치에서 독립된 법에 고유한 가치(법의 원리)에 따라 법의 내용이 결정될 수는 없는가? 그리고 법의 의미는 오로지 이를 제정한 정치적 의도나 계획에 따라서 해석되어야 하는가? 그렇지 않다. 법은 정치에 의해서 만들어지지만, 그러나 정치에 대하여 상대적인 자치권을 보유한다. 이러한 점은 다음과 같은 점에서 나타난다.

① 정치가는 자신의 정치적 의도에 따라 법을 제정하지만, 이러한 입법은 추상적 문언을 통해서 행해질 수밖에 없다. 따라서 입법자의 의도는 법에 나타난 것에 한해서 고려된다. 뿐만 아니라 입법자가 그 내용을 아무리 상세하게 규정하려 해도, 법문에 쓰여진 이의 의미는 그 자체로서 명료하게 될 수 없다. 이의 의미는 ― 입법자의 의도에서 벗어나 ― 다른 곳에서 밝혀질 수밖에 없다. 그 다른 곳의 대표적인 것은 법원이다. 즉 법의 의미는 궁극적으로 법관이 구체적 사건에 법을 적용하는 재판과정에서 이를 해석함으로써 밝혀진다. 따라서 법은 비록 정치에 의해서 만들어지지만, 이의 의미는 정치에서 벗어나서 법의 원리, 즉 정의·법적 안정성과 구체적 타당성의 조화 등에 의해서 정해진다.

② 뿐만 아니라 법관은 때로는 구체적 사건에서 법률의 적용을 배제하거나 혹은 이를 법문과 다른 의미로 해석할 수 있다. 왜냐하면 법관은 「법률」뿐만 아니라 그보다 상위에 있는 「법」에 따라서 재판해야 하기 때문이다. 즉 법률문언대로 이를 적용하면 부당한 결과가 생기는 경우에는 법관은 법률문언에 매이지 않고 법률의 의미를 법문과 다른 의미를 가진 것으로 해

석할 수 있다. 즉 법관은 정치로부터 독립해서 법이 지향하는 가치, 법률의 밑바탕에 있는 정의이념을 고려해서 재판한다. 요컨대 법은 비록 정치에 의해서 만들어지지만, 이의 의미는 정치에서 벗어나서 법의 원리에 의해서 정해진다. 보다 상세한 설명은 법의 해석 부분으로 미룬다(제8장 Ⅳ 2, 312쪽 이하).

③ 19세기의 법실증주의는 법을 사회와 단절된 현상으로 보았고, 법의 해석이나 적용에서 법 이외의 요소 즉 법의 이념이나 가치, 법제정에 영향을 주었던 윤리적·정치적·사회적 여건 등을 고려해서는 안된다고 하였다. 따라서 여기에서는 한편으로는 정치가 법에 미치는 영향은 적었을 것이다. 그러나 반면에 정치에 의해서 만들어진 법률에 철저히 매이는 점에서는 그러한 영향이 지대했다고 할 수 있다. 그런데 법과 사회와의 관계를 중시하는 오늘날에는 법의 해석과 적용에서 법을 제정한 정치적 의도를 크게 고려한다. 이런 점에서는 정치가 법에 미치는 영향이 클 것이다. 그러나 반면에 오늘날에는 법률을 넘은 해석에 보다 적극적인 점에서는 그와 반대가 될 것이다. 이런 점을 종합한다면, 법과 정치의 관계는 시대나 사상을 불문하고 적절한 거리를 두고 영향을 미친다고 할 수 있지 않을까?

Ⅳ. 법과 경제

1. 일반론

가. 법과 경제의 관계

1) 서설

인간은 법을 필요로 할 뿐만 아니라, 생활에 필요한 물자를 필요로 한다. 인간에게 음식과 의복이 결핍되거나 몸을 덮을 지붕이 없다면, 그에게 법적인 자유는 아무런 의미도 없을 것이다. 인간은 법적 주체로서 스스로를 전개하기에 앞서 먼저 살아갈 수 있어야 한다. 살 집, 먹을 음식, 입을 옷이 없는 사람에게는, 자유는 의미가 없다. 생활에 필요한 수단을 얻기 위해서 열악한 상태에서 고된 노동을 해나가야 하는 사람은, 자신의 법적 자유를 소중히 여길 여유가 없다. 자유는 생활에 필요한 물자를 얻고 곤궁에서 벗어나는 곳에서 시작된다. 이와 같이 법은 도덕적 전제 이외에 경제적 전제를 필요로 한다. 그러므로 법이 실제로 어떠한가를 파악하기 위해서는 법 안에 경제를 함께 집어넣어서 생각해야 한다.

2) 양자의 차이

법과 정치의 관계에서와 유사하게 법과 경제에서도 각기 고유한 법칙이 지배하면서 동시에 서로 관련된다.

가) 상이성 ― 대립적 목표

경제는 계획을 잘 짜서 부족한 재화를 가지고 인간의 수요를 만족시키는
데 봉사하는 인간의 한 활동영역이다. 경제법칙은 최소한의 비용을 들여
가능한 커다란 재화를 얻거나, 반대로 필요한 재화를 가능한 적은 비용으
로 얻는 것이다. 이러한 경제법칙은 법과 대비된다. 법은 정의 내지 올바른
질서, 공정(이익의 공정한 분배) 등을 목표로 한다. 그러나 경제법칙은 이
익의 극대화를 목표로 한다. 경제에서 인간의 지도적 형상은 자신의 개인
적 이익을 추구하는 경제적인 인간(homo oeconomicus)이다. 즉 경제에서는
법과는 달리 조절보다는 이윤(소득), 공정한 이익이 아니라 보다 많은 이익
에 관심을 가진다. 경제적 인간에게는 법은 목적이 아니고 잘해야 목적을
위한 수단이고, 가장 나쁜 경우에는 자신의 목표 ― 이의 핵심인 이기적 목
표 ― 로 가는 길에 방해가 되는 것이다. 이와 같이 경제와 법은 각기 이익
의 극대화와 이익의 조절이라는 대립하는 목표를 가진다.

나) 관련성 ― 상호 의존성

그러나 법과 경제는 서로 밀접하게 관련된다. 한편으로는 경제의 현상은
법에서 존중되어야 하고, 다른 한편으로는 이와 반대로 법의 원리와 구조
는 경제에 반영된다. 마르크스는 법을 생산관계를 반영하는 단순한 「상부
구조물」이라고 설명하였는데, 이는 복잡한 관계를 모두 어느 하나의 원인
으로 설명하는 것으로서 과장된 것이기는 하지만, 위와 같은 점을 표현하
는 것이다. 이러한 관련성을 좀 더 설명하면,

(1) 법의 경제에의 의존성

많은 법적문제는 경제적발전이 그러한 문제의 전제 내지 단초를 낳았기

때문에 등장하고 또 규율되는 것이다. 예컨대 수렵과 채집의 사회에서는 토지에 대한 소유권은 아무런 역할을 하지 않았다. 농경사회에서 토지의 취득이나 경계 등이 중심문제가 되면서 이를 규율하기 위해서 소유권이라는 법제도가 생겼다. 모두가 아무 것도 소유하지 못하는 사회에서는 빈곤이나 결핍은 전혀 법적 문제가 아니며 — 마치 병에 걸리거나 죽거나 하는 것과 마찬가지로 — 단지 불운일 뿐이다. 경제적 발전의 결과로 많은 사람들이 부와 안녕에 도달한 곳에서 비로소 빈곤이 법적 문제로 된다. 즉 법적 문제는 단순히「그 자체로서」생기는 것이 아니라, 일정한 사실적 전제에 기해서 생기는 것이며, 이러한 사실적 전제 중에서 경제적 관계가 중요한 자리를 차지한다.

법의 경제에의 의존성은 경제의 발전으로 생긴 산업사회와 공장노동이 종래의 법을 얼마나 크게 변화시켰는가 하는 점에서 가장 잘 나타난다. 즉 19세기의 산업사회의 발전과 공장노동의 등장, 그리고 이 시기에 나타나기 시작한 기업의 독점과 연합은 각기 노동법 또는 경제법이라는 독자적인 법체계를 형성하였는 바, 이러한 현상은 법의 경제에의 의존성을 간명하게 보여준다. 현대의 법 역시 근래의 경제의 수요를 반영한다(방송통신 혹은 전자제품이 등장하고 일반화하면서 이에 관련된 법이 등장하고 있음을 생각해 보라).

(2) 경제의 법에의 의존성

다른 한편으로 경제의 법에의 의존성 역시 매우 크다. 신뢰받는 규범을 가진 법질서가 없었다면, 즉 예컨대 국가에 의해서 규율되는 화폐제도가 없었다면, 그리고 정신적 창조물을 값싼 복제물로부터 보호하지 않았다면, 오늘날의 경제시스템이나 경제발전은 존재하지 않았을 것이다. 또한 경제는 법이 순수하게 법적인 근거에 기해서(즉 경제적 수요에 의해서가 아니라 특정한 가치의 보호 혹은 공정한 규율을 위해서) 자유를 일정 범위에서만 허용하거나 혹은 거절하는 것에 의해서 주조되기도 한다.

3) 각기 반대되는 요구

① 법과 경제는 각기 타방에 대해서 서로 반대되는 요구를 한다. 우선 법의 요구를 보면, 한편으로는 법은 경제의 고유한 법칙을 존중할 것을 요구하지만, 다른 한편으로는 법이 경제적 관점만에 의하여 이끌어져서는 안된다고 요구한다. 다음으로 경제의 요구를 보면, 경제는 이익의 극대화를 목표로 하므로 한편으로는 경제법칙은 윤리나 법에서의 가치로부터 자유로울 것을 요구한다. 그러나 다른 한편으로는 그리고 실제에서는 경제법칙은 윤리적 원칙 및 법적 요구와 부합할 것을 요구한다. 즉 합리적인 사람이라면 윤리와 법을 존중하는 전제 하에 경제법칙을 전개해야 한다고 요구한다.

② 경제와 윤리와의 관계 그리고 이러한 관계에서의 법의 역할에 관해서 일반적으로 부정적인 생각이 지배적이다. 즉 많은 사람이 경제법칙에 맞는 것은 윤리적 규범과 배치된다고 생각한다. 이러한 생각의 배후에는 경제활동은 비도덕적이라고 하는 선입관이 있다. 이러한 선입관에 기여한 것은 경제활동에서는 좌우의 고려없이 그리고 주저없이 오로지 경제적 목표를 추구해 왔다고 하는 경험적 사실이다. 이러한 선입관은 특히 마르크스주의가 자유경제체제에 대하여 가하였던 「자본주의비판」에 의하여 영양을 공급받았다고 할 수 있다. 경제와 윤리 혹은 법과의 관계에 관한 위와 같은 생각, 특히 경제활동에 대한 비판은 분명 타당하다. 그러나 그와 같은 경제활동이 낳은 폐단을 경험한 오늘날의 수정자본주의는 무제약적인 자유는 결코 사회발전에 도움이 되지 않는다는 것을 깨달았다. 그리하여 경제활동이 올바르고 공정하게 행해지도록 법이 경제에 간섭하고 규제하게 되었고 그 강도가 점차 높아졌다. 위와 같은 비판적인 생각은 자유로운 경제활동은 모든 개인에게 부와 행복을 가져다 준다고 믿었던 초기 자본주의 시대

에서는 타당할지 모르나, 경제에 대한 광범한 법적 규제가 가해지는 오늘날에서는 더이상 타당하지 않다. 더욱이 이윤을 추구하는 경제활동은 인간의 본성인 이기심에서 나온 것이다. 이러한 인간의 본성 자체를 부인하는 것은 단연코 미래가 없다. 이를 수용하면서 그것이 사회 전체의 이익과 조화되도록 조절하는 것이 올바른 길이다.

③ 다만 위와 같은 비판적·부정적 생각은 아직 성숙된 자본주의 사회에 진입하지 못한 우리나라에서는 어느 정도는 유효하다고 여겨진다. 더욱이 우리나라는 1960년대 이후 압축성장의 욕구에 밀려 윤리나 정의는 전혀 고려되지 못하였기 때문에 이러한 생각이 더 강했다. 즉 경제발전을 지상의 과제로 삼아 재벌에게 특혜를 부여하고 반면에 비판자나 노동자의 권익을 전혀 돌보지 않았던 것이 우리의 얼마 전까지의 현실이었고, 이러한 현상은 일반 국민에게 경제활동에 대한 부정적 시각을 심어주었다. 이러한 문제의 해결 없이는 어쩌면 더 이상의 경제발전은 어려울지 모른다. 결국 긴 세월을 두고 본다면 압축성장은 많은 폐해를 수반했고 이러한 폐해를 치유하는데는 엄청난 시간과 노력이 필요하다. 따라서 압축성장은 실제로는 압축성장을 가져다 주지 못했다. 특히 이러한 폐해를 가능한 속히 해소하기 위해서 이로부터 득을 취한 자를 단죄하겠다고 칼을 휘두른다면, 이는 압축성장 만큼이나 거꾸로의 폐해를 낳을 것이다. 즉 문제를 해결하는 것이 아니고 또 다른 문제를 낳는다.

나. 경제형태

1) 재화의 공급과 수요의 조절방법

① 재화에 대한 인간의 수요는 큰데 재화는 한정되어 있다. 그러므로 재화의 공급과 수요를 어떻게 규율하고 조절할 것인가 하는 것이 문제된다.

그리고 조절방법에 따라서 경제구조의 형태가 달라진다.

② 경제구조의 형태는 경제에서 가장 중요한 문제이다. 그런데 이를 규율하는 것은 법이다. 따라서 이는 경제적 문제이고 동시에 법적 문제이다.

③ 경제구조의 형태에서 가장 핵심이 되는 문제는, 법은 전체적인 이익의 조절을 위해서 경제주체에게 어느 정도의 자유를 허용할 것인가, 각 경제주체가 자신의 이익과 안녕을 위해서 노력하는 것이 동시에 전체에게도 이익이 되도록 할 수 있는가, 만약 가능하다면 그 방법은 무엇인가, 그렇게 하기 위해서는 법은 어떻게 만들어져야 하는가 하는 점이다.

2) 계획경제와 시장경제

① 경제구조의 기본형태로는 소위 계획경제와 시장경제를 생각할 수 있다. 이는 모든 경제적 행위(재화의 공급과 수요, 물건의 생산과 소비)를 총괄하는 계획이 어떻게 짜여지느냐 하는 점에 따른 구별이다. 계획경제는 한 사람의 계획수립자가 공동체 전체의 경제적 행위에 관한 계획을 수립하는 것이다. 이는 「중앙에서 이끌어가는 경제」의 형태이다. 시장경제는 수많은 개별적 경제주체(기업과 가계)가 독자적으로 자신의 경제활동에 관한 계획을 수립하고, 이들이 각기 시장이라는 재화거래의 장 안으로 들어와 함께 시장의 자동장치를 구성하는 경제형태이다. 전자는 최상위의 계획수립자 밑에 층층이 하위의 복종자가 존재하는 시스템이고, 후자는 개개의 경제주체가 개별적으로 재화의 가치를 계산하고 경제계획을 수립하며, 이러한 개별적인 경제계획이 시장에서 다른 자의 경제계획과 합해져서 결과적으로 공동체 전체의 경제계획이 수립되는 시스템이다. 요컨대 전자에서는 경제과정 즉 재화의 생산과 소비의 조절이 중앙의 계획관청에 의해서 행해지고, 후자에서는 그러한 조절이 「분산적인 시장」에 의하여 행해지는 것이다. 좀더 간단히 말하면 두 체제는 다음과 같이 구별된다 : 경제질서가

원칙적으로 시장에 의해서 결정되느냐 아니면 중앙의 계획에 의해서 결정되느냐?

② 이러한 경제구조의 실제적 모습은 이를 취한 나라마다 다를 수 있지만, 오늘날에는 거의 모든 국가가 기본적으로는 시장경제를 취하고 있다. 그러므로 이하에서는 시정경제의 의미와 역사(功과 過, 변천 등) 등을 살핀다.

2. 시장경제

가. 시장경제의 의미

1) 재화의 교환장소로서의 시장

시장경제는 거래경제가 발전하면서 자연적으로 생긴 경제형태이다. 거래경제는 경제적 재화(물품과 용역)가 자신의 가계만을 위해서가 아니라 외부의 수요를 위해서도 만들어지고 제공되는 그리고 그것이 계속해서 흐르는 경제형태를 칭하는 것이다. 그런데 이러한 거래경제에서는 재화의 교환(거래)이 필요하기 때문에 그러한 교환이 행해질 장소가 있어야 한다. 그러한 장소가 바로 시장이다. 시장은 재화에 대한 공급과 수요가 만나 공급자와 수요자 간에서 각기 상응하는 교환이 행해지는 장소인 것이다. 따라서 거래경제는 자연적으로 시장경제로 나아가게 된다. 시장에서는 많은 재화공급자와 이의 수요자가 각기 서로 경쟁하며, 공급과 수요의 힘의 유희 속에서 어떤 재화가 더 유용하고 이의 가격을 어떻게 할지 등이 정해진다. 즉 시장경제에서는 시장의 힘에 의해서 공급과 수요의 전체적 흐름이 정해진다. 시장에서의 수요와 공급을 통해서 시장 스스로 수요에 부응하기 위해서는 어떤 재화가 만들어져야 하고 어떤 제조과정이 사용되어야 하는가 그리고 재화의 가격은 얼마가 적절한가 하는 점들을 결정한다.

2) 시장의 조절적 힘

시장에서의 경제의 전체적 흐름은 공급자와 수요자 간의 무수히 계속되는 교환과정 속에서 이루어진다. 이러한 흐름을 전체적으로 조망하고 이를 조종하는 기관은 없을 뿐만 아니라 있을 수도 없다. 이런 점에서 이러한 흐름이 계속되는 시장은 표면적으로는 혼돈(Chaos)으로 보일 수 있다. 그러나 이러한 혼돈은 공급자와 수요자가 자신들의 경제적 필요에 상응하여 합리적으로 행동하고 경쟁하는 과정을 통해서 질서가 잡혀진다. 즉 수많은 재화의 공급과 수요가 시장에서의 경쟁을 통해서 조절된다. 아담 스미스는 이것을 「시장의 보이지 않는 손」이라고 이름붙였다. 시장의 협동과 조절의 힘은 모든 계획경제적인 조절노력보다 우수하다는 것이 경험을 통해서 증명되었으며, 시장경제가 보다 효율적인 경제형태임이 드러났다. 더욱이 제대로 기능하는 시장경제는 일반적인 풍요를 촉진시킨다. 왜냐하면 개개인이 자유롭게 시장에 참여하여 다양한 재화를 공급하고 교환하는 과정(매매)에서 각자가 자신의 필요와 이익을 추구하게 되는데, 이러한 과정에서 모든 사람들의 수요가 가장 조화롭게 충족되고 그럼으로써 모든 시장참여자의 총체적인 부가 극대화되기 때문이다. 아마도 이것이 시장경제가 약속하는 공동의 풍요(Gemeinwohl)일 것이다.

나. 시장경제의 기초

1) 시장경제의 법적 기초

이러한 시장에서의 재화의 교환과 수요 공급의 조절이 가능한 것은 누구나 시장에 참여할 수 있고, 재화를 얼마에 팔지 또 얼마에 살지를 자유롭게 결정할 수 있고, 교환을 통해서 얻은 재화나 부를 마음대로 사용·처분할 수 있기 때문이다. 그러므로 시장경제의 법적 기초는 모든 인간의 평등, 자유(영업의 자유, 계약의 자유 등), 소유권의 보장(절대적 소유권)이다. 근대에 들어서 발흥하고 근대를 지배했던 자연법학파는 바로 시장에서의 이러한 조건(전제)들을 법적으로 뒷받침해주었다. 자연법학파는 인간의 평등·자유·절대적 소유권을 인간의 천부적 권리로 여기고 이러한 권리의 보장을 국가의 최상의 임무로 삼을 것을 주장했던 것이다. 시장경제는 당시의 자연법학파의 뒷받침을 받음으로써 풍부한 결실을 볼 수 있었다.

2) 시장경제의 전제

가) 시장경제의 실질적 의미

시장경제는 「자유로운 시장에서의 자유경쟁」을 통하여 「각인의 사적 이익을 실현」토록 하려는 것 ― 그럼으로써 공동체 전체의 이익(공동의 풍요)이 실현되는 것 ― 이다. 즉 「각인의 이익실현」이라는 근본적 목적을 「자유로운 시장에서의 자유경쟁」이라는 수단을 통해서 달성토록 하려는 것이다. 그리고 사적 이익은 이러한 수단을 통해서 가장 잘 실현될 수 있고 또 그렇게 하는 것이 가장 바람직하다고 생각했다. 왜냐하면 인간은 이성적 존재로서 자신의 이해관계를 분별할 수 있으므로, 각인에게 자유로운 의사와 힘의 행사를 허여(許與)하더라도 자유로운 시장에서 타인의 의사·힘과 직면하게 되면 양자 간의 타협에 의하여 급부와 반대급부 간에 적절한 조절이 이루어진다고 믿었기 때문이다. 이러한 시장경제 하에서는 국가는 개인에게 폭넓은 자유를 허여함으로써 개인에게 경제생활에서의 이니셔티브를 주는 한편, 국가 스스로는 경제생활 밖으로 벗어나 단지 개인들이 공정한 룰에 따라 경쟁하는가를 감시할 뿐이었다.

나) 시장경제원리의 전제

이러한 시장경제의 원리는 모든 사람의 동질성·힘의 균형성을 전제로 하는 것이다. 즉 우선 시민은 모두 평등한 권리주체로서 자유시장에 참여할 수 있고, 자신의 이익을 계산하고 지킬 수 있는 정신적인 분별능력을 가질 뿐만 아니라, 나아가 자유시장에 내다 팔 재화 즉 상품을 가지고 있다는 점을 전제로 하는 것이었다. 즉 자본가는 돈, 기업주는 생산수단, 근로자는 노동력이라는 상품을 가지며, 따라서 근로자도 기업가와 대등한 지위에서 자신의 노동력을 얼마에 사고 팔지를 결정할 수 있다는 것이다. 이와 같이 시장참여자 모두가 대등한 힘을 가진다는 전제에서 비로소 자유로운 경쟁은 재화의 합리적 가격을 산출할 수 있는 것이다.

다. 시장경제의 功과 한계

1) 경제의 만개

시장경제의 기초였던 시민의 자유는 각인의 창조적 활동을 북돋우는 데 결정적 기여를 하였다. 과거에는 상상할 수 없었던 자유로운 힘의 행사가 보장되었으며, 열려진 경쟁은 길드(Guild)의 구속을 철폐시켰다. 그리고 토지 기타의 생산수단에 대한 소유권 보장은 보다 많은 이윤 획득을 가능하게 하고 부의 확대를 낳았다. 이에 더해서 새로운 생산형태(공장제)와 산업혁명은 전승된 수공업을 뒤로 밀어냈으며, 그때까지는 알지 못했던 자본의 집중(주식회사)은 산업사회로의 도약을 가능하게 했다. 특히 자유로운 계약을 통한 상품거래는 상품에 대한 수요와 공급을 조절하였을 뿐만 아니라, 대량생산을 촉진하고 수요를 창출하였다. 한 마디로 말해서, 모든 경제활동이 각 개인의 창의에 찬 자유롭고 활발한 활동에 맡겨짐으로써 19세기 중반에 이르러 미증유의 부와 번영을 누리게 되었다. 이와 같은 인류문화의 발전과정을 메인 Sir Henry James Sumner Maine(1822-1888)은 「신분으로부터 계약으로」(from status to contract)라는 표어로 표현하였다.

2) 시장경제의 폐해

자유로운 경쟁이 낳은 번영과 승리는 다른 한편으로 어두운 그림자를 드리웠다. 그 모습은 다양하지만, 대표적인 것은 다음과 같은 것이다.

가) 노동조건의 악화

자유로운 시장경제 하에서는 인간의 노동력은 자유로운 계약의 대상이었고, 이로써 경제적으로 수요와 공급의 법칙에 복하는 상품으로 되었다. 그런데 경제의 발전은 농촌에 살던 사람들을 도시로 끌어들였고, 산업혁명으로 인한 대규모 공장에서의 노동에 대한 수요는 이를 가속화시켰다. 그로 인해서 일자리에 비해서 노동을 제공하려는 근로자의 수가 지나치게 많아지면서, 근로자는 기업주에 대해서 거의 종속적인 지위에 서게 되었다. 즉 한 쪽에서는 수많은 노동자가 자신의 노동력을 제공하고자 했고 그래서 서로가 경쟁자가 되었으며, 다른 한 쪽에서는 사용자가 노동수요의 독점자로서 이들과 마주하였다. 그리므로 노동을 원하는 자는 사용자가 요구하는 모든 것을 수용해야 했다. 사용자는 국가적 간섭의 부재 속에서 노동계약의 내용을 마음대로 정할 수 있었다. 이의 결과는 노동시간의 지나친 확장, 임금의 저하였다. 노동자는 이를 극복할 아무런 힘도 없었다. 그들이 이익을 집단적으로 지키기 위해서 단체(노동단체)를 결성하는 것은 금지되었고, 스트라이크는 경찰적 수단을 통해 저지되었다.

나) 기업의 경쟁회피

경쟁이 이루어지는 곳에서는 언제나 이를 벗어나려는 시도가 행해진다. 이는 기업가에게도 마찬가지이다. 이들은 다양한 방법으로 그러한 시도를 하였다. 그 대표적 방법은 기업주가 자신의 경쟁자와의 사이에서 공동의 조건에 합의하거나, 혹은 더 이상 경쟁에 내몰리지 않게 독점을 획득하는 것이다. 기업은 이와 같이 다른 기업과 카르텔을 결성하거나 혹은 경쟁기업을 흡수하거나 쓰러뜨려 독점적 지위를 획득함으로써 시장을 자신의 뜻대로 지배하고자 했다. 노동자가 빠듯한 일자리를 둘러싼 황폐화된 경쟁을 끝내기 위해서 노동단체를 결성하려는 것과 마찬가지로, 기업 측에서도 계속되는 경쟁에서 벗어나기 위해서 집중화과정이 행해졌던 것이다. 진보된 제작기술과 경영기술이 거대기업을 낳으면서 이러한 집중화는 더욱 진전되었다. 그리하여 이제 사회 전체에서의 시장의 조절시스템이 사라져 버렸다. 대기업은 보다 저렴한 비용으로 상품을 생산하면서도, 아무런 경쟁 없이 이의 수요자와 협상함으로써 유리한 입장에서 자신의 생산물을 시장에 공급할 수 있게 되었다. 그리하여 많은 새로운 생산물이 대기업에 의해서 일방적으로 높은 가격으로 결정되었다. 자유로운 경쟁을 피하기 위해서 만들어진 독점, 카르텔, 신디케이트, 콘쩨른 등은 시장메카니즘을 무력하게 만들었다.

3. 시장경제의 수정 – 사회적 시장경제

가. 시장경제의 수정필요성

1) 시장경제의 폐해의 심화

이와 같이 19세기 중반 이후 산업화·도시화가 심화되고 시민의 동질성이 무너지면서 시장경제에 대한 신뢰 — 모든 시민은 내다 팔 양질의 상품을 가지며 따라서 경쟁이 보장된 시장에서 대등하게 거래한다면 모든 재화는 적정한 가격을 얻게 될 것이라는 신뢰 — 는 더이상 유지될 수 없었다. 무산의 근로자는 당장의 생존을 위해서 사용자가 제시하는 조건으로라도 근로계약을 맺을 수밖에 없었으며, 그러한 사정은 무주택자의 주택임대차계약, 당장의 곤궁을 타개할 방도가 없는 무자력자의 소비대차계약 등에서도 마찬가지였다. 그러한 상태에서는 힘의 자유로운 행사(사적 자치)는 경제적 강자가 경제적 약자를 지배하기 위한 수단으로 전락한다. 경쟁의 논리는 약자를 자연적인 선택과정에서의 「탈락물」로 파악한다. 이와 같이 당사자 간의 힘의 불균형이 심화되면서 시장경제의 폐해는 더욱 커졌으며, 노동자의 열악한 생활조건은 급기야 커다란 사회문제를 야기하였다. 이제 더 이상 이러한 생활관계를 개인에게 전적으로 맡겨서는 안된다는 인식이 확산되었다. 또 다른 한편으로 기업의 연합이나 독점화가 더욱 심화되어 시장경제의 전제인 경쟁이 탈락하면서 이를 시정하기 위한 국가의 관여가 요구되었다. 더욱이 20세기에 새롭게 나타난 심각한 경제위기에서는 시장경제 원리는 매우 불합리한 것으로 여겨졌다. 경제위기에서는 단지 개개의 기업뿐만 아니라 기업에 생활을 의존하는 수백만의 노동자들이 경제과정에서 내쫓겨나고 그의 최소한의 생활조건마저 얻지 못하기 때문이다.

2) 폐해를 극복하기 위한 시도

그리하여 19세기 말부터 시정경제로 인한 폐해와 이로 인하여 야기된 사회문제를 극복하기 위한 시도가 행해졌다. 그런데 학자나 국가마다 이를 위한 방법이 크게 달랐다. 이는 크게 두 가지로 나눌 수 있다. 그 하나는 시장경제를 유지하면서, 자유에 중대한 제한을 가하거나 국가가 시장에 적극적으로 개입하는 등 시장경제에 수정을 가하는 것이다. 다른 하나는 급진적인 전환으로서, 마르크스와 기타 사회주의자들은 시장경제를 버리고 포괄적·전면적인 계획경제를 촉구하였다. 이하에서는 먼저 전자를 살핀다.

나. 사회적 시장경제

1) 시장경제에 대한 대표적인 규제

대부분의 서양 국가는 시장경제를 유지하면서, 자유에 중대한 제한을 가하는 등 시장경제를 규제하고 이에 수정을 가하는 방향으로 나아갔다. 그런데 시장경제에 대한 규제는 폭넓게 행해지고 그 형태도 다양할 뿐만 아니라 국가마다 모습을 달리하므로, 이의 구체적 내용을 소개하기는 어렵다. 따라서 여기에서는 단지 앞에서 설명한 노동조건의 악화와 기업의 경쟁회피라는 현상에 대한 규제만을 살핀다.

가) 노동관계에 대한 규제

① 현실적인 경제적 불평등 그리고 그로 인한 사회적 폐해를 시정 혹은 해소하기 위한 조치 중 가장 두드러진 것은 국가가 사용자와 노동자 간의 법률관계에 간섭하는 것이다. 즉 종래에는 이들 간의 관계는 서로 대등한 사인 간의 관계이고 따라서 사적 자치가 지배하는 영역으로 생각하였으나, 이에 의하면 양자 간의 합의내용은 근로자에게 일방적으로 불리한 것이 될 수밖에 없다. 국가는 이러한 결과를 막기 위해서, 우선 양자 간의 계약조건의 최저한의 기준을 정하여 이에 미치지 못하는 약정은 무효로 하였다(근로기준법). 그리고 나아가 노동자가 개별적으로 사용자와 계약을 맺는다면 자신의 이익을 지키기 위한 주장을 하기 어렵다. 그리하여 노동자들이 결합하여 사용자와 대등한 지위에 서서 노동계약을 체결할 수 있도록 하고(단결권), 나아가 노동자들이 파업 등을 통해서 자신들의 주장을 관철시키

는 길을 인정하였다(단체행동권).

② 이러한 규제로 인해서 이제 사용자와 노동자 간의 관계를 규율하는 법(노동법)은 일반사법(민법)과는 지도원리 내지 이념을 달리하는 것으로 되었다. 즉 민법은 양 당사자 간의 힘이 대등한 관계를 규율하는 것으로서 따라서 여기에서는 사적자치가 지도원리임에 반하여, 노동법은 노동자의 보호를 위해서 사용자가 우월적인 경제적 힘을 자의적으로 행사하는 것을 규제하는 것이므로 여기에서는 사적자치의 원칙이 아니라 노동자의 보호가 지도원리로 되었다. 그리하여 노동법은 민법과는 독립된 별개의 법분야로 되었다.

나) 기업의 경쟁회피에 대한 규제

① 앞서 본 바와 같이 재화의 공급자와 수요자 간의 자유로운 경쟁은 시장경제의 전제이다. 그런데 기업가가 경쟁을 피하기 위해서 경쟁자와의 사이에서 카르텔 등을 결성하거나 더 나아가 다른 기업을 흡수하여 독점적(혹은 과점적) 지위를 획득하게 되면, 시장의 조절시스템이 사라져 버린다. 카르텔의 구성원 혹은 독점의 보유자는 경쟁에서 벗어나 자신들이 공급조건을 자신의 뜻대로 결정할 수 있게 됨으로써 시장이 합리적인 재화의 가격을 결정할 수 없기 때문이다. 이로 인한 폐단은 시간이 지나면서 더욱 심화된다. 왜냐하면 경쟁에서 벗어난 혹은 우월적 지위에 있는 기업들은 이득이 크게 증대되어 생산기술과 경영기법이 더욱 발전하고, 이는 다시 이득을 증대시켜 위와 같은 폐단을 더욱 심화시키기 때문이다. 이윤추구만을 생각하는 대기업은 이러한 과정을 통해서 생산비용은 절감하고 반면에 판매대금은 높게 함으로써 지나치게 높은 이익을 취할 것이다.

② 국가는 이러한 기업행태에 대해서 아무 일도 하지 않고 이를 보고 있을 수는 없었다. 그리하여 19세기 말부터 경쟁을 배제하기 위하여 맺어진

협정(불공정행위)을 무효로 하는 법률들이 제정되었으며(부정경쟁방지법, 독점규제법), 이러한 노력은 20세기에 들어 거대기업의 등장과 이들의 경쟁회피로 인한 폐해가 심화되면서 크게 진전되었고, 드디어 상당한 결실을 보게 되었다. 그리고 이러한 법규들은 이제 단순히 몇 개의 개별적 법률의 집합에서 더 나아가 일반민법이나 상법과는 독립된 하나의 독립된 법분야(경제법)를 이루는 것으로 발전하였다.

2) 사회적 시장경제의 의미

가) 기본적 구조로서의 시장경제

오늘날 국가가 사인간의 경제활동에 개입하고 규제하는 것이 더욱 확대되고 그 강도가 점차 커지고 있다. 그러나 그렇다고 국가가 시장경제 자체를 포기한 것은 아니다. 시장경제는 한마디로 경제는 국가로부터 자유로워야 한다는 것, 즉 국가가 경제흐름에 관한 계획을 수립하고 생산과정을 직접적으로 조절하는 것을 배척한다는 의미이다. 이러한 의미에서의 시장경제는 여전히 우리의 기본적인 경제구조이다. 다만 이러한 시장경제가 건실하게 유지되기 위해서는 시장이 사적인 힘과 자의(恣意)의 시스템으로 함몰되지 않도록 해야 한다. 바로 이를 위해서 국가의 관여와 감시가 필요하다. 시장경제는 자유로운 경쟁이 합리적인 경제활동을 보장한다는 데서부터 시작된 것인 바, 따라서 시장경제를 채택한 국가로서는 자유로운 경쟁을 막으려는 약정을 규제할 임무를 진다. 이러한 규제는 시장경제를 부인 또는 제한하는 것이 아니라 오히려 시장경제의 기본전제를 회복하려는 것이다. 요컨대 시장경제의 전제가 허물어진 경우에 국가가 이를 회복하기 위하여 필요한 조건을 만들어 가는 것이다.

나) 시장경제의 성격의 변화

① 그런데 국가의 규제목적이 진정한 시장경제의 회복에 있다고 하더라도 규제의 폭과 정도가 더욱 더 넓어지고 심화되고 있는게 현실이다. 이런 점에서 오늘날의 시장경제는 원래의 그것과는 그 모습과 성격이 크게 변하였다. 이러한 변화를 간략히 표현해서, 오늘날의 시장경제는 단순히「자유로운 시장경제」가 아니라「사회적 시장경제」라고 말한다. 즉 시장은 분명 재화의 공급과 수요(생산과 소비)를 조절하는 중심적인 기구이고, 이런 점에서 오늘날의 경제형태는 여전히 시장경제에 속한다. 그러나 당사자 간의 힘의 불균형, 자유로운 경쟁의 회피 등으로 인해서 시장의 조절적 기능이 제대로 발휘될 수 없게 되면서, 국가는 시장에 개입함으로써 시장경제의 전제를 회복시키기 위한 수많은 법적 조치를 가한다. 그리고 여기에서 더 나아가 모든 국민의 안정적인 생활을 위해서 국가의 도움이나 관여가 필요한 경우가 확대되면서, 국가는 보다 적극적으로 혹은 사전적으로 개인의 생활에 개입한다. 이런 점에서 국가는 단순히 시장경제의 회복을 넘어서, 모든 국민이 사회의 일원으로서 인간다운 삶을 영위할 수 있도록 배려하는 것을 임무로 삼게 되었다. 이와 같이 국가가 사적 생활영역에 적극적으로 개입하여 모든 시민의 인간다운 삶을 보장하고자 노력하는 형태를「사회적 국가」라고 하고, 이러한 국가에서의 시장경제 형태를「사회적 시장경제」라고 칭하는 것이다.

② 사회적 시장경제에서는 국가의 임무는 단지 모든 시민에게 자유를 허여하고, 각자가 자신에게 주어진 자유의 한계를 넘는지를 감시하는 것에 그치는 것이 아니라, 사람들의 기본적 욕구를 채워주고 나아가 생활필수품을 조달하고 배려하는데까지 미친다. 이러한 임무를 위해서는 국가는 단지 시장 밖에서 각 경제주체가 공정한 룰에 따라 경쟁하는가를 감시하는 것만으로는 부족하고, 시장에 적극적으로 개입하여 경제주체 간에 진정한 경쟁

(대등한 지위에서의 경쟁)과 실질적 평등이 이루어질 수 있는 여건을 조성해야 한다. 요컨대 국가의 임무는 단지 시민에게 자유를 허여하는데 그치는 것이 아니라, 자유를 행사할 수 있는 실질적 전제를 갖추어 주고 나아가 인간다운 생활을 보장해 주는데까지 미친다.

3) 사회적 시장경제에서의 법과 경제의 관계

① 시장경제는 시민의 자유와 창의를 최상의 가치로 여기는 자유주의에 기초하는 것이다. 그러므로 현대에 이르러서도 시장경제를 채택한 국가에서는 경제를 원칙적으로 시민 스스로에게 맡긴다. 그러나 다른 한편으로는 사회적 국가의 원리에 기초해서 시민들에게 인간다운 생활을 보장하기 위해서 이들 간의 관계에 적극적으로 개입한다. 이런 점에서 오늘날 시장경제를 취하는 국가의 경제정책은 서로 용해될 수 없는 모순을 안고 있다.

② 현대에서는 국가의 안녕과 발전은 경제와 밀접하게 결부되어 있으므로, 포괄적이고 전반적인 경제의 조종은 국가의 중요한 관심사가 되었다. 그런데 경제의 조종은 법치국가적 원리에 적합해야 한다는 제약을 받는다. 그래서 국가는 경제의 조정이 법치국가의 원리와 조화되도록 하기 위해서 가능한 한 직접적이 아니라 간접적인 경제조정 수단, 즉 명령과 금지가 아니라 개인에게 어느 정도의 공간을 허용하는 세금과 보조금의 방법을 사용한다.

4. 사회주의적 계획경제

가. 시장경제의 폐단을 시정하는 또 다른 방법

시장경제가 만개하면서 나타난 사회적 불평등·폐해를 시정하는 방법으로, 일부 국가는 시장경제를 수정·보완하지 않고 근본적으로 시장경제를 몰아내고 계획경제로 전환하였다. 다만 이들이 채택한 계획경제는 단지 수요와 공급의 조절을 국가(계획수립자)가 맡는 체제에서 더 나아가, 재화(특히 토지·공장과 같은 생산수단)에 대한 소유권을 ― 개인에게 귀속시키고 그에게 이에 대한 자유로운 처분을 허여하는 것이 아니라 ― 모든 인민이 함께 소유하고 관리하는 체제(사회적 소유·관리, 즉 공산체제), 그럼으로써 모든 인민의 평등과 사회정의를 실현한다는 소위 사회주의를 기반으로 하는 것이다. 사회주의적 계획경제의 기본사상은 요컨대 생산수단에 대한 사소유권을 제거하고 시장의 힘의 눈먼(맹목적인) 유희를 국가적으로 관리하는 계획경제로 대체한다는 것이다. 이러한 사상의 이념적 배후근거는 마르크스의 사상이다. 마르크스 사상의 핵심은 재화의 생산비를 구성하는 3대 요소인 재료비·노동력·이윤 중에서 생산수단을 소유하는 기업가가 이윤을 가져가기 때문에 노동자의 몫이 줄어들고 노동자의 임금이 저하된다고 하는 것이다. 이런 분석 하에 그는 생산수단의 공유화를 주장하였던 것이다.

나. 계획경제의 붕괴원인

사회주의적 계획경제의 열위성은 이러한 경제체제가 붕괴됨으로써 현실적으로 분명하게 증명되었다. 그러므로 이러한 경제체제의 내용을 살펴보는 것은 무의미할지 모르나, 적어도 이러한 체제의 붕괴원인을 살펴보는 것은 사회적 시장경제의 의미와 법과 경제의 관계에 대한 이해에 도움이 될 것이다. 이런 점에서 아래에서 그 원인을 간단히 적는다.

1) 계획의 답답함

국가적 계획경제가 시장경제에 비하여 뒤떨어지게 된 이유는, 우선 계획을 수립하는 관료의 열악한 정보력과 부족한 결정능력에 있다. 시장경제에서는 재화의 생산과 판매에 관한 결정이 분산적으로dezentral 행해진다. 즉 수많은 대기업과 중소기업 그리고 가계들이 각자 분산적으로 이에 관한 결정을 내린다. 이때 각 경제주체는 신속히 소비자의 수요변화와 요구 기타의「시장의 신호」에 반응한다. 예컨대 어떤 상품의 판매가 증대하면 그 상품의 생산을 늘리고, 반대로 판매가 줄어들면 생산을 감축한다. 이와 같이 수많은 기업들이 각기 독립적으로 내리는 결정은 표면적으로는「혼돈」으로 보여지지만, 이러한 혼돈은 항시 시장의 힘을 통해서 서로 협조된다. 이에 반해서 계획을 수립하는 관료는, 아무리 효과적으로 조직되었더라도, 신속하게 소비자의 수요를 읽지 못하며 전체적으로 조화되는 결정을 내리지 못한다. 그리하여 실제로 계획시스템이 경직되었으며, 이는 경제활동을 마비시켰다.

2) 보다 많은 성과에 대한 유인책 내지 자극의 결여

두 번째 이유는 보다 많은 성과를 내도록 하는 자극의 결여 혹은 나아가 배제이다. 시장경제에서는 기업의 성과가 풍부하면 많은 부를 얻고(포상과 프리미엄) 이는 생산력을 증대시켜 다시 더 큰 성과와 부를 얻게 한다. 이와 같이 시장경제 체제 하에서는 기업의 성과 내지 업적에 따라 부가 결정되므로, 보다 많은 성과에 대한 욕구를 자극한다. 그러나 계획경제에서는 그러한 자극이 없다. 오히려 국가는 거대한 분배시스템 속에서 성과가 많은 기업의 소득을 빼내어 이를 전혀 수익성 없는 기업을 구하는데 사용한다. 기업은 그러한 것을 감수해야 한다. 기업의 성과가 아무리 많아도 그의 소득을 다시 투자할 수 없다. 국가시스템이 보다 많은 성과를 내도록 기업에게 기운을 북돋아주는 것이 아니라 반대로 기운을 꺾는 쪽으로 작용한다. 요컨대 투자와 수익에 자극을 주어야 개인 그리고 나아가 국가 전체의 경제상태가 좋아질 수 있는데, 사회주의경제에서는 그러한 자극이 결여되어 경제상태가 정체되거나 혹은 퇴보한다.

3) 자유와 소유권의 배제

시장경제에서는 각인의 자유와 창의를 최대한 발휘하도록 할 뿐만 아니라, 모든 재화(따라서 당연히 기업 자체는 물론 기업의 공장이나 토지 등과 같은 생산수단)에 대한 사적 소유권을 보장한다. 특히 생산수단에 대한 소유권의 인정은, 기업가 혹은 그의 뒤에 있는 자본가로 하여금 그들의 생산수단을 경제적으로 사용(투자)하여 보다 많은 성과를 거두려는데 관심을 가지게 한다. 이에 반해서 계획경제는 생산수단에 대한 소유권이 경제의 효율성을 위해서 가지는 가치를 고려하지 않고, 이를 시장의 흐름 밖으로 내쫓았다. 또한 자유의 불허는 창의로운 사고를 봉쇄하였으며, 이는 새로운 부의 원천을 찾아내지 못하게 하였다. 이것이 계획경제를 좌초시키는데 결정적 기여를 하였다. 특히 부의 원천인 기업과 기업부동산에 대한 소유권을 배제하고 이를 국민 전체의 소유(사회주의적 소유권의 최상의 형태)로 삼음으로써, 부의 원천이 기능을 완전히 상실하여 더 큰 부를 창출하지 못하였다. 더군다나 기업의 설비와 부동산은 경제적으로 최상의 방법으로 사용될 수 없었을 뿐만 아니라 「자원의 국가적 배분」이라는 미명 하에 다른 기업에게 주어질 수도 있었다. 모든 기업설비는 경제적 가치를 잃고 누구도 이를 유용하게 사용하고자 노력하지 않았다. 이는 자원의 커다란 낭비를 낳았다. 거의 모든 생산설비와 토지가 황폐화되었으며, 사람들은 이를 가꾸려고 노력하지 않았다.

다. 시장경제와의 근본적 차이

① 이상은 계획경제를 붕괴시킨 몇 개의 중요한 원인들이다. 이러한 원인들은 궁극적으로 자유 및 소유권의 배제와 결부되어 있다. 경제활동을 위한 가장 기초적인 전제는 자유의 보장(계약의 자유, 영업의 자유, 직업의 자유 등) 그리고 사적 소유권의 자유로운 행사인데, 이러한 점이 전혀 탈락되어 있었다. 자유와 소유권의 배제는 계획경제를 붕괴시켰을 뿐만 아니라 법적 윤리마저 마비시켰다. 누구도 재화를 돌보지 않았으며, 국가운영을 위한 기본설비(각종의 통계자료, 등기부 등)는 소홀히 다루어지거나 아예 사용되지 않았다. 사회주의적 계획경제 하에서는 법은 제대로 기능할 수 없었다.

② 물론 시장경제도 많은 문제를 안고 있다. 갈수록 심화되는 빈부의 격차는 가장 큰 문제로 지적된다. 이런 점은 무엇이 정의인가 하는 의문을 넘어 과연 정의가 존재하는가 하는 회의를 낳기도 한다. 이는 시장경제의 가장 아픈 문제일 것이다. 그러나 시장경제에서는 이기심을 가진 인간의 본성을 배제 혹은 부인하지 않고, 이를 전제로 하면서 위와 같은 문제를 해결하고자 다각적으로 노력했으며, 그럼으로써 비록 완전하지는 않지만 조금씩 문제를 해결해 간다고 할 수 있다. 그러나 자유와 소유권을 불허하는 계획경제는 이기심이라는 인간의 본성을 법의 세계에서 퇴출시킴으로써 위와 같은 사회문제를 해결하고자 한 것이다. 이는 이기심이 가지는 긍정적인 면을 보지 않고 이의 부정적인 점만을 본 것이다. 이는 인간의 본성을 법으로 다스리고자 한 것으로서 이미 실패의 운명을 가진 것이 아니었을까?

5. 현대사회에서의 법과 경제의 관계

현대사회에서의 법과 경제의 관계는 새롭게 등장하는 사회경제적 문제를 규율하기 위한 것과 세계화로 인한 것으로 나눌 수 있다.

가. 새로운 사회문제의 규율을 위한 규제

앞서 말한 사회적시장경제의 경제활동에 대한 규제는 붕괴된 시장경제의 전제를 회복하기 위해서 가해지는 것이다. 그런데 오늘날에는 과거에는 알지 못했던 새로운 문제들이 제기되었고, 이를 해결하기 위한 규제들이 등장하였다. 이하에서는 이러한 새로운 규제들을 살펴 본다.

1) 소비자보호를 위한 규제

이미 19세기에 수공업자에 의한 개별적 생산에 대신하여 대규모 공장에 의한 대량적 생산이 보편화되고 또 독과점 기업이 등장하였다. 그런데 이러한 기업이 제공하는 물품이나 서비스가 생활에 필수적인 것인 때에는, 소비자는 다른 물품공급자를 찾을 길이 없어서 할 수 없이 기업자가 제시하는 조건으로 이를 공급받을 수밖에 없게 된다. 이로 인한 폐해는 그 기업이 독과점인 때에는 더욱 커진다. 그런데 이러한 생필품의 독과점으로 인한 폐해는 ― 노동자라는 일부 국민에게만이 아니라 ― 국민 대다수에 해당하는 소비자 모두에게 미치고, 생활의 구석구석에 미친다. 더욱이 이에 대한 적절한 규제가 없으면 일반적인 물가상승을 낳고, 이는 자칫 다음에 말하는 경제위기를 초래할 수 있다. 그리하여 국가는 소비자 보호를 위하여 여러 가지 법적 규제를 가하고(약관규제법, 할부거래법 등), 나아가 필요한 때에는 가격통제(조절) 등 경제흐름에 필요한 조치를 통하여 시장에 개입(간섭)한다.

2) 경제위기 극복을 위한 규제

① 시장경제에서는 필연적으로 경기의 상승과 침체가 반복된다. 여기에서 근래 국가는 경기침체 등의 경제위기로 인하여 시장기능이 마비되거나 고장이 생기는 것을 막기 위한 예방조치로 시장경제에 여러 가지 규제를 가하게 된다. 나아가 중대한 경제위기가 닥친 경우에 국가가 시장에 개입하여 여러 가지 조치와 규제를 가하게 된다. 그러한 조치로는 돈을 많이 풀어 구매력을 높이고 수요에 자극(충격)을 주는 ― 그럼으로써 생산이 증가하도록 하고 나아가 경제가 활성화하도록 하는 ― 통화정책과, 댐건설 등 국가기간산업에 국고를 투하하는 국고(재정)정책이 대표적인 것이다.

② 중대한 경제위기가 닥친 경우에 과연 위와 같은 국가의 시장에의 개입이 타당한가 하는 점에 대해서 근래 문제를 제기하는 이론이 제기된다. 영국의 경제학자 케인즈(Keynes, 1883-1946)는 20세기 30년대에 당시의 경제위기와 관련해서 "수요공백의 결과로 인하여 거시경제적으로 불균형한 비중이 생기면, 시장의 스스로 회복하는 힘(자생능력)이 불충분해진다"고 하면서, 따라서 국가는 위와 같은 정책을 통해서 수요를 증대시켜야 한다고 하였다. 당시에 실제로 국가의 투자프로그램(예 : 미국에서의 뉴딜 정책)은 위기의 극복에 커다란 효력을 발휘하였다. 그러나 그 이후 하이에크(Hayek, 1899-1992)는 국가의 개입이 없었더라도 시장의 자생능력이 이와 동일한 결과를 낳았을 것이라고 보고, 따라서 그러한 국가의 개입을 비판하였다. 과연 그의 주장이 현실적으로 타당한지는 불분명하다. 다만 경제위기 극복을 위한 그와 같은 조치가 과연 타당한지 문제되는 이유는, 이를 위해서는 궁극적으로 세금 혹은 국가부채를 통해서 자금을 조달받아야 하는데, 이는 사태극복 후에 다시 어려움을 가져올 수 있기 때문이다.

나. 세계화로 인한 새로운 발전

1) 세계적 경제기구

제2차 세계대전 이후 많은 국가들은 경험을 통해서 세계의 평화와 각 국가의 발전(경제위기의 극복)을 위해서는 다수 국가들의 협력이 필요하다는 점을 깨달았고, 그러한 협력방법으로 경제영역에서 세계적인 경제기구를 결성하였다. 이를 통해서 경제의 세계화가 커다란 진전을 보았으며, 많은 국가들이 이들의 도움으로 경제적 부흥과 경제위기 극복을 이루었다.

경제의 세계화에서 가장 눈에 띄는 것은 관세장벽의 철폐와 국제적 경제거래의 자유화를 위한 GATT협정(1947년) 및 세계무역기구(WTO)의 결성(1994년)이다. 후자는 특히 통화거래의 자유화를 기하였다. 그리고 그밖에 국제통화기금(IMF)은 채무위기(개별국가 또는 일정 지역이 국제적으로 지급불능이 될 위험에 빠지는 것)의 극복에 기여하였다. 이의 활동내용은 그러한 목적을 위하여 대출금을 유리한 조건으로 바꾸고 이의 변제를 위하여 채무국에게 새로운 신용을 제공(대출)하는 것이다. 그런데 새로운 신용은 오직 엄격한 경제정책의 부담 하에서만 주어진다. 그리하여 IMF는 관련 국가들에게 고통과 압력을 강요하였고, 그리하여 강한 비판을 받기도 한다.

2) 시장의 확대(범세계화)

가) 국가적 경계를 넘은 시장의 형성

제2차 세계대전 이후 경제의 세계화가 진전되었지만, 20세기 후반에 일어난 소련 등에서의 사회주의적 계획경제의 붕괴는 이를 더욱 확대하였다. 이들의 붕괴는 동과 서로 갈라졌던 세계(분단시대, 냉전시대)에 종말을 고하게 하였고, 이로 인하여 인간과 재화의 교류가 전 세계에 걸쳐 열리게 되었다. 이러한 변화는 디지털혁명으로 인하여 더욱 가속화되었다. 디지털혁명은 모든 현존의 정보를 어디에서든 언제든 이용할 수 있게 하였기 때문이다. 위와 같은 변화에 기초해서 세계의 경제가 새로운 형태로 얽히고 결합되었다. 이제 시장은 국가적 경계를 넘어 전 세계로 확대되었다.

나) 법의 변화

시장의 세계화는 법발전에 다양한 방법으로 영향을 미쳤다.

① 법은 본성상 지역적인 것이다. 즉 각 지역(국가)마다 문화와 관념이 다르기 때문에 각 지역마다 법이 다르다. 그러나 나라마다 법을 달리해서는 실효를 거두기 어려운 법분야가 있다. 특허법, 카르텔법, 경제형법 등이 대표적이다. 이러한 분야에서는 대부분의 국가가 공통적으로 국제적인 여건에 맞는 새로운 규범을 만들고, 나아가 그러한 규범을 관철시키기 위하여 국제적인 공동작업을 수행한다.

② 국제적 경제거래가 확대되면서 거래를 규율하는 법이 국가마다 다른 것은 참기 어려운 불편으로 되었다. 그리하여 통일적인 국제적 법률이 만들어졌다. 단일한 세계시장은 통일적인 법을 필요로 하기 때문이다. 그 대표적인 것이 유엔매매법, 대리에 관한 통일법 등과 같은 국제적 협약이다.

③ 어느 지역에서 생긴 경제적 장애나 위기는 전 세계에 걸쳐 연쇄반응을 일으킨다. 예컨대 어느 국가의 경제위기는 그 국가와 경제교류가 많은 국가의 경제에 심각한 영향을 준다. 따라서 어느 국가에서 장애가 발생하면 이를 해결하기 위해서 관련국가들 간의 긴밀한 협력이 필요하다. 이제 경제는 개개의 국가만에 의해서 통제될 수 없게 되었다.

④ 시장의 확대와 함께 범세계적 지배력을 가진 새로운 다국적기업(글로벌기업)이 나타났으며, 이러한 기업은 국가적 규제에서 멀리 벗어났다. 그러므로 경제의 세계화 시대에서는 정치도 국가적 경계를 넘어서야 한다.

⑤ 인터넷에 의하여 뒷받침되는 신속한 정보의 교류는 전통적인 경제흐름을 가속화시켰을 뿐만 아니라, 더 풍부하고 깊은 변화를 낳았다. 글로벌화의 주된 행동가는 앞서 말한 다국적기업이지만, 그러나 각국의 영세 혹은 소기업 역시 이러한 정보기술 덕으로 전 세계에 걸쳐 활동하는 경제주체로 등장하였다. 더욱이 국내에서도 중앙에서 멀리 떨어진 변방에서 활동하는 군소기업까지도 인터넷을 통해서 얻은 국제적인 재화의 흐름과 정보를 통해서 세계경제의 한 주체로 편입되고 있다. 그럼으로써 전 세계에 산재한 무수히 많은 기업(대기업뿐만 아니라 지방의 군소기업까지)들이 촘촘한 「그물망(Network)」으로 연결되었으며, 모두가 모두와 전세계적으로 경쟁하게 되었다.

다) 시장과 소유권의 운명은?

그러면 이러한 시장의 변화는 법과 경제에 어떤 영향을 미칠까? 범세계적인 촘촘한 그물망은 전통적인 시장을 몰아낼 것인가? 이를 긍정하는 견해도 있기는 하다. 또 사적 소유권은 그의 의미를 상실하리라고 주장하기도 한다. 그리고 이로써 인간의 문화적 생활은 크게 변화된다고 한다. 물론 위와 같은 새로운 경제형태의 변화는 인간의 문화세계를 변화시킨다. 그러나 그렇더라도 미래에서는 전통적인 시장이나 소유권은 사라지거나 무의미해지리라는 주장 내지 가정은 받아들일 수 없다. 물론 시장의 흐름이 변화하고 물건에 대한 소유권의 중요성은 다른 형태의 지배권(정신적 창작물에 대한 준소유권, 전파의 배타적 이용권 등)의 등장으로 감소하겠지만, 시장과 소유권 자체는 그 의미를 여전히 유지할 것이다.

제5장

법의 효력 및 기능

Ⅰ. 법의 효력

1. 서설

가. 법의 효력의 의미

법의 효력이란 법이 실제적으로 적용되어 수범자가 그 명해진 행위를 행하는 것(법의 준수), 즉 당위가 실제로 관철되는 것 혹은 규범이 실제로 구속력을 가지는 것을 뜻한다. 간단히 말해서 법의 효력은 법의 실효성을 뜻한다.

법이 만들어져도 효력을 가지지 않는다면 법은 종이장에 불과하고, 그러한 사회는 안정될 수 없고 국가는 존립을 위협받게 된다. 한 국가에서의 실제의 생활관계 그리고 이의 경제적·문화적 발전의 정도는 법률의 우수성뿐만 아니라 이의 효력에 매인다.

나. 문제되는 점

그러면 법이 효력을 가지는 근거는 무엇인가? 법이 정의에 반하더라도 효력을 가지는가? 즉 이때에도 수범자는 법을 준수할 의무를 지는가? 이것이 법의 효력과 관련해서 문제되는 점이다. 이하에서 이러한 문제를 살핀다.

2. 효력근거

가. 총설

① 법의 효력근거가 무엇인가 하는 문제는 "왜 사람들은 법을 준수하는 가?" 혹은 "왜 법공동체는 나에게 일정한 행동을 강제하는가?" 하는 문제이다. 간단히 말해서 법이 지켜지는 근거가 무엇이냐 하는 문제이다. 인간은 비판적·이성적 정신을 가진 존재로서, 예전이나 지금이나 혹은 장래에서나 이러한 질문을 던진다. 법의 효력근거는 법의 근본문제 중의 하나이다.

② 법과 도덕이 분리되기 전에는 법의 효력근거는 문제되지 않았다. 왜 냐하면 법은 도덕과 합치되기 때문에 누구나 법은 따라야 한다고 인식(승인)하였기 때문이다. 이것이 문제된 것은 법과 도덕이 분리되면서부터이다. 달리 말하면, 법이 도덕적이어서 마음으로부터 따라야 한다는 생각이 희미해지면서, 법의 효력근거가 문제되었다.

③ 법의 효력근거에 관한 견해로는 대체로 명령설, 승인설, 법률적 효력설 등이 있다. 이하에서 먼저 각 견해의 내용과 문제점을 살핀다.

나. 명령설

1) 내용

이 견해는 법의 효력근거가 무엇이냐 하는 문제를 최초로 다룬 입장에서 제기한 것으로서, 강제할 수 있는 힘을 가진 권력에 의해서 명령되었다는 점을 법의 효력(적용)근거로 보는 이론이다. 즉 법의 효력근거는, 법이 이를 준수하지 않으면 제재를 가한다는 위협(위하)을 가하면서 일정한 행위를 명하며, 사실상으로도 법은 집행기관을 통해서 이의 위반시에 제재를 가할 사실적인 힘을 가졌기 때문이라고 한다. 이 견해는 법을 명령으로 보는 입장에서 제기된 것이다. —— 명령설 중에서도 수범자가 법의 명령을 따르는 이유는 법의 강제력이 실제로 관철되기 때문이라는 점을 강조하는 견해를 명령설과 구별해서 실력설이라고 하기도 하지만, 양자는 본질을 같이하므로 여기에서는 함께 다룬다.

2) 검토

① 우선 법이론적인 각도에서 살펴보면, 이 견해는 명령과 힘을 효력의 근거라고 하는 것인데, 명령과 힘은 단지 의욕(Wollen)과 능력(Können)을 의미할 뿐이다. 즉 명령은 일정한 행위가 행해질 것을 의욕하는 것이고, 힘은 이를 따르도록 강제할 수 있다는 것이다. 그러나 법(규범)은 무엇을 해야 한다고 하는 당위 내지 의무(Sollen)이다. 명령과 힘에 의해서는 수범자에게 강제(Müssen)를 가할 수는 있지만 당위를 생기게 할 수는 없다. 즉 복종을 생기게 할 수는 있지만 복종의 의무를 생기게 할 수는 없다. 이 견해는 나아가 국가의 강제에 의하여 사람들이 사실상 이를 따른다는 점을 효력근거로 주장할 수 있겠지만, 그러나 법이 사실상 지켜진다고 하더라도 그것으로서 곧 그 법이 지켜져야 하는 규범으로 되지는 않는다. 즉 사실로부터 곧바로 규범이 나오지는 않는다. 이 견해는 강제 또는 사실로부터는 당위 또는 규범이 나오지 않는다는 점을 간과한 것이다.

그외에도 만약 힘이 배후에 있기 때문에 법이 효력을 가진다고 한다면 힘이 상실된 때에는 법은 효력을 가질 수 없다는 것이 되고, 그렇게 되면 잡히지 않으면 죄를 범하지 않은 것으로 되며, 공소시효가 지나면 단지 행위의 가벌성만 없어지는 것이 아니라 위법성까지도 없어져버리는 것이 될 것이다.

② 다음으로 사실적인 측면에서 보면, 강제가능성은 법의 징표이지만, 강제에 대한 두려움이 사회생활의 엔진(사람들이 법을 지키게 하는 원동

력)이라고 생각하는 것은 법의 한 부분만을 보는 것으로서 부당할 뿐만 아니라, 실제와도 맞지 않는다. 실제 생활에서 법이 지켜지는 가장 큰 이유는 법에 의한 강제의 두려움 때문이 아니다. 예컨대 사람들이 거의 대부분 타인의 물건을 훔치거나 기망하지 않는 이유는 위반시의 형벌이 두려워서가 아니라, 도둑질이나 기망은 나쁜 일이라고 여기기 때문이다. 또 계약의 압도적 다수는 성실히 이행되는데, 그 이유는 손해배상책임이나 법원의 강제집행이 두려워서가 아니라 자신의 명예와 신용을 지키기 위해서 이다. 즉 이러한 것들이 자신의 존재를 유지시키며, 만약 신용이 없으면 사회생활을 계속해갈 기반을 잃는다는 것을 알기 때문이다. 그 외에도 약속을 잘 지키고 일을 잘 하는 것은 내면적인 만족이나 동료의 존중을 가져다 주는 점도 법을 지키게 하는 이유이다. —— 물론 오늘날에는 법적강제에 대한 두려움이 법을 지키는 주된 이유인 경우가 적지 않다. 행정적 조치 특히 조세의 경우가 그럴 것이다. 예컨대 강제가 없다면 많은 세금이 납부되지 않을 것이다. 여기에서는 이해심, 시민의식, 윤리의식 등은 찾기 어려울 것이다. 오늘날 법의 강제력이 많이 의식되는 이유는 이러한 영역이 확대되기 때문이 아닐까 생각된다. 그러나 이를 일반화하는 것은 부당하다.

③ 그외에도 명령설은 자칫 법의 내용을 불문하고 이의 효력을 강제할 우려가 있다. 또 이론적으로 보면 명령설에 의하면 관습법 기타 제정법 이외에 효력을 가지는 법을 설명할 수 없다. 왜냐하면 이것은 국가의 명령이 없음에도 구속력을 가지기 때문이다.

④ 법의 효력근거는 법이 지켜지는 근거가 무엇이냐 하는 문제이다. 즉 「지켜져야 하는」 근거가 아니라 「지켜지는」 근거가 무엇이냐 하는 문제이다. 그런데 명령설은 지키라고 명령하기 때문에 지켜진다고 답하는 것이다. 따라서 이 견해는 효력의 근거에 대한 답으로는 부적절하다.

다. 승인설

1) 내용

가) 일반적 승인설과 개인적 승인설

이 견해는 엄격히는 두 가지로 나뉘어진다.

① 하나는 법의 적용근거를 시민들에 의한 법의 일반적 승인에 있다고 보는 견해이다(일반적 승인설). 이 견해는 승인의 동기는 묻지 않는 입장이다. 즉 뒤의 견해처럼 윤리적 혹은 내면적인 확신(신념)에서 법률을 지키건, 윤리적 동기 없이 혹은 법위반으로 인한 강제가 두려워서(이때에는 승인설과 강제설은 부분적으로는 통한다) 법을 지키건 불문한다.

② 승인설 중에서도 개인의 내면적인 법률충실 명령을 효력근거로 보는 견해가 있다(개인적 승인설). 즉 개인이 내면적으로 법률에의 충실을 양심의 명령으로 여기기 때문에 법을 승인하고 이를 따른다는 것이다. 이 견해는 내면적 확신 없이는 법규범에 대한 일반적 승인이 나오기 어렵다는 점을 근거로 하는 것이다. 이런 점에서 이 견해는 일반적승인설의 보충이라고 할 수 있다. 다만 내면적 승인은 법이 옳기 때문에 따른다고 생각하는 것일 수도 있고, 법을 지키는 것이 옳기 때문에 따른다고 생각하는 것일 수도 있다.

나) 명령설과의 차이

승인설과 명령설은 법의 준수가 내적인 마음에 의한 것이냐(내적 조정) 외부의 힘에 의한 것이냐(외적 조정) 하는 점에서 구별되는 것이다. 즉 승인설은 수범자가 외부의 자극 없이 마음 속으로 그렇게 하는 것이 옳다는 자기설득에 기해서 규범을 따른다는 것이고, 명령설은 외부로부터 규범준수의 자극이 오기 때문에 법을 따른다는 것이다.

2) 검토

① 법과 도덕이 분리되기 전에는 법이 도덕과 부합하기 때문에 누구나 이를 따라야 한다고 생각하였다. 따라서 이런 상태에서는 승인설은 너무 당연한 것이었다. 그러나 오늘날에도 승인설이 여전히 타당하다. 그 이유는, 공동사회는 법의 준수 없이는 평화와 안전을 기할 수 없으므로 합리적 이성을 가진 인간은 일반적으로 법을 지켜야 한다고 생각하기 때문이다. 즉 승인의 이유가 다를 뿐이고 승인이 효력근거인 점은 예나 지금이나 동일하다. 다만 개인적 승인설에서 말하는 것처럼 내면적인 법적 확신에 기해서 법을 따른다고 하는 것이 오늘날 일반적인지 의문스럽다. 이런 점에서 일응 일반적 승인설이 타당하다고 할 수 있다. 이것이 오늘날 지배적인 견해이다.

② 그런데 이 견해에 대해서는, 이는 법적 효력을 이에 구속되어야 할 사람들의 자의에 의존시키는 것이 되고, 따라서 법이 효력을 발휘해야 할 바로 그곳에서 법이 거부당하게 될 수 있게 된다는 문제점이 지적된다. 이러한 지적에 대해서 일부 견해는, 승인은 어떤 것이 올바르냐 올바르지 않느냐 하는 점에 관한 것이지, 아름다우냐 추하냐 혹은 좋으냐 싫으냐 하는 것처럼 우리의 자의에서 나오는 것이 아니라는 점을 간과한 것이라고 답한다. 즉 사람은 양심과 오성을 마음대로 배제할 수 없다. 법을 위반한 경우에 마음 속에 있는 법적 감정이 뒤흔들어져버리게 되는 것은 이 때문이다. 예컨대 범죄의 피의자가 언론에 공개될 때 고개를 숙이고 모자로 얼굴을 가리는 것은 이러한 심리상태를 보여주는 것이다. 위와 같은 문제점의 지적은 이러한 점을 간과한 것이라는 것이다. 즉 법을 지키는 것이 올바른 것이라는 점(승인)은 자의에 의해서 부인될 수 없다는 것이다.

이러한 반론의 타당성을 떠나서 근래의 이론은 승인과정을 형식화함으로써 이 문제를 해결하고자 한다. 즉 법의 효력을 근거짓는 법공동체의 현실적 합의 또는 법적 의무자에 의한 실제적 승인은 존재하지 않으며, 승인은 단지 가상적인 것, 머리 속으로 생각된 것에 불과하다고 본다. 달리 말하면 승인은 심리적 사실이 아니며, 사람들이 승인하지 않을 수 없다는 점에서 「간접적 승인」이 있는 것으로 파악한다는 것이다. 그러면 다시 문제되는 것은, 간접적 승인이 있다고 하기 위해서는 법이 어떠해야 하는가 하는 점이다. 즉 예컨대 법이 일반인의 입장에서 볼 때 올바르지 않다고 여겨지더라도 승인이 있은 것으로 볼 수 있는가? 그렇지 않다. 이 문제는 다음의 「법이 효력을 가지기 위한 요건」 부분에서 살핀다.

—— 이러한 구성(간접적 승인설)은 국가성립에 관한 사회계약설(국가계약설)과 유사하다. 즉 사회계약설은 어떻게 법과 국가가 현실적으로 발생하게 되었는가를 설명하려는 것이 아니고, 어떻게 하면 시민들이 자유롭고 정의로운 질서를 얻을 것인가 하는데 관한 가상적·의제적 사고를 담은 것이다. 간접적 승인설에서도 이와 유사하게, 각인에게 이익이 되는 것이 그가 의욕한 것으로 의제되는 것이다.

③ 그러면 효력의 근거로는 승인설로 충분한가? 이 문제가 생기는 이유는, 승인은 비록 가상적인 것이기는 하지만 각자의 법률관에 의존하는데, 사회에는 다양한 사람들이 다양한 의사를 가지며, 나아가 의사가 때로는 대립하기도 하는데, 사회의 공동생활의 질서를 제각각인 개개인의 법률관에게 맡길 수는 없기 때문이다. 사회가 전체적으로 질서를 유지하기 위해서는 다양한 의사가 초개인적 차원에서 통일적으로 규율되어야 한다. 무엇이 올바른가를 아무도 확인할 수 없다면, 누군가가 이를 확인하고 무엇이 법이어야 하는지를 확정할 필요가 있다. 그러한 역할을 하는 것이 바로 국가이다. 국가는 법을 통해서 서로 다투는 법률관 사이에서 일어나는 만인의 만인에 대한 투쟁을 종결짓고 질서를 보장하고 평화를 정립해야 한다.

그러므로 국가에 의한 법적 안정성의 확보가 법의 또 하나의 효력근거라고 한다.

라. 법률적 효력설

1) 내용

이 이론은 사실로부터는 규범력이 생기지 않는다는 점에 기해서, 어떤 법규의 효력을 다른 법규에서 도출하려는 것이다. 즉 사실로부터 곧바로 규범이 나오지는 않으므로 "규범의 적용근거는 다른 규범의 적용일 수밖에 없다"고 하고, 그런데 한 국가의 법규범은 상하의 단계적 사다리를 이루는 바 상위규범은 하위규범에게 적용의 근거를 수여한다고 한다. 예를 들면 명령의 효력근거는 법률에서, 법률의 효력근거는 헌법에서 구하려는 것이다.

2) 검토

① 이 이론은 하위규범에 효력근거를 수여하는 상위법규 중에서도 최상의 법규 즉 근본법규(Grundgesetz)에 관해서는 이의 효력근거를 밝힐 수 없으며, 그리하여 결국 전체로서의 법질서의 효력을 밝힐 수 없게 된다. 뿐만 아니라 이 이론은 다양한 형태로 나타나는 「규범의 충돌」에 대해서 속수무책이다. 예컨대 제정법과 관습(법), 국내법과 외국법 간의 충돌을 설명할 수 없다(아마도 제정법 혹은 국내법의 효력만을 인정할 수 있을 뿐인데, 그러한 결과는 부당하다). 그 외에도 이 견해에 의하면 어떤 법규가 상위의 규범에 근거하는 것이면 그 내용의 정당성을 불문하고 효력을 가진다는 것이 된다. 즉 법의 합법성만으로 법에 복종하라는 명령을 정당화하는 것이다.

② 재판관의 직업윤리는 오직 무엇이 법인가를 물을 뿐 그것이 정당한가

를 묻지 않아야 한다고 한다. 이런 점에서 보면 법률적 효력설은 재판관의 태도와 부합한다고 할 수 있다. 그리고 "내용적으로 부정의한 법도 이미 그것이 존재함으로써 법적 안정성이라는 목적을 충족시켜 준다"고 하면서, 따라서 실정법의 적용에만 몰두하는 것은 정의의 봉사자를 포기하는 것이라기보다는 법적 안정상의 봉사자라고 한다. 일반적으로는 올바른 사람, 정의로운 사람은 단지 법적인 사람, 법률에만 충실한 사람보다 높이 평가되겠지만, 재판관으로서는 법에 충실한 사람이 높이 평가된다고 생각한다. 이러한 생각은 타당한가? 이는 국가가 법원에게 맡긴 임무가 무엇인지를 고려하지 않은 것이다. 3권분립 사상에서 사법부에게 맡겨진 몫은 단지 입법부(때로는 행정부)의 의사결정을 집행하는 것이 아니다. 견제와 균형이 그에게 맡겨진 몫이다. 즉 입법부의 결정이 보다 높은 법이념(정의)에 비추어 볼 때 정당한가 하는 점을 검토하고, 이에서 벗어나지 않도록 견제하는 것이 법원의 임무이다. 위와 같은 생각은 이러한 법원의 임무에 눈을 감고 자신을 입법부의 결정을 집행하는 단순한 하부기관으로 생각하는 것이다.

마. 법이 효력을 가지기 위한 사실상의 요건

① 법이 효력을 가지기 위해서는 사실상 어떤 점이 갖추어져야 하는가? 이는 승인설에서 승인을 가상적 승인이라고 하였는데, 그러면 ― 가상적이지만 ― 법규범이 승인되었다고 하기 위해서는 법이 어떠해야 하는가 하는 문제이기도 하다. 우선 법이 형식적으로 올바르게 성립되었어야 한다. 다음으로 법의 내용이 적어도 근접하게나마 정당한 법이라고 볼 수 있어야 한다. 즉 법의 요구가 사람들이 양심 안에서 그것을 자기 것으로 받아들일 수 있어야 한다. 정의의 내용인 「각자에게 그의 것을」 올바로 배분하는 법은 각자의 양심에서 승인될 것이다.

② 그 외에 문제되는 점을 적는다면,

▶ 국가가 사회를 제대로 컨트롤하고 있어야 한다. 즉 국가가 법을 관철할 수 있는 힘을 가지고 있어야 한다. 무정부상태에서는 법은 단지 종이장에 불과하고 법으로서의 효력을 가지지 못할 것이다.

▶ 법이 사실상 지켜질 수 있는 현실적 여건이 갖추어져 있어야 한다. 경제적으로 자력이 전혀 없는 사람에게 극히 무거운 배상책임 혹은 벌금을 부과한다면, 그 명령은 종이조각에 지나지 않을 것이다. 우리의 현실을 보면 법을 제정할 때 과연 그것이 제대로 지켜질 수 있는가 하는 점을 전혀 고려치 않는 경우를 자주 본다. 이는 법을 허울로, 내용없는 껍데기로 생각하는 것이다. 이는 그러한 법의 실효성을 떨어뜨릴 뿐만 아니라, 법에 대한 잘못된 인식을 키울 것이다.

3. 정의에 반하는 법의 효력 = 저항권

가. 서설

① 법률이 정의의 명령에 부합하지 않거나 혹은 앞에서 말한 「법이 효력을 가지기 위해서 요구되는 요건」을 갖추지 않은 경우에, 시민은 이의 준수를 거부할 수 있는가? 이것은 소위 저항권 문제이다. 저항권은 이와 같이 법이 정의에 부합하지 않아 효력을 가지지 못한다고 여겨지는 경우에 문제되는 것이기 때문에, 이는 법의 효력 문제와 밀접하게 관련된다.

② 저항권 문제는 어느 시대에서나 논해진 것이기는 하지만, 20세기에 나치 등의 소위 불법국가를 체험하면서 중요한 문제로 부각되었다. —— 근대에 들어 자연법학파 학자들이 전제군주의 전횡에 맞서 저항권 문제를 비중있게 다루었다. 그리고 적지 않은 학자가 부당한 법에 대해서는 복종하지 않아야 한다고 주장하였고, 나아가 혁명을 고취시키기도 하였다. 그런데

이들의 이론은 근대적 자유민주주의 국가의 건설을 뒷받침하기 위한 것이다. 따라서 이 이론은 위와 같이 정의에 반하는 법률에의 준수의무에 관한 것이 아니므로 여기에서 다루지 않는다. 자연법학파의 이론은 법의 역사 부분(제6장 IV, 190쪽 이하)에서 소개한다.

나. 저항권

1) 인정 여부 ─ 일반론

일반적으로 말한다면 법률이 일응 정당하지 않다고 여겨지더라도 시민은 법률을 준수해야 한다. 그 이유는 법적평화와 법적안정성 때문이다. 특히 민주적 법치국가에서는 입법자는 정의에 부합하는 법률을 제정하고자 노력할 것이고, 따라서 합법적인 입법절차를 거친 법률이라면 원칙적으로 이러한 노력에 기한 것으로 추정되기 때문이다.

2) 한계

그러면 법률이 정의의 명령에 반한다고 여겨지는 경우에도 언제나 위와 같은 점을 근거로 법률에의 복종을 요구할 것인가? 정의는 법적안정성보다 상위에 자리하는 이념이다. 따라서 법률이 정의에 반하는 경우에는 법률에의 복종을 요구할 중대한 근거가 탈락된다. 그러면 어느 정도로 정의에 반하는 경우에 복종의무가 탈락하는가? 이것이 저항권의 핵심적인 문제이다. 이 문제는 실제로는 독재적인 불법국가에서 제기되며, 라드브루크는 나치의 불법국가를 경험하고는 이 문제를 가지고 고민하고 다음과 같은 기준을 제시하였다. 즉 실정법은 원칙적으로 법적안정성을 위하여 존중되어야 하지만, 그러나 언제나 그러한 것은 아니다, 만약 "실정법이 정의에 반하는 것이 참을 수 없을 정도에 달하고 그리하여 그 법률이 不義의 법으로서 정의에게 길을 비켜주어야 하는 경우"에는 그렇지 않다(라드브루크의 공식 Formel). 즉 법률이 정의의 명령을 전혀 고려하지 않고 만들어져 참을 수 없을 정도로 정의에 반하는 경우에는, 그러한 법은 법이 아니고 따라서 따르지 않아도 된다는 것이다.[1] 이 이론은 예외적으로 법률에의 복종이 탈락하는 요건을 언명한 것으로서 많은 지지를 받았으며, 법원에서도 채택되었다.[2]

3) 저항권이 문제되는 경우와 그 형태

① 불법국가에서 부정의가 지배하는 동안에는 국민들이 법률에 저항할 것을 기대할 수 없다. 만약 법률이 부정의하다고 해서 이에 저항한다면, 그는 기소되고 투옥되어 무자비한 폭력에 내몰리고 극단적인 경우에는 죽음에 이르게 될 것이기 때문이다. 그러므로 저항권은 실제로는 불법국가가 무너지고 새로이 민주국가가 세워진 후에 비로소 문제된다.

② 그런데 문제되는 형태는 두 가지로 나눌 수 있다. 하나는 민주주의가 회복된 이후에 사후적으로, 과거에 불법국가 아래에서 법을 위반한 자들을 법위반자로 처벌할 것인가 하는 문제이다. 저항권이 승인된다면 과거의 정의에 반하는 법은 법이 아니므로 그에 위반한 행위는 위법한 것이 아니게 되고, 따라서 그에 대한 법적 제재의 근거가 탈락하게 된다. 이런 문제는 실제로는 생기지 않겠지만, 저항권은 그러한 결과를 이론적으로 뒷받침해준다. 다른 하나는, 이와는 반대로 불법국가 당시 불의적인 법률을 적용해서 사람을 처벌케 한 자는 민주주의가 회복된 후에 처벌받아야 하는가 하는 문제이다. 실제로 문제되는 것은 이것이다. 이는 항을 나누어 살핀다.

---

1) Radbruch, Gesetzliches Unrecht und übergesetzlichs Recht, in : SJZ 1946, 104ff.(107) = GRGA, Bd.3, 1990, S.83ff.(89).
2) 독일연방최고법원 판례는 나치정권 시대의 사건에서 반복해서 이 공식을 사용했다 (BGHSt 2, 234 ff.; BGHSt 3, 357 ff. 34). 이 공식은 그후 구동독 병사가 베를린장벽을 넘는 시민을 사살한 사건에서도 사용되었다(BGHSt 39,1ff. : BVerfGE JZ 1997, 142f.,).

4) 불의의 법률을 적용한 자의 처벌 문제 — 법의 왜곡(남용)

이 문제를 직접 경험한 독일에서의 이론을 소개하면, 국가의 법이 기본적인 정의명령에 명백히 반하는 경우에는 그러한 법은 무효이고, 따라서 그러한 법을 집행한 공무원은 — 법을 집행한 것이 아니고 — 직권을 남용하여 누군가에게 의무없는 일을 하게 한 것이 되므로, 그는 직권남용죄(독일형법 339조, 우리 형법 제123조에 해당)로 처벌받아야 한다고 한다.[3] 이러한 이론은 2차세계대전 후에 대표적인 전범책임자를 처벌한 뉘른베르그 전범재판을 이론적으로 설명하는데도 유용할 것이다.

5) 우리나라의 경험

우리나라에서도 정의에 반하는 법률에 근거해서 (무고한) 국민을 처벌한 예가 적지 않다. 이의 대표적 예는 유신헌법 하에서의 긴급조치권에 기해서 수많은 정치지도자나 무고한 시민을 처벌한 것이다. —— 법률 자체가 정의에 반하는 것이 아니고 이를 잘못 적용해서 선량한 시민을 처벌한 경우는 이와 구별된다. 이런 경우의 대표적 사례는 제5공화국 출범 이후 과거 정권에서 고문 등으로 무고한 사람을 처벌했던 소위 과거사사건이다(제9장 주2에서 소개하는 최종길교수 사건은 이의 하나이다). 그런데 이 문제의 논의는 이 책의 주제를 벗어나는 것이므로 생략한다.

---

3) 형사사건은 아니지만 직권을 남용한 자의 민사책임이 문제된 판례 하나를 소개하면, 나치의 장교인 갑(피고)은 A와 그의 처(원고)가 유대인을 집에 숨겨두고 보호하고 있다는 정보를 접하고는 이 두 사람을 즉결로 체포하였는데, A가 도망치려 하자 그를 쏘아 죽였다. 그리고는 갑은 A가 갑작스런 심장마비로 사망하였다고 증언하였다. 이 사건에서 갑은 당시에 독일제국의 공적 기관의 명령에 따라 행위한 것이므로 독일제국이 붕괴되었어도 갑은 그 명령의 뒤로 숨을 수 있는가, 아니면 갑이 개인적으로 책임을 져야 하는가 하는 점이 다투어졌는데, 연방최고재판소는 라드브루흐의 위 견해를 승인하여 갑의 책임을 인정하였다(Decisions of Federal Court in Civil Matters, Vol.3, p.94 et seq. — 이는 W.Friedmann, Legal Theory, 5.ed., 1967, p.351(주 20)에서 소개된 것임).

그러면 이러한 법률을 적용해서 위법행위자를 처벌했던 자의 책임은 어떠한가? 이 경우에도 행위자가 위반했던 법률이 헌법에 반하여 무효이므로 이를 적용해서 행위자를 처벌하는데 관여했던 자(법관, 검사, 수사관)는 법을 왜곡한 것이므로(즉 법이 아닌 것을 법이라고 하여 집행한 것이므로) 직권남용의 위법행위로서 처벌받아야 하는가? 이는 법률의 부정의의 정도가 저항권을 인정할 정도인가 하는 문제로 귀착된다. 독일의 나치정권 시대에서 정의의 명령에 극도로 배치되는 반인륜적인 법률은 이의 불법성이 너무나 명백하므로 — 비록 적용 자체에 대해서 항거하기 어렵다 하더라도 — 이를 적용한 법관 등의 직권남용을 부인하기는 어렵다. 그러나 우리나라에서 나타난 정의에 반하는 법은 반인륜적인 것이 아니고 시대적 정치상황에 기한 것이므로, 이에 대해서 저항권을 인정하기는 어렵지 않을까? 그렇다면 이를 적용한 사람들에게 직권남용의 책임을 지울 수는 없다. 즉 그러한 자의 개인적 도덕적인 양심에 의한 책임은 몰라도, 법적으로 책임을 물을 수는 없을 것이다. 다만 적어도 법원과 검찰은 과거의 이러한 잘못된 법운영을 고백하고 국민에게 사죄하는 자리는 있어야 할 것이다. 그 외에 물고문의 실행은 이미 그 당시의 법에 의해서도 범죄행위이므로. 이에 대해서는 국가의 손해배상책임이 인정된다.[4]

---

4) 서울민사지법 1992.1.30. 86가합5126 제41부판결(항소)은, 소위 물고문 및 전기고문을 행한 이근안의 가혹행위에 대해서 국가의 손해배상책임을 인정하였다. 그러나 이와 관련해서 형사피의자의 가족과의 접견을 금지하는 등의 잘못을 저지른 검사의 행위는 불법행위가 되지 않는다고 해서, 이에 관한 국가의 손해배상책임을 부인하였다. 또 대법원 2014.10.27. 2013다217962 판결은 수사기관의 가혹행위에 관해서는 국가의 배상책임을 인정하였으나, 법관의 잘못된 유죄판결에 대해서는 국가의 배상책임을 부인하였다. 그 외에 이근안은 형사처벌을 받았다고 들었으나, 판례번호는 검색하지 못했다.

다. 법치국가에서의 불복종

1) 원칙

이와 같이 불법국가가 아닌 통상의 국가(적어도 민주주의적 제도를 가진 법치국가)에서는 어떤 법률이 정의의 명령에 반한다고 생각되는 경우에도, 시민은 그것은 법이 아니라고 주장해서 법률의 준수를 거부할 수 없다. 즉 이러한 경우에는 저항권이 인정되지 않는다. 왜냐하면 불법국가에서 저항권이 인정되는 이유는, 여기에서는 법률이 정의에 반한다는 이유로 이의 효력을 문제삼을 사실상의 가능성이 전혀 없기 때문인데, 적어도 법치국가라면 정의의 명령에 반하는 법률에 의해서 피해를 입은 시민은 법원에 그 법률의 효력을 다투고 피해에 대한 구제를 청구할 수 있기 때문이다.

2) 소위 시민불복종

① 그러면 소위 법치국가에서는 국민은 아무리 정의에 반한다고 여겨지는 법률에 대해서도 언제나 복종해야 하는가? 정의관념은 각자의 양심에서 비롯되는 것이다. 그러므로 무조건적으로 법에의 복종을 강요하는 것은 정의의 요구와 배치된다. 더욱이 저항권이 인정되는 경계 즉 법치국가와 불법국가 간의 경계는 유동적이다. 불법국가로 변질될 위험으로부터 완전히 벗어난 법치국가, 정부에 의해서 초래될 불법이 전혀 일어나지 않을 법치국가는 존재하지 않는다. 그러므로 정의에 반한다고 여겨지는 법률에 대해서 적극적으로 비판을 제기하고 나아가 복종을 거부하는 것은 어쩌면 불법국가로의 변질을 사전에 막는 기능을 가진다고도 할 수 있다. 이런 점에서 비록 법치국가이더라도 양심에 비추어 정의에 반한다고 여겨지는 법률에 대한 저항을 인정하는 것이 타당하지 않은가 하는 점이 여전히 문제될 수 있다. 다만 이러한 불복종은 저항권과는 구별되며, 여기에서는 이를 「시민

불복종」이라고 칭한다. 앞에서 살펴 저항권은 불법국가에서 문제되는 것으로서 이를 「큰 저항」이라고 한다면, 법치국가에서 문제되는 이러한 저항을 「작은 저항」이라고 할 수 있다. 작은 저항은 부당한 법률의 증가가 자칫 큰 저항으로 나아가게 할 수 있다는 점, 따라서 늦기 전에 적시에 작은 저항이 인정되어야 한다는 각도에서 제기된다.

② 그러면 시민불복종은 허용되는가? 일반적으로는 시민불복종은 법률에 반하는 것으로서 허용되지 않는다. 그러므로 설령 이를 비폭력적으로 감행한다고 해도 위법이다. 따라서 불복종의 실행자는, 비록 도덕적으로는 정당하다고 평가될 수 있을지 모르지만, 자신의 행위에 대한 법률효과(즉 처벌)를 감수해야 한다.

그러나 국가마다 정치상황이나 법률상태에 많은 차이가 있는 바, 이러한 일반론을 어디에서나 적용할 수는 없을 것이다. 우리가 인도에서 시민불복종을 이끈 간디를 존경하는 것은 이러한 점을 잘 보여준다. 이런 점에서 볼 때 법치국가에서는 전혀 시민불복종이 인정되지 않는다고 하는 것은 타당치 않다. 법치국가에서도 잘못된 법률이나 법운영에 불복종하는 것은 허용되어야 할 것이다. 힘있는 자의 힘의 남용, 비판을 틀어막으려는 법률의 제정, 악폐를 숨기려는 조치 등에 대한 불복종이 그 예이다. 왜냐하면 이러한 부정의는 합법적 수단으로는 개선될 가능성이 없기 때문이다. 다만 그럼에도 국가가 불복종 실행자를 법위반을 이유로 처벌하는 것을 막지는 못할 것이다.

3) 소위 집단적 불복종운동 ─ 일반적인 법률준수의 거부

어떤 법이 정의에 반한다고 생각되는 경우에, 그로 인해서 직접 불이익을 당하는 사람이 개인적으로 법률준수를 거절하는 것이 아니고, 직접 당사자가 아닌 제3자가 일정한 법이 정의에 반한다는 자신의 의견을 공공연히 선전 유포하고 더 나아가 일정한 단체를 형성해서 그러한 법률에 대하여 집단적으로 법률불복종운동을 펼치는 경우를 종종 본다. 이 경우를 단순히 개인적인 시민불복종과 구별해서 「집단적 불복종운동」이라고 칭하고자 한다. 그러면 이러한 운동은 정당한가? 법치국가에서도 때로는 어느 시민에게 무거운 부정의가 과해질 수 있고, 따라서 위와 같은 행동은 법을 집행하는 사람들에게 주의(관심)를 환기시키는 계기가 될 수 있다. 그러나 단순한 주의의 환기를 넘어서 집단적으로 불복종운동을 벌이는 것은 법적안정성과 법적평화에 대한 공격이다. 그러므로 이는 민주주의를 위태롭게 하는 매우 걱정스러운 현상이다. 정의에 반한다고 생각되는 법률에 대해서는 어디까지나 법이 허용하는 표현의 자유와 집회결사의 자유의 범위 내에서 문제점을 일반대중에게 알리고 주의를 환기시키고 입법자에게 영향을 주는 것이 타당한 방법일 것이다.

이러한 현상은 비단 우리 사회에서만 나타나는 현상은 아니고 소위 선진국이라고 칭해지는 나라에서도 나타난다. 다만 차이는 외국에서는 당·부에 대한 판단이 첨예하게 대립되는 구체적 사안에서 개별적으로 나타나지만, 우리나라에서는 경실련·민변·환경연합 등 사회운동을 위한 집단들이 먼저 거대한 조직을 갖추고, 문제있다고 보여지는 법률을 찾아내어 계속적·조직적으로 불복종운동을 벌인다는 점이다. 이는 우리의 법문화가 가진 문제점(전근대성 내지 편향성) 때문이기도 하다. 특히 시민들이 법률의 부당함과 이의 시정을 요구함에도 관련기관이 그러한 문제점을 진지하게 검토하지 않았던 것이 발단이 되었을 수 있다. 이런 점에서 보면 불복종운동을 시민의 잘못으로만 돌릴 수는 없을 것이다. 그러나 이러한 운동이 자칫 법의 한 면만을 보고 오로지 자신의 주장만을 정의로 보는 것이라면 수긍할 수 없다. 더욱이 만약 이러한 운동이 조직화되고 직업된 것이 그 구성원 개인의 정치적 야심 때문이라면 이는 결코 정당화될 수 없다. 이에 덧붙일 점은 이러한 운동조직(이중에는 연구모임도 있다)에는 법률가가 적지 않다는 점이다. 이는 특히 법률가가 이러한 운동에 적극적으로 참여하다가 후에 정권의 실세가 되어 자신이 비판하던 것과 똑같은 일을 하는 점에서 분명히 나타난다. 법률가는 스스로 법운용을 통해서 그릇된 법문화를 시정할 책임을 지는 사람이다. 즉 그는 그러한 운동의 주체가 아니라 객체가 될 사람이다. 이런 사람이 이런 운동을 한다면, 이는 자신은 깨끗한데 다른 법률가의 잘못으로 법이 잘못 운용된다고 비판하는 것은 아닐까?

다른 각도에서 본다면 이러한 운동은 법을 제정하고 집행하는 자가 올바르지 않은 법을 만들거나 올바른 법을 지키지 않기 때문에, 이를 좌시해서는 잘못이 시정되지 않는다고 생각해서 그런 운동을 전개할지도 모른다. 그러나 이러한 방법으로 문제가 해결될지는 다시 한번 생각해야 하지 않을까? 이러한 운동은 자신이 법을 지키지 않음은 보지 않고 타인의 잘못만을 보려는 것이 아닐까?5)

---

5) 다수의 시민단체 및 종교단체들이 마이클 조던의 비도덕성을 이유로 위법한 수단까지 동원해서 그의 공연을 막으려 했던 사건(마이클 조던 사건)(대법원 2001.7.13. 98다51091 판결)은 법률의 불복종이 아니라 특정 사업의 수행을 집단적으로 방해한 사건으로 따라서 초점이 엄격히는 다르지만, 시민단체가 자신의 주장을 관철하기 위해서 집단적으로 법적 절차를 위반한 점에서 유사성을 가지는 것으로서 흥미로운 예이다.

Ⅱ. 법의 기능

1. 평화질서

가. 대내외적 평화질서 유지

국가는 외부(외국의 군사적 침입이나 위협 뿐만 아니라, 조직화된 국제적 범죄조직)에서 가해지는 힘으로부터 국가의 존립을 지켜야 할 뿐만 아니라, 국가 내부에서 개인이나 국가권력에 가해지는 부당한 간섭을 제거·통제함으로써 대외적으로 그리고 내부적으로 평화질서를 유지할 과제를 가진다. 국가는 이러한 목적을 위해서 힘의 행사를 오로지 자신에게 집중시키는 한편(권력독점), 이러한 강대한 국가적 권력의 자의적 행사를 제한하기 위한 장치를 완비해야 한다.

나. 평화질서 유지를 위해서는 법이 어떠해야 하는가?

① 이러한 평화유지라는 국가기능을 수행하기 위해서는 국가는 우선 체계적인 법질서를 정립하고, 법치주의를 엄격히 관철해야 한다. 즉 사회에서 일어나는 모든 분쟁(국가와 개인 및 개인 상호간의 분쟁)을 오로지 법에서 규율하는 절차에 따라 해결하고, 법위반자(질서파괴자)에 대해서는 법의 제재를 가해야 한다. 특히 권력의 자의적 행사를 막고 법치주의를 실현하기 위한 장치로서 권력이 어느 쪽에 편중되지 않고 여러 기관에 분산되어 상호 견제와 균형을 이루도록 해야 한다(3권분립). 다음으로 법은 공동체의

윤리적 가치나 정의 혹은 일반적으로 승인된 풍속적 가치에 부합해야 한다. 그래야 법이 국민들로부터 존중받고 지켜질 수 있다(실효성). 그리고 나아가 법이 명료하고 세밀해야 하며, 법이 일관성 있게 유지되어야 한다(법적 안정성). 그래야 국민들이 어떻게 행동해야 하는지 미리 알 수 있고(예측가능성) 따라서 사전에 다툼을 방지할 수 있다. 만약 법률이 불명료하고 개관할 수 없거나 법에 공백이 많다면, 혹은 법률이 자주 변경되고 판결이 동요된다면, 국민들은 어떻게 행동해야 할지 알 수 없어 다툼이 많아지고 법적 안정성이 파괴되어 평화질서가 유지될 수 없을 것이다.

② 이와 같은 법의 모습은 비단 평화질서라는 기능을 위해서 요구되는 것만은 아니다. 예컨대 다음에서 살피는 자유질서의 보장이라는 기능을 위해서는 각자의 자유의 공간이 어디까지인가, 또 사회보장의 기능을 위해서는 국가로부터 누가 어느 정도의 사회적 급부를 받을 수 있는가 등을 규정해야 한다. 나아가 이러한 규정을 위반한 경우에 일정한 제재를 가함으로써 이의 실효성을 도모해야 한다. 그런데 법은 처음에는 평화질서 유지를 위해서 만들어졌고 또 근대에 이르기까지 이러한 기능이 가장 중요한 것이었기 때문에, 이러한 기능과 관련해서 법이 어떠해야 하는가를 살핀 것이다.

세계를 둘러보면 많은 국가가 형식적으로는 올바른 법규범을 갖추고 있다. 그러나 그러한 법이 실제로 관철되지 않는 국가가 적지 않다. 국가의 성숙도는 형식적으로 올바른 법규범을 가졌는가 하는 점에 의해서가 아니라, 실제적으로 그러한 법이 법원에서 실효성 있게 적용·집행되는가 하는 점에 의해서 평가된다. 많은 국가에서 법은 종이에 쓰여진 문구에 불과하고, 입법자나 법집행자의 비활동성과 부패가 법의 적용·집행을 방해한다. 이에 부응해서 범죄가 증가하고, 사적인 방법으로 사실상의 힘을 사용해서 분쟁을 해결하려는 경향이 생긴다. 우리나라의 법운영은 그러한 상태는 아니지만, 허울 뿐인 법이 없는지 점검할 필요는 있을 것이다.

2. 자유질서

가. 자유의 보장과 그 경계의 획정

국가는 모든 국민이 누구나 자유롭게 행동하고 자신의 재산을 임의로 지배하고 혹은 처분할 수 있도록 해야 한다. 그런데 만약 모든 시민에게 아무런 제약없이 이러한 자유를 허용한다면, 사회는 혼란에 빠질 것이다. 따라서 각인의 자유의 경계를 획정해야 한다. 그러한 경계를 긋는 것이 법이다. 즉 법은 각인의 자유로운 활동공간(자유로운 행위영역)을 획정함으로써, 한편으로는 그의 활동공간의 경계를 긋고 다른 한편으로는 그 경계 내에서 자유로운 활동을 보장해 주는 것이다. 이로써 각 시민은 자신에게 허여된 영역 내에서 자유를 향유하며, 그것이 다른 시민에 의해서 침해되지 않도록 보호받는다. 법은 이와 같이 각자의 자유에 한계를 설정하는 동시에 자유를 보장한다. —— 칸트는 법이란 "한 사람의 자유가 다른 모든 사람의 자유와 공존할 수 있도록 각자의 자유를 제한하는 것"이라고 하였다.

나. 자유의 여러 가지 형태

자유는 다양한 측면을 가지는 개념이다. 자유주의적 자유는 개인적 인격의 발현을 위한 자유를 내용으로 한다. 이에 속하는 것으로는 신체의 자유(행동의 자유), 신앙의 자유, 혼인의 자유, 주거의 불가침성, 재산권의 보장, 계약의 자유와 영업의 자유, 그리고 특히 사적자치를 포함한 인격의 자유로운 발현 등이 있다. 이에 반해 민주주의적 자유는 선거권과 피선거권 그리고 공무담임권을 통해 정치적 의사형성에 참여할 수 있는 자유를 내용으로 한다. 자유는 때로는 이 두 가지 의미의 자유를 모두 포함한다. 예컨대 표현의 자유, 언론의 자유, 집회·결사의 자유는 개인적 인격발현의 자유를 위한 것이지만, 동시에 정치적 의사형성의 전단계에서의 민주주의적 참여를 위한 것이기도 하다.

3. 사회보장

가. 경제적 약자를 위한 국가임무의 변천

① 얼마 전까지는 법의 기능 중에서 앞에서 말한 평화와 자유의 보장이 가장 중요한 것으로 여겨졌으며, 특히 계약자유와 소유권보장 등 사적 자치를 강조하는 시민적 법치국가는 경제발전에 촉진제 역할을 하였다. 그리고 정치적 자유를 강조하는 민주적 법치국가는 모든 국민에게 참여의식을 고양함으로써 국민의 에너지를 분출시켜 사회발전에 크게 기여하였다. 그런데 이러한 경제와 사회의 발전과 함께 그 배후에 실제적으로 자신의 이익을 지킬 수 없는 경제적·사회적 약자가 크게 증가하면서, 국가의 임무에 대한 생각이 크게 바뀌었다.

② 과거에는 일부 시민의 물질적 결핍은 사회 전체의 경제성장에 의하여 자연적으로 해결되리라고 생각했다. 그리고 국가의 역할은 앞에서 말한 것처럼(제4장 IV 2 나 2), 124쪽), 마치 운동경기에서의 심판과 같이 단지 각자에게 자유로운 활동영역을 보장하고 이들이 공정한 룰에 따라 경쟁하는가를 심판하는 것이라고 생각했다. 즉 모든 사람은 자신의 이익을 지킬 수 있는 능력을 가지므로, 국가의 임무는 각자에게 그러한 능력을 발휘할 수 있는 기회를 보장하는데 그치며, 그렇게 함으로써 모든 사람은 자신의 이익을 지킬 수 있다고 믿었다. 그러나 자유경쟁의 보장이 낳은 획기적인 경제발전은 부의 불균형이라는 그림자를 그만큼 크고 깊게 하였다. 경제발전의 높이는 그로 인한 그림자를 그만큼 깊게 한 것이다. 이로 인해서 위와

같은 믿음은 사회경제적 약자가 점차 증가하는 현실 앞에서 더 이상 유지될 수 없게 되었다. 종래에는 경제적 빈곤은 그의 나태함으로 인한 것이고, 각자의 생활은 각자의 일이라고 생각했었지만, 점차 현실적으로 빈곤은 그의 주어진 환경으로 인한 것이고 누군가의 도움 없이는 여기에서 벗어나기 어렵다는 점, 국가의 부가 아무리 증대하더라도 상당한 정도의 빈곤층은 해소되지 못한다는 점, 따라서 이러한 사람들에 대한 배려 없이는 사회가 건강할 수 없다는 점을 깨닫게 되었다. 요컨대 물질적 결핍은 개인의 문제가 아니라 사회의 안정을 위협하는 사회 전체의 문제이고, 경제의 성장에 의하여 자연적으로 해결될 수 있는 것이 아니라는 것을 깨달은 것이다. 그리하여 점차 국가의 임무는 단지 형식적으로 자유를 허여하는 것만으로는 부족하고 나아가 실질적으로 자유를 누릴 수 있는 사회경제적 기반을 마련해야 하고, 그럼으로써 모든 국민(물론 주로 사회경제적 약자)이 실질적으로 인간으로서의 존엄과 가치를 유지할 수 있도록 배려해야 한다는 사상이 지배적으로 되었다. 즉 국가는 소극적으로 룰을 지키는지를 감시하는 심판이 아니라, 적극적으로 개인의 생활에 관여해서 이들이 실질적으로 자유를 누릴 수 있도록, 인간으로서의 존엄과 가치를 유지할 수 있도록 배려해야 한다는 사상이 지배적으로 되었다.

③ 이러한 사상에 기해서 인간다운 생활의 보장을 내용으로 하는 사회적 기본권 내지 생존권이 자유권·참정권과는 다른 별개 유형의 기본권으로 고양되었다. 그리고 실제적으로도 오늘날에는 과거 세대에서 보다 훨씬 강하게 국가와 법질서가 모든 사람의 생존과 인간다운 생활을 보장해줄 것을 기대한다. 이제 종래의 자유주의 및 민주주의에 덧붙여, 모든 국민에게 생활의 기본적 수요를 충족시켜 줌으로써 건강하고 문화적인 생활을 보장하는 것이 국가의 책무라고 하는 사회적 국가 원리가 국가의 또 하나의 기본 원리로 되었다.[6]

---

6) 이런 점을 잘 표현한 것으로 헌법재판소 1997.5.29. 94헌마33 결정 참조, 그 외에 헌법

나. 사회적 급부의 내용과 급부의 적절한 분배

국민의 기본적 수요를 충족시켜주기 위해서는 국가는 국민에게 생활보장에 필요한 재화와 용역을 제공해야 한다. 이러한 사회적 급부와 관련해서는 두 가지 점이 문제가 된다.

① 하나는 사회적 급부의 내용 문제이다. 국가가 개인의 생활보장을 위하여 행할 수 있는 수단은 다양하다. 그러면 국가의 급부의무는 어디까지인가? 피히테가 말하는 것처럼, 국가는 적절한 교육시설을 갖출 의무를 지고, 모든 시민에게 각자의 능력과 상태에 따라 교육시설을 이용할 수 있는 평등한 기회를 보장하고, 그럼으로써 각자가 인격발현의 기회를 얻도록 보장할 의무를 진다는 점에 대해서는 견해가 일치한다. 그러나 그 이상의 사회정책적 배려까지 국가의 의무에 포함되는가 하는 점에 관해서는 견해가 나뉘어진다. 다만 인간의 존엄을 지킬 수 없을 정도의 극빈상태에 빠지지 않도록 최소한의 보장을 해줄 의무는 진다고 한다. 그러나 그와 같은 극빈상태가 어떠한 정도인지는 시대상황에 따라 다르며, 특히 국가의 사회경제적 발전상태, 사회적 욕구의 변화에 따라 다를 수밖에 없다.

② 다른 하나는 국가의 급부능력과 분배의 문제이다. 국가가 국민생활을 상당한 정도로 보장해 주기 위해서는 상당한 재원이 필요하다. 또 그 재원을 어디에 얼마나 분배할지는 어려운 문제이다. 그리하여 국가의 급부능력의 향상 그리고 사회적 급부의 적절한 분배(남용의 방지)는 오늘날 가장 뜨거운 법정책적 논의의 대상이 되었다. 이에 관해서는 뒤에서 좀 더 살핀다 (제6장 Ⅴ 4, 225쪽 이하 참조).

제34조 제1항이 보장하는 인간다운 생활을 할 권리에 관한 것으로 헌법재판소 1995. 7. 21. 93헌가14 결정 참조.

4. 이해조절

가. 충돌되는 이해관계의 조절자

인간은 먹을 것, 입을 것, 안락한 주거 등에 대한 자연적 욕구뿐만 아니라, 자유·재산·성행위 나아가 문화생활 등에 대한 욕구를 가지며, 이를 충족하려고 노력한다. 그런데 각인의 이러한 욕구 내지 이익은 동시에 실현될 수 없고, 어느 하나만이 실현되거나 부분적으로 실현될 수 있을 뿐이다. 그리하여 서로 갈등관계에 빠진다. 여기에서 법은 어느 이익을 어느 정도로 보호할 것인가, 즉 각자 이러한 욕구를 위하여 어느 선까지 자유의 사용이 허용되는가 그리고 어떤 이익을 어떻게 추구할 수 있는가 하는 것을 규율한다. 이런 점에서 법은 자유질서이면서 아울러 서로 충돌하는 이해관계의 조절자가 된다. ―― 이런 점을 강조한 것은 예링이다. 그는 모든 법은 대립하는 이익 중 어느 것을 어느 정도 우선시킬 것인가를 결정하는 것이라고 하였다.

나. 다양한 요소의 고려

법이 상충되는 이해관계를 조절함에 있어서는 여러 가지 요소를 고려해야 한다. 예컨대 어떤 사람이 집을 짓는 경우에 건축물의 안전, 그 건물이 가지는 도시계획상의 기능, 인근 주민의 편의, 환경보호 등을 고려해야 하고, 특히 예컨대 바닷가에 집을 짓고자 하는 경우에는 거기에 집을 짓지 말고 모든 사람에게 통행과 조망이 개방되기를 원하는 다수의 상반되는 이익을 고려해야 한다. 이러한 과정에서 상이한 이해관계를 가진 자들은 법의 형성에 영향력을 행사하기 위하여 조직화한다(사용자단체, 노동조합, 종교단체, 농협, 환경단체, 주민단체 등). 이때 법은 어느 특정한 조직의 영향력에 굴복해서 균형을 잃은 조절을 하지 않도록 경계해야 한다. 사회적 힘을 가진 자의 요구가 입법에 주로 반영된다는 법사회학의 가르침은 특히 이러한 경계를 강화하게 만든다.

다. 이해조절자

① 이익갈등을 어떻게 규율할 것인가 하는 것은 1차적으로는 입법자가 결정한다. 만약 법률에 이에 관한 결정이 담겨져 있지 않은 경우에는 법을 적용하는 자(법관뿐만 아니라 공무원도 이에 해당한다)가 이를 결정할 수밖에 없다.

> 헌법에는 다양한 기본권이 규정되어 있으나, 서로 다른 기본권이 충돌하는 경우에 어느 것을 우선시킬 것인가를 정하고 있지는 않다. 이런 경우에 어느 것을 우선시킬 것인가 혹은 양 이익을 어떻게 조절할 것인가는 구체적 사건에서 법원이 판단할 수밖에 없다. 그 대표적 예가 명예훼손의 경우에 명예권(인격권)과 표현의 자유가 충돌하는 경우이다. 이에 대한 법원의 태도를 간략히 소개하면, 타인에 관한 어떤 사실을 다른 사람에게 알렸는데 그 사실이 그 타인의 명예를 훼손하는 내용인 경우에 위의 두 법익이 충돌하게 되는데, 이때 가해자 측에게 명예훼손죄 또는 불법행위책임을 지우기 위해서는 그 침해가 위법해야 한다. 그런데 위법성을 판단함에 있어서는 양자의 이익(표현의 자유로 얻어지는 이익이나 가치와 명예의 보호에 의하여 달성되는 그것)을 비교·형량해야 한다. 우선 가해자가 제3자에게 알린 사실의 내용이 진실할 뿐만 아니라 그것이 공공의 이익을 목적으로 행해진 때에는 위법성이 없다. 따라서 비록 진실하더라도 공공의 이익을 위한 것이 아닌 때에는 위법성이 있다(유명인이 아닌 평범한 사람에 관한 사실을 알린 경우가 그럴 것이다). 그러면 알린 내용이 허위인 때에는 언제나 위법한가? 허위이더라도 행위자가 이를 진실이라고 믿을 만한 상당한 이유가 있는 때에는 역시 위법성이 없다. 그러므로 위법성 여부의 판단에서 고려할 요소로는 (i) 진실성, (ii) 공공성, (iii) 오신의 상당성 등이 있다.[7]

---

7) 이러한 판례 중 고전적인 것은 대법원 1988.10.11. 85다카29 판결[주부생활 사건]이다.

② 조직화된 공동체에서 이해를 조절하고 분쟁을 해결하기 위한 중심적 기관은 법원이다. 그러나 사회가 발달하면서 특수한 영역에서의 분쟁은 법관이 오로지 법적 관점에서 법적으로 해결하는 것보다는 그 분야의 전문가가 실제적 관점에서 합리적으로 해결하는 것이 적절하다. 그리하여 분쟁해결을 위한 특수한 기구가 점차 많이 만들어지고 있다. 언론중재위원회, 고충처리위원회 등이 그 예이다.

5. 개혁적 기능

이상은 법의 일반적 기능이다. 그런데 그 외에도 오늘날에는 법은 개혁적 기능을 수행하는 경우가 적지 않다. 이는 국가가 현안의 문제나 국가의 미래를 고려해서 국가 차원에서 수립한 계획을 수행하는 것이다. 이와 같이 국가 차원에서 장차의 계획을 수립하는 것을 소위 사회공학social engineering 이라고 한다. 국가의 에너지 문제나 대규모기업집단(재벌)을 규제하는 법률이 이에 해당한다. 이러한 법은 개혁적 기능을 수행하는 것이다.

이의 사안은, 갑이 변호사 을(원고)을 상대로 소송을 제기하여 승소하였다는 내용의 기사가 신문에 발표되자, 병('주부생활'이라는 잡지사)이 갑에게 이에 관한 내용을 수기로 써 줄 것을 부탁하여 갑이 수기를 병에게 주었으며, 병이 갑의 동의를 얻어 위 수기의 요지와 취지를 해하지 않는 범위 내에서 문장을 수정하여 잡지에 게재하였다. 그런데 그 내용의 일부가 진실과 부합하지 않을 뿐만 아니라, 을이 변호사로서의 윤리를 저버리고 본분을 망각한 행동을 하였다는 인신공격적인 표현이 담겨져 있었다. 판결은 본문과 같이 판시하는 한편, 잡지의 경우에는 신속성의 요청이 덜하다고 하면서, 그점에서 피고가 수기내용의 진실성을 전혀 검토하지 않고 이를 게재한 것은 위법성이 있다고 하였다.

6. 정리 : 법과 국가의 임무의 변화

근대국가에서는 시민의 안전과 평화의 보장 또는 시민의 자유의 확보가 중심적인 국가의 임무였다. 다만 시민의 시각에서는 시민의 자유를 최대한 보장하는 것이 중요했고, 국가는 오직 평화유지를 위해서 시민생활에 간섭할 수 있을 뿐이다. 반대로 국가의 시각에서는 국가와 사회의 안전이 가장 중요하므로, 이를 위해서는 시민의 자유는 양보 내지 제한되어야 한다. 법의 최상의 어려움은 어디에서 시민의 자유의 한계를 정하는가 하는 문제였다. 다만 이에 관해서는 변화를 겪었는 바, 근대 초기에는 국가의 시각이 우세해서 국가와 사회의 안전을 최우선시하는 소위 경찰국가적 경향을 띠었으며, 산업사회에 들어선 근대 후기에는 시민의 시각이 우세해서 시민의 자유를 최대한 보장하는 자유주의(소위 시장경제)가 지배했다. 그런데 산업사회의 발달이 부의 편재를 낳으면서 빈곤층 내지 사회적 약자에 대한 배려가 중요한 사회문제로 대두되면서, 국가의 임무는 시민의 자유의 확보나 평화의 보장에 더해서, 사회적 약자의 인간다운 생활의 보장이 덧붙여졌다. 현대는 복지국가를 지향한다고 할 수 있다. 사회법의 등장과 확대는 이러한 방향을 보여주는 것이다. 이러한 현대사회에서는 한편으로 각인의 자유는 상당한 제한을 받게 되었다. 그리고 다른 한편으로는 사회적 급부의 확대와 이를 위한 비용의 조달이 국가의 임무로 추가되었다. 이러한 사회의 변화에 따른 국가와 법의 변화는 구체적 사안에서 개별적인 법규정을 해석하는데 있어서 영향을 미칠 것이다.

제6장

법의 역사

I. 서설

1. 법사를 다루는 이유

① 이 책은 법에 대한 이해를 목표로 하는 것이다. 그렇다면 왜 굳이 과거의 법의 역사를 설명하는가? 그 이유는 첫째 법의 역사는 과거의 법의 모습과 법의 변화하는 모습을 형상화해서 보여주므로 법에 대한 이해를 돕기 때문이다. 둘째 과거의 법의 모습과 이의 변화는 현재의 법을 이해하는 데 도움이 되기 때문이다.

② 법은 생성 당시의 사회여건 속에서 만들어지는 것이다. 법의 역사를 공부하는 것은 법의 사회관련성을 깨닫게 하고, 그럼으로써 법의 해석에서 법의 문언적 의미에 지나치게 매이지 않도록 해 준다. 이런 점에서 법의 역사에 대한 이해는 법의 올바른 이해와 운영에 도움이 된다.

2. 법사의 내용

① 법의 역사는 법의 변화에 관한 것과 법사상의 변화에 관한 것으로 나눌 수 있다. 이들은 각기 독립한 학과목으로 다루어지며, 법학입문에서는 보통 다루어지지 않는다. 그런데 이 책에서는 양자를 묶어서 함께 설명하고자 한다. 다만 법의 역사 중에서 실제적 의미를 가지는 것은 근대의 법과 법사상의 변화이다. 그러므로 근대의 법사 특히 법사상의 변화 ― 자연법학, 법실증주의, 실용주의 등 ― 를 중점적으로 살핀다.

② 법은 국가와 지역에 따라 다르다. 이 책에서는 우리 법에 영향을 크게 미친 유럽대륙법, 그중에서도 특히 독일법의 역사를 중심으로 살핀다. 그 외에 오늘날 영향력이 커져가는 영미법의 변화 그리고 우리 법의 역사를 끝에서 간단히 살핀다.

③ 법은 크게 사법과 공법으로 나뉘는데, 공법의 출현은 근대 중기에 이르러서이다. 그 이전에는 사법이 법의 중심이었을 뿐만 아니라, 그 시대의 사회상은 사법을 통해서 나타난다. 나아가 사법을 기준으로 해서 법체계가 분류된다(예컨대 성문법주의와 불문법주의, 인스티투찌온체계와 판덱텐체계 등). 그러므로 사법의 역사를 중심으로 살핀다.

Ⅱ. 고대

고대의 법의 역사로는, 우선 모든 사회에서 공통된 현상인 법의 기원起
源과 발전의 모습을 살피고, 다음으로 고대에서도 가장 찬란한 법문화를
꽃피운 로마법의 발전과정을 살핀다.

1. 법의 기원과 발전

가. 법의 기원

고대에서도 규범으로서의 법이 존재했다. 법이 만들어진 과정을 간단히
살핀다.

1) 법의 원천으로서의 풍속

① 사람은 누구나 반복적으로 일정한 방식에 따라 행동한다. 자신이 젖
어 있는 행동방식에 따라 행동하는 것이 편안하기 때문이다. 이런 점은 각
자의 개인적 생활에서나 다른 사람과의 관계에서나 마찬가지이다. 이중에
서 다른 사람과의 관계에서 형성된 일정한 행동방식을 풍속이라고 한다(개
인적 행동방식은 습관이라고 한다).

② 풍속은 법의 원천이다. 그러나 풍속 자체는 아직 법이 아니다. 공동체
에서 풍속에 반하는 행위를 한 자에 대해서 재판(Rechtspflege)이 행해졌는

데, 여기에서 풍속 중에서도 지켜져야 할 풍속에 반하는 것에 대해서는 제재를 가했다. 이와 같이 풍속 중에서도 반드시 지켜져야 할 것으로 이의 위반에 대해서는 제재가 가해지는 풍속이 법으로 되었다. 즉 풍속 중에서 일부(선량한 풍속)가 소위 「구속력」을 가지게 됨으로써 법으로 된 것이다. 그리고 재판은 풍속 중에서도 어떤 것이 선량한 풍속＝법으로서 구속력을 가지는가를 판단하는 것이었다.

2) 풍속과 법의 분화를 촉진시킨 법원

풍속과 법의 분화를 촉진시킨 것은 법원이다. 사회가 복잡해지고 다툼이 잦아지면서 재판이 일상화되어 법원이 점차 항시적인 설비로 되었는데, 그러면서 보다 다양한 법규범이 만들어지고 법이 발전해 갔다. 그러나 법과 풍속은 여전히 서로 상호작용을 하였다. 특히 불문법은 풍속의 쌍둥이였다.

3) 법으로 된 「선량한 풍속」

이러한 법의 형성과 발전과정에서 주목할 점은, 법은 법의 개념에서 말한 것처럼(제2장 II 1 나, 17쪽) 가치평가를 본질적 요소로 한다는 것이다. 즉 다양한 풍속 중에서도 사회에서 반드시 지켜져야 할 좋은 혹은 유익한 것만이 「선량한 풍속」으로서 법으로 되었던 것이다. 다른 각도에서 말하자면, 많은 사람이 따라 하는 것(풍속)만으로 곧 법이 되는 것이 아니고, 이를 따라 해야 한다는 가치평가가 수반되어야 법이 되었다.

4) 법의 형태

이와 같이 사람들 간의 관계를 질서짓게 한 것은 처음에는 풍속이었으며, 이로부터 법이 발전하였다. 법은 이들 사회의 자연종교에 내재되어 있었고, 따라서 법은 도덕과 하나였다. 그러나 법이라고 하더라도 문자로 표현된 추상적 규범이 아니라 상황에 의존하여 표현되었다. 사람들은 예컨대 소유권, 친족, 평등대우, 상호주의와 같은 법제도의 내용을 알고 있었지만, 이는 사례에서 감지되었을 뿐이고 규범(법제도)으로 추상화되지는 않았다. 그리고 이러한 법은 인민들의 설화나 전설 등을 통해 전승되었다.

나. 법의 기록과 법형태의 변화

① 문자가 사용되면서 점차 재판의 결과를 공고히 하고 이후의 재판에서도 이를 참고하기 위해서 이를 기록할 것이 요구되었다. 즉 이전에는 법으로 된 것이 쓰여지지 않고 구두로 표현될 뿐이었으나, 이제 문자로 쓰여지고 기록(Aufzeichnung)됨으로써 법규범이 외형적 형태를 갖추게 되었다(형상화Formulierung). 또 규범이 문언으로 표현되면서 이의 내용이 명확하고 고정적으로 되었다(고정화Fixierung). 이전의 법은 오래 전부터 구두로 전승되어 왔고 쓰여지지 않은 관습법이었다면, 이제 법은 쓰여진gesetzte 성문법으로 되어 관습법과 구별되었다. 다만 이러한 성문법도 사실상 행해지는 것을 문언으로 표현한 것이고, 이미 성립한 규범을 법원의 사용을 위해서 기록한 것이다. 이러한 변화는 법과 풍속 간의 분리를 더욱 심화시켰다.

② 이와 같이 法院은 법의 출생지이고 동시에 성장 장소이다. 그리고 법원은 아울러 법명제Rechtssatze, proposition of law의 발원지이기도 하다. 즉 법원이 계속해서 같은 판단을 하게 되면서, 어떤 사실이 있는 경우에 어떤 재판이 내려진다는 형태의 법명제, 즉 가정적 판단의 형태를 가진 법명제가 만들어졌다. 법원의 판결은 과거에 행해졌던 구체적 사건에 대한 판단인데, 그러한 재판내용이 기록됨으로써 그것은 과거의 재판기록의 의미를 넘어서 장래의 재판에도 영향을 미치게 되었다. 이러한 점은 가장 오래된 법전인 바빌론의 함무라이법전(기원전 1711-1669로 추정)에서도 나타난다. 이것

은「법전」이라고 하지만, 오늘날 의미에서의 법률이 아니다. 이는 단지 사건에 대한 재판기록일 뿐이다.

—— 이와 같이 법이 법명제의 형태로 발전하면서, 법은 행위규범뿐만 아니라 재판규범의 의미도 가지게 되었다. 즉 풍속은 직접적으로 행위자에게 말하는 것이다. 법 역시 직접적으로 사람이 무엇을 해야 하는가를 명하는 것을 목표로 하며, 만약 그것이 행해진 경우에 발생해야 할 결과를 목표로 하는 것은 아니었다. 그러나 재판내용이 기록되어 법명제가 구축되면서, 법은 재판하는 자에게 어떻게 재판할지를 말하는 재판규범의 성격도 가지게 되었다. 요컨대 법원의 확대와 발전은 풍속과 법을 분리시켰을 뿐만 아니라 법과 법명제를 구별케 했다.

다. 고대에서의 법의 의미

이와 같이 각 지역의 법원에서 구체적 사건에 대해서 내린 재판을 통해서 법이 만들어졌다. 즉 재판의 결과가「법」으로서 효력을 가졌다. 그러나 이러한 법은 창조되는 것은 아니었다. 고대에서는 — 중세까지도 마찬가지였지만 — 법은 인간의 힘이 미치지 않는 초실정적 존재 내지 신으로부터 기원하는 숭고한 것이며, 재판관은 단지 구체적 사건에서 이러한 법을 『발견』하고 무엇이 법인가를 가리키는 것으로 생각되었다.[1] 따라서 이 시기의

---

1) 이러한 생각은 그리스의 신화에서 잘 나타난다. 그리스신화에서는 법은 테미스여신 (Themis)으로 의인화(擬人化)되었다. 여기에서 법과 정의의 여신인 테미스는 땅의 어머니(대지의 여신) Gaia와 하늘의 신 Uranos의 딸이며, 최상의 신 제우스(Zeus)의 부인으로서, 제우스가 왕과 재판관을 법적으로 교육함에 있어서 충고를 주었다. 테미스와 제우스의 딸 중 3명은 계절과 질서의 여신인 Horen으로서, 이들의 역할은 더욱 흥미롭다. 그 첫째인 Dike은 법과 정의의 여신으로서, 법을 신들의 주거지인 올림푸스산(이곳은 그리스신화에서 그리스의 여러 신들이 사는 산이다)으로부터 지구로 옮겨다 주고 법을 지구에 알리고 보존하는 일을 한다. 둘째인 Eunomia는 질서의 여신으로서, 올바른 질서와 입법을 담당한다. 셋째인 Eirene는 평화의 여신이다.

법은 사실상 정의의 요구에 부합하였고 생명력을 가졌다. 재판결과가 기록
되면서 쓰여진 법＝성문법이 등장했지만, 고대에서의 법의 이러한 본성은
달라지지 않았다.

2. 로마법

로마법 역시 초기에는 위와 같은 모습이었으나, 로마가 대제국으로 성장
하면서 특수하게 발전하였다.

가. 로마법의 형태와 변화

로마 역시 국가적 법률을 가지지 않았다. 단지 재판관인 법무관(praetor)
이 취임시에 어떻게 재판할지 공표하고(이를 「고시edictum」라고 한다), 이에
따라 재판하였다. 그리고 구체적 사건에서 내려진 재판례가 곧 법이었다.
그런데 로마가 소박한 농경사회에서 상거래가 민활히 이루어지는 사회로
변모하면서, 그에 부응해서 법도 변화 내지 진보하였다. 대표적 변화는 엄
격한 형식주의(예컨대 매매가 이루어지기 위해서는 일정한 문구의 구술(口
述)과 동작이 행해져야 했다)에서 탈피한 것이다. 그리고 법이 초기에는 로
마시민에게 적용되는 법(시민법)과 그 외 지역의 사람들 간에 적용되는 법
(만민법)이 나뉘어졌었는데, 국토의 확장과 함께 이러한 구별이 사라지고
시민법이 로마제국 전역에 적용되었고, 이와 함께 법의 내용도 ― 탈형식
화되고 탄력적인 ― 만민법화되었다.

나. 법률전문가의 등장

① 재판을 담당했던 법무관은 소장 귀족이었는데, 이들은 정치에 관심이 있을 뿐이고 법률적 식견이 없었다. 이들은 법률에 식견있는 사람들의 조언을 받아 위와 같은 공표를 했었고, 개별적 사건의 재판에서도 이들의 도움을 얻어 판결을 내렸다. 이와 같이 법무관의 배후에서 법무관을 조언했던 사람들은 점차 법률전문가로 되었다. 그러면서 법률을 전문으로 하는 직업이 생겨났다. 로마가 융성하면서(고전시대 — 기원전 1세기부터 기원후 3,4세기 경) 법률가의 지위가 상승하였고 이들의 활동도 활발해졌다. 제정시대에 이르러서는 전문적인 법학교가 로마, 콘스탄티노플 등지에 설립되었다.

② 로마시대의 법률가들은 법률 일반에 대한 교과서나 법의 특정한 부분에 대한 주석서를 썼다. 법률가들은 법의 개념을 세공하고 분석하였으며, 이를 논리적인 체계 속에 담아 정리하는 일을 즐겼다. 가이우스Gaius(기원 2세기)의 법학제요Institution는 법률문제를 해결하고 싶은 사람을 위해서, 당시까지 알려진 개념concepts과 원리principles 그리고 이에 의해서 구성된 법명제를 명쾌하게 서술하였다. 그의 위 책자는 로마법대전의 한 부분으로 수록되었으며, 그리하여 그의 업적은 유일하게 남아있는 고대 로마법의 기록이 되었다.

다. 로마법학의 경향

로마법 원천에는 상당히 정밀한 법개념(예컨대 소유권, 점유, 질권, 소멸시효, 매매계약, 하자담보책임 등)이 발견된다. 그러나 로마법은 대체로 실용 본위이며 구체적이었다. 로마인들은 재판의 결과로부터 개념을 추출했지만, 개념을 정의하는데 많은 힘을 쏟지는 않았다. 그들은 정의를 내려 개념을 확고하게 하는 것은 위험하다고 생각했던 것이다. 또 법이론의 추상화보다는 실제적으로 타당한 재판을 하는데 힘을 쏟았다.

3. 로마법대전2)

서로마제국이 멸망(476년)한 후 상당 기간이 지나 동로마제국의 유스티니아누스Justinianus 황제가 로마제국의 부흥을 꾀하면서, 로마 고전시대의 법을 집대성했다(로마법대전Corpus Iuris Civilis, 529-534년). 이는 다음의 네 부분으로 구성된다.

▶ 법학제요(Institutione) : 이는 앞서 설명한 가이우스의 법학제요로서, 기초적이고 체계적인 법의 안내서・서술서

▶ 학설휘찬(Digestae) : 로마의 고전적 번성기 시대의 대표적인 법률가들의 문헌(BC 100년부터 AD 250년 동안의 것)에 담겨 있던 법문언을 수집하여 실질적 분야에 따라 정리한 것

▶ 칙령(Codex) : 그 당시까지의 황제의 법률과 공포물을 체계적으로 수집한 것

▶ 신칙령(Novellae) : 유스티아누스황제 이후 새롭게 공포된 황제의 법률을 수집한 것

이중에서 가장 중요한 것은 학설휘찬이다.

---

2) 통상적으로는 서로마제국의 멸망까지를 고대로 구분한다. 그런데 로마법대전은 그 이후에 만들어진 것이다. 그러나 이는 로마법의 기록이라는 점에서 고대의 한 부분으로서 설명한다.

Ⅲ. 중세

1. 조감

　여기에서 중세는 서로마제국 멸망 이후부터 문예부흥이 발흥한 시기까지를 말한다(6-14세기). 이 시기에는 강력한 정치권력의 부재로 인하여 각 지방마다 토호세력이 지배했다(봉건사회). 그리고 각 지방마다 관습법(게르만법)이 주된 法源이었으므로, 지방마다 법이 달랐다. 다른 한편으로 기독교가 로마의 국교로 되면서 세력이 강대해져, 교회에 관련된 사항에 관해서는 교회법이 적용되었다. 그런데 중세 후기에 이탈리아 볼로냐Bologna에서 로마법대전이 발견되면서 많은 대학에서 로마법대전의 내용을 연구하였으며(주석학파, 후기주석학파), 이것이 차츰 전 유럽에서 일반법으로서 적용되었다. 이하에는 이러한 중세의 법의 역사 중 대표적 현상만을 설명한다.

2. 교회법

　중세에는 게르만 관습법과 아울러 교회법이 지배했다. 전자는 지역마다 달랐으나, 후자는 지역적 경계를 알지 못하는 보편적 법질서였다.

　① 교회법의 발전에 크게 공헌한 사람은 12세기 전반에 볼로냐에서 활동했던 Gratian수도사이다. 그는 교회의 법에 관한 기록을 발견하였고, 이에 기해서 포괄적이고 체계적인 교회법Decretum Gratiani을 집대성하였다(1140

년). 그후 교회법은 더욱 추상화되고 합리화되었다. 이에 기초하여 교회법 대전(Corpus Iuris Canonici)이 공간되었다(1582년).

② 교회가 관할했던 사건은 물적으로는 혼인사안, 기타의 가족사안 그리고 유언에 의한 상속법에 관한 것이다. 교회는 그외에도 정신적인 것 그리고 궁핍, 과부나 고아·낭인 등에 관한 사항도 관할했다. 여기에 덧붙여 고리대금(기독교는 이자를 금지하였다) 그리고 선서에 의해서 효력이 생기는 계약에도 관할권이 미쳤다(중세에서는 선서는 중요한 역할을 했기 때문에 교회법이 관할하는 사항이 상당히 많았을 것이다).

③ 교회법은 특히 '신은 마음을 본다'고 하는 사상에서 출발했기 때문에, 법률효과를 대부분 외부적·형식적 행위와 결부시키는 게르만법이나 로마법과는 달리, 내면적(주관적) 요소가 중요한 의미를 가졌다.

3. 로마법의 재생(12 － 14세기)

가. 로마법대전의 발견

11세기 말 볼로냐에서 로마법대전이 발견되었는데, 이는 법학의 발전에 결정적으로 기여했다. 당시 사람들은 로마법대전을 통해서 체계적 질서를 갖춘 법을 대하게 되었다. 여기에 수록된 사건과 이에 대한 법률가의 의견과 감정 그리고 사법의 모든 분야에 걸친 법적 정보 등은 사람들을 경탄케 했고, 그 내용이 로마법학과 법실무가 전성기에 이르렀던 때의 것이기 때문에 더욱 그러했다.

나. 주석학파와 후기주석학파

초기의 학자들은 로마법대전(그리고 Decretum Gratiani)에 쓰여진 텍스트 (원문) 전부를 면밀하게 분석 파악하고 모순을 제거하였다. 이러한 학풍을 주석학파Glosatoren라고 한다. 이들은 텍스트를 논박할 수 없는 「진실의 고지」(ratio scripta)로 받아들였다. 이는 스콜라철학과 신학에서 알려진 방법에 상응하는 것이다.

이와 같이 주석학파는 로마법대전(이의 중심인 학설휘찬)상의 텍스트를 전체적으로 꿰뚫어 보는데 중점을 두었던데 대해서, 이의 후계자인 주해학파(후기주석학파) Kommentatoren는 주석학파에 의해서 파악된 로마법을 당시의 실제에 맞추고자 노력했다. 이는 로마법을 일상의 법적 문제를 해결하는데 사용하기 위해서였다.

Ⅳ. 근대

1. 조감

근대는 본서에서는 로마법의 전면적 계수(Rezeption, 1495년)부터 19세기 말 혹은 제1차 세계대전까지를 말한다.

① 중세사회에서 근대사회로의 발전은 정치적으로는 봉건적인 지방분권적 형태로부터 과도적인 절대주의적 형태를 거쳐, 국민주권적인 중앙집권적 형태로의 추이이고, 경제적으로는 장원이나 길드에 의한 농업경제 체제로부터 매뉴팩추어(수공업생산)·상업자본주의의 형성과정을 거쳐 산업혁명에 의한 공장제 대량생산과 자본주의 경제로의 추이이다. 이러한 시대변화과정 속에서 신민(臣民) 혹은 시민은 먼저 중세적인 체제를 극복하였고, 다음으로 절대군주를 타파함으로써 근대사회의 주인공이 되었다. 이러한 발전과정에서 정신적·이론적 무기가 된 것은 자연법학파의 법사상이다. 자연법학파는 자유와 평등, 소유권 등은 천부적인 인권임을 주창하였다.

② 근대 중기 이후 한편으로는 중앙집권적 국가는 새로운 사회문제를 규제하기 위해서 수많은 실정법을 제정하게 되었으며, 다른 한편으로는 산업혁명은 상거래의 자유 등 새로운 요구를 충족하기 위해서 새로운 법제도를 도입케 하였다. 그리고 이러한 변화는 근대 후기에 이르러 법에 대한 인식을 바꾸어 놓았다. 즉 법은 사회를 규율하기 위한 도구일 뿐이고, 사람이 인위적으로 만드는 것이라고 하는 인식이 점차 일반화되었다(도구사상). 이는 법사상에 나타나 법실증주의가 대두되었다.

③ 자유주의 사상에 의해서 확보된 자유와 평등, 소유권의 자유로운 행

사는 경제를 크게 발전시키고 자본주의를 꽃피게 하였다. 그러나 이는 새로운 사회문제를 낳았고, 따라서 이를 시정하기 위한 새로운 입법(노동법, 경제법 등)이 나타났다. 그리고 사회변화는 법사상에서도 변화를 낳아 실용주의가 주된 흐름으로 되었다.

④ 근대의 법의 역사에서 가장 주목할 현상은 로마법의 계수와 발전이다. 그리고 근대의 법의 역사는 18세기까지와(근대 중기) 19세기 이후에(근대 후기) 법발전의 모습이 크게 다르다. 따라서 근대의 법의 역사는 세 부분으로 나누어 살핀다.

⑤ 그밖에 영미법은 근대에 들어 대륙법과 대비되는 고유한 모습이 갖추어졌으므로, 영미법의 역사를 간단히 살핀다. 그리고 우리 법의 역사도 간략히 살핀다.

2. 로마법의 계수와 발전

「법의 계수」는 외국법의 침투현상을 말한다. 중세 말 근대 초기에 유럽 대륙 전역에서 일어난 로마법의 계수는 두 단계로 나눌 수 있다.

가. 개별적 계수

① 중세 말 볼로냐대학에서 연구된 로마법(엄격히는 로마―카논법 : 일명 보통법)3)이 재판을 통해서 유럽대륙 전역에 전파되었다. 다만 이 전파된 로마법은 로마법대전에 기록되고 전승된 로마법이 아니라, 후기주석학파에 의해서 당시의 시대여건에 맞게 변형 혹은 가공된 로마법이었다.

---

3) 이 당시의 로마법을 「보통법」(ius commune)이라고 칭하는 이유는 로마법이 유럽 대륙에서 지역을 불문하고 적용되었다는 점 때문이다. 이는 영미법을 가리키는 뜻에서의 「보통법」(common law)과는 다른 것이다. 후자에 관해서는 230쪽의 주 6 참조.

② 이러한 로마법은 각 지역의 관습법과의 관계에서는 보충적인 것이었으므로, 재판에서 그 지역의 관습법이 밝혀지면 관습법이 적용되었지만, 실제로는 관습법의 주장이 쉽지 않았기 때문에 로마법이 압도적으로 우세하게 적용되었다. 그리하여 토속적 지역법인 게르만법이 상당히 축출되었다. 이러한 현상은 특히 독일에서 심했다. 왜냐하면 독일은 중앙집권화가 늦어져 봉건적 뿌리가 깊어 법이 지역마다 극히 달랐기 때문이다. 이러한 현상은 얼마 후의 전면적인 로마법의 계수에 유리하게 작용했다. 로마법의 계수를 통해서 로마법은 점차 더 실무에 적용되었으며, 이로써 판결은 어느 정도의 통일성과 계산가능성을 가지게 되었다.

나. 전면적 계수

① 신성로마제국의 황제인 막스밀리안 1세(Maximilian Ⅰ, 1486-1519)는 1495년에 제국법원법을 공표하였는데, 여기에는 도시법이나 란트법이 밝혀지지 않으면 보통법＝로마법에 의한다고 하는 규정이 담겨 있었다. 이 법에 기해서 로마법은 재판을 통해서 개별적으로 적용되는 것이 아니라, 법에 근거해서 공식적으로 그리고 전면적 포괄적으로 적용되게 되었다(비록 보충적이기는 하지만). 위 법령이 그와 같은 규정을 둔 것은, 관념상 신성로마제국은 독일제국이므로 독일제국은 고대의 로마제국을 승계한 것이 되고, 따라서 로마법을 적용하는 것은 자신의 선조의 법을 적용하는 것이라는데 기한 것이다.4)

---

4) 신성로마제국(Heiliges Römisches Reich)이라는 명칭은 작센왕조의 오토 1세가 주변국의 침입으로부터 로마교황을 구원해 주자 당시의 교황이 962년에 오토 1세에게 황제의 대관을 수여하면서 사용된 것이며, 그 이후 프란츠 2세가 제위(帝位)에서 물러난 1806년 8월까지 독일의 선제후(국가 원수元首)가 황제 칭호를 가졌던 시대의 독일제국을 가리키는 것이다. 이와 같이 신성로마제국이란 명칭이 나온 것은 10세기이지만, 실제로 이러한 명칭이 쓰이기 시작한 것은 15세기에 이르러서이다. 그러나 그 이후에도 독일에는 절대적 왕권이 형성되지 않고 지역마다 토호세력이 존재하였기 때문에, 신성로마제국은

② 로마법의 계수는 근대 유럽대륙에 공통된 현상이다. 그러나 독일에서는 위와 같은 계기로 인해서 로마법의 계수가 포괄적·전면적으로 이루어졌다.

다. 로마법 연구의 진전

독일은 19세기 중엽까지도 다른 유럽국가와는 달리 통일국가를 이루지 못하여(1870년에 비로소 통일되었다) 통일법전을 편찬하지 못하였는데, 이러한 사정은 독일법학으로 하여금 로마법의 연구에 더욱 매진하게 하였다. 이들은 로마법을 변화된 생활관계에 맞도록 변형시켰다(판덱텐의 현대적 관용). 그리고 이러한 로마법 연구로부터 얻은 보다 풍부한 법적 소재에 힘입어, 보다 정밀하고 모순없는 법적 개념과 원리를 연마하고 발전시켰으며, 보다 세련된 법체계(판덱텐체계)를 구축하였다. 이로써 19세기에 독일에서 법학(판덱텐법학)이 최고조로 발전하였다(판덱텐법학에 관한 보다 상세한 설명은 다음의 4 나 (4), 210쪽 이하 참조). 요컨대 독일에서는 통일국가의 성립이 늦어져 계수된 로마법이 계속 법원으로 작용했다는 점은 독일법학의 발전에 밑거름이 되었던 것이다.

3. 근대 중반까지의 법발전(자연법학)

가. 총설

근대 중반(16-18세기)까지는 철학적으로 고취된 「자연법학파(die Naturrechtsschule)」의 시대였다. 자연법학파는 이 시대에서 일반적인 법학적 경향이었다. 자연법학파의 법사상은 자연법사상으로 특징지워진다. 자연법학파

단지 관념상의 존재였다.

가 법의 발전에 미친 영향 내지 업적은 크게 두 가지로 나눌 수 있다. 그
하나는 평등과 자유는 인간의 천부적인 자연권이라는 사상을 이론적으로
뒷받침하고, 나아가 이러한 권리를 지키는 것을 국가의 임무로 삼았다는
점, 그리고 더 나아가 국가권력이 이러한 임무에 위반하는 때에는 혁명을
통해서 저항할 수 있다고 해서 시민혁명을 완성하는데 정신적 주춧돌 역할
을 했다는 점이다. 다른 하나는 자연법은 때와 장소를 불문하고 타당한 것
이라는 믿음에 기해서 자연법적 내용을 담은 (민)법전을 편찬하였으며, 이
러한 근대법전은 국민의 (사적) 생활관계 전반을 규율하는 포괄적이고 방
대한 것으로서 이후의 법의 발전에 결정적 영향을 주었다는 점이다. 이하
에서 먼저 자연법사상의 내용을 살피고, 다음으로 자연법학파의 이러한 두
가지 업적을 살핀다.

나. 자연법사상

1) 총설

이의 구체적 내용(법의 근원, 효력근거, 법의 의미)은 앞에서 살폈다(제3
장 II 2 가, 44쪽 이하). 역사적으로는 고대부터 근대 초기까지 자연법사상
이 지배했다. 그러나 중세까지의 자연법사상과 근대 자연법학에서의 자연
법사상과는 상당한 차이를 가지는 바, 이하에서 이를 살핀다.

2) 중세까지의 자연법사상

고대나 중세에서는 인간이 만든 법(실정법＝人定法)의 상위에 초실정적
인 힘에 기초한 자연법이 존재하고, 실정법은 이러한 초실정적 힘 내지 가
치에 의해서 인간에게 주어진 것이라고 하는 생각이 지배했다. 다만
① 고대에서는 법은 자연적 질서로부터 기원하는 숭고한 것이고 이의 한

부분이라고 여겼다. 지배자나 재판관은 법의 제정자·창조자가 아니라, 법의 발견자·수호자였다. 이들의 역할은 법을 찾아내고 개별적 사안을 통해서 이를 관철시키고 보존하는 것이었다.

② 중세에서는 법의 기원을 신에 두었다. 법은 신성한 질서이고, 종교적으로 세워진 세계질서의 일부였다. 법의 표명Rechtsprechung은 언제나 종교적 행위였다. 또 법의 위반은 신의 질서를 더럽히는 것이었다. 법적인 신뢰관계, 예컨대 주인과 하인 간, 봉주와 봉신 간의 관계는 신에 대한 관계였다. 그리하여 배신은 인간의 일이 아니고 신에 대한 충실약속의 파괴로서 법에 의해서 상응하게 처벌되어져야 했다. 그외에 소송은 때로는 결투로 종결되었는데, 이는 결투를 신의 심판으로 여겼기 때문이다. 즉 신이 실제로 법을 지킨 자에게 승리를 도와준다고 믿었던 것이다.

3) 자연법학에서의 자연법사상

가) 자연법의 탐구

16-18세기에 그로티우스(Grotius, 1583-1645), 홉스(Hobbes, 1588-1679), 푸펜도르프(Pufendorf, 1632-1694), 라이프찌히(Leibniz, 1646-1716), 토마지우스(Thomasius, 1655-1728), 볼프(Wolff, 1679-1754) 등과 같은 법률가는 신학의 가르침과 인도를 거부하고, 이성에 기초하여 초실정적인 자연법을 설명 또는 증명하고자 노력했다. 이들은 실정법의 상위에 자연법이 존재한다는 주장, 즉 실정법 이외에 시간과 장소를 초월하는 영구불변의 이상법이 존재한다고 하는 주장에 그치지 않고, 나아가 인간은 이성을 통해서 자연법 즉 「자연상태」에서의 법을 인식할 수 있다고 하면서, 자연법의 내용을 탐구하고 인식하고자 노력했다. 우선 이런 점에서 자연법학에서의 자연법사상은 중세까지의 그것과 차이를 가진다.

나) 천부적 인권과 사회계약론

이들이 말하는 자연상태는 「국가상태」에 대한 개념으로서, 이들은 국가 이전의 자연상태에서는 모든 인간은 평등하고 자유로웠다고 하면서 이를 인간의 본래의 모습(본성)이라고 하고, 이러한 인간의 본성을 잘 지키기 위해서(즉 선한 본성을 지키기 위해서 혹은 반대로 악한 본성으로 인한 투쟁을 막기 위해서) 국가를 결성하게 되었다고 한다. 즉 자연상태에서 국가상태로 이행한 계기로서 「사회계약(국가계약)」을 제시했다. 그리고 인간이 원래 가지고 있던 자유와 평등을 지키기 위해서 사회계약을 통해서 국가를 결성했으므로, 국가의 가장 중요한 임무는 이러한 인간의 자연상태에서의 권리 = 천부적 인권을 보장하는 것이라고 하였다. 그리고 나아가 이러한 권리를 현실적으로 보다 확고히 보장하기 위해서 천부적 인권의 보장이라는 이념을 실정법 속에 담고자 노력했고 그 결실을 보았다. 이것이 중세까지의 자연법사상과 다른 가장 중요한 점이다.

다. 자연법학파의 천부인권론

1) 자연법학파의 국가이론(사회계약론)

자연법학파의 국가에 관한 이론은 초기에는 강력한 국가권력을 바라는 절대주의적 경향을 띄었으나, 중반부터는 국가권력에 대해서 개인의 자유로운 영역을 확보하려는 자유주의적 경향이 두드러졌다.

가) 절대주의적 경향

이는 두 단계로 나뉜다.

(1) 전단계

이러한 경향의 선구자는 이탈리아의 마키아벨리(Machiavelli, 1469-1527)이다. 그 뒤에 프랑스의 보당(Jean Bodin, 1530-1596), 독일의 알투지우스(Althosius, 1557-1638) 등도 이에 속한다. 전2자는 왕권절대론으로, 후자는 반항권 사상으로 유명하다.

이중 마키아벨리의 법사상을 살펴보면, 그는 당시 많은 소국으로 분열되어 있고, 더욱이 통일이 교황의 권력에 의해서 방해되고 있던 이탈리아의 현실 속에서, 조국의 통일을 갈망하는 입장에 서서 교권을 부인하고 절대 왕제를 실현할 것을 강조했다. 그에 의하면, 인간은 본성적으로 악하며, 따라서 정치는 도덕적 견지에서가 아니라 법적 강제에 의해서 행해져야 한다(도덕과 정치 내지 법의 준별). 국가는 인간의 이익과 필요에서 생긴 것이므로, 이러한 국가의 존재이유에서 필요한 한에서는 군주는 어떠한 수단을 쓰는 것도 허용되어야 한다. 군주는 국가의 유지·발전을 위해서는 여우의 교활함과 사자의 위엄을 겸비할 것이 필요하고, 이와 같은 술책과 힘을 가지고 전반적인 권력을 행사해야 한다는 것이다. 그의 사상에서는 「인간의 본성」에 대한 고려가 이론구성의 기반을 이루며, 국가의 존립근거를 합리적으로 모색하고 있는 점에서, 근대법사상의 선구로 여겨진다.

보당은 국가의 속성을 절대적인 주권을 보유한데 있다고 하면서, 주권이론을 통해서 절대주의 국가이론을 뒷받침했다.

(2) 본단계

① 그로티우스, 홉스, 푸펜도르프, 토마지우스, 볼프 등은 인간의 본성과 사회계약을 근거로 해서 절대주의 국가를 뒷받침하였다. 이중에서 홉스의 이론을 소개한다.

② 그로티우스가 인간의 본성을 사회적 결합성(사교성)에서 구한 것과는 반대로, 홉스는 경쟁과 시기에 찬 비사교성·이기적인 자기보존욕을 인간

의 본성으로 생각했다. 따라서 그에 의하면 인간의 자연상태에서는 "인간은 인간에 대하여 이리"이고, 언제나 "끊임없이 공포와 폭력에 의한 죽음의 위험이 존재한다." 이러한 상태의 계속은 인간의 자기보존욕에 반하므로, 이기적 본능과 아울러 이성도 지니고 있는 인간은 그러한 상태를 벗어나기 위해서 『이성에 의해서』 자연법을 발견하고 이에 의거해서 인간들 간에 평화로운 생활을 영위하기 위한 국가형성의 계약(사회계약, 국가계약)을 맺게 되었다. 그러나 이러한 자연법은 영구불변의 도덕율에 불과하며, 현실적으로 아무런 안전도 보장하지 못한다고 하면서, 국가형성의 목적인 평화를 확보하기 위해서는 각인의 개인의사가 국가의사에 통일될 것이 필요하다고 하였다. 즉 각인이 자연적 자유의 전부를 국가의 주권자의 손에 이양하고 그의 절대성에 복종할 필요가 있다고 하였다. 따라서 국가는 계약에 의해서 성립하였지만, 그 본질상 절대전제의 형태를 취하게 된다.

나) 자유주의적 경향

① 앞서 살핀 절대주의적 경향의 자연법학파는 절대주의적 통일국가의 형성에 기여했는데, 17 · 18세기에 이르러서는 경제적 사정의 변화와 발전에 따라 중산시민층이 대두하면서 자연법학파의 사상은 절대주의의 반대자, 민주주의의 이론적 무기로 작용했다. 이의 대표자는 영국에서는 로크(John Locke, 1632-1704), 프랑스에서는 몽테스큐(Montesquieu, 1689-1755) 및 루소(Rousseau, 1712-1778)이다.

② 로크에 의하면 자연상태에서의 인간은 자유 · 평등했고, 선점과 노동에 의해서 재산을 향유했으며, 타인의 침해를 막는데 필요한 한도에서 자위를 할 수 있는 자유를 가졌다. 그러나 이때의 자유는 방자가 아니므로 각인의 자의를 억제하지 않으면 안된다. 그런데 자연법만이 존재하는 자연상태에서는 그와 같은 자의를 억제하고, 자의로 말미암은 불안과 위험을 제

거할 수 없다. 그래서 인간은 합의에 의해서 정치사회 즉 국가를 결성했다고 한다. 그는 국가권력의 정당성의 근거는 인민의 동의에 있다고 하는 인민주권론을 내세우고, 나아가 국가를 자연권 보장을 위한 기구라고 하여 자유주의적 경향을 명확히 했다. 즉 국가는 「국민의 평온, 안전 및 공공복리」를 보장하기 위해서 그에게 신탁된 권력을 행사할 책임이 있다. 그리고 국가의 법은 이와 같은 국가목적을 달성하기 위한 수단이므로 국가권력은 그러한 목적에 의해서 제한받으며, 만약 국가권력이 법을 무시하고 행사될 때에는 국가권력의 국가에게의 신탁은 종료되고, 인민은 다시 그 권력의 수탁자를 결정할 자유를 보유한다. 따라서 이런 경우에 인민이 혁명을 일으키거나 혹은 권력에 반항하는 것은 정당한 권리의 행사라고 보았다.

이와 같이 로크는 인민주권설의 대표자이고, 자유주의적 경향에 서서 명확히 혁명권·반항권을 제창하였으며, 이러한 이론은 미합중국의 독립을 위한 사상적 원동력이 되었으며, 프랑스혁명의 기운을 간접적으로 촉진하였다. 또한 그는 입법권을 최고의 권력으로 보고, 그 밑에 집행권과 외교권이 종속한다고 하였는데, 이는 영국의 의회지상주의의 초석을 이루었으며, 몽테스큐에 의해서 확립된 권력분립론의 선구가 되었다.

다) 사회계약이론의 의미

자연법학파의 이론에서 가장 핵심적인 것은 국가는 인민과의 계약에 의해서 성립했다는 사회계약 이론이다. 이 이론은 어떤 의미를 가지는가? 이 이론은 실제적 국가에 타당하지는 않다. 이 이론은 실제적으로 국가는 일정한 목적을 의식해서 인민과의 계약의 길을 통해서 창설된 것임을 주장하려는 것이 아니고, 올바른 국가는 이의 구성원의 계약을 통해서 성립된 것으로 생각해야 한다는 것을 주장하는 것이다. 즉 입법자의 권한은 모든 인민의 합일된 의사에서 나오는 것이므로 인민의 의사에 구속되어야 하며, 인민이 국가의 한 시민이 되고자 한다면 마치 모든 인민의 합일된 의사에 자신도 함께 동의한 것처럼 생각하라는 것이다. 또 이 이론은 국가가 계약을 통해서 성립하였기 때문에(weil) 국가가 정당한 것이라고 설명하는 것이 아니라, 국가가 계약을 통해서 성립하였다고 생각하는 경우에 비로소(wenn) 국가가 정당한 것이 된다고 설명하는 것이다. 즉 국가가 국민의 이익에 합치된다고 여겨질 수 있기 때문에 국가의 정당성이 인정된다는 것이다.

요컨대 사회계약이론은 국가가 실제로 어떻게 성립하였는가를 서술하는 것이 아니고, 국가가 어떻게 성립하였다고 생각하는 것이 자유롭고 정의로운 질서를 얻을 수 있는가 하는 것을 설명하는 소위 가상적 내지 의제적 서술이다.

2) 자연법의 기능(역할)

가) 실정법의 가치척도로서의 자연법

자연법학파는 자연법을 실정법을 초월하는 법으로 보고, 자연법의 가치의 절대성을 강조했다. 즉 실정법은 시간과 공간에 의해서 제약받는 상대적인 가치만을 가질 뿐이고, 경우에 따라서는 상대적인 가치마저 가지지 못하는 사악한 법일 수도 있는데 반해서, 자연법은 시공을 초월하는 법, 시대의 변천이나 민족을 달리함에 따라 좌우되지 않는 법, 절대로 옳은 법, 실정법 위에 위치하는 신성한 법이라고 보았다. 그래서 자연법은 실정법의 타당성을 가름하는 척도로 기능한다고 한다. 즉 실정법은 그 자체로서는 정당성의 근거를 가지지 못하며, 자연법과 합치하는 한도에서만 옳은 법으로 된다는 것이다.

나) 실정법의 개선 = 자연법의 실정법화

① 자연법학파는 이와 같이 자연법과 모순되는 실정법은 아무리 권력에 의해서 강행되고 현실적으로 효력을 발휘하고 있다고 해도 옳지 못한 법이므로, 이러한 실정법은 자연법의 원칙에 맞게 시정되어야 한다고 주장했다. 즉 자연법의 기능은 단지 실정법에 대한 가치척도＝실정법을 평가하는 기준에 그치는 것이 아니고, 나아가 실정법을 자연법에 맞도록 시정·개선하는 기능도 가져야 한다고 생각했다. 즉 자연법은 실정법을 움직이는 힘을 가져야 하고 실정법 안에 정의를 심어야 한다고 생각했다. 이런 생각에 기해서 이들은 자연법적 원리를 실정법 안에 담고자 노력했다.

② 자연법이 실정법에 대한 가치척도로서 기능하는 경우에는 자연법은 단순한 이념이고 이론에 그치지만, 자연법이 실정법을 움직이는 기능을 수행하기 위해서는 자연법은 정치적인 행동강령(지침)이 되어 현실에 들어가 실제로 실정법을 자연법에 맞게 시정하고 개선해야 한다. 그래야 비로소 자연법이 그 기능을 다 함으로써 실제적 의미를 가지게 된다. 그리하여 자연법학파는 이론의 차원을 넘어서 정치를 매개로 해서 실정법을 자연법에 맞게 개선하고자 했다. 자연법학파가 혁명을 정당한 권리행사라고 한 것은 이를 위해서이다. 즉 자연법학파는 인간을 속박하고 자유를 억제하는 정치를 타파할 것을 주장했는데, 그러한 정치를 타파하는 최종적인 행동은 혁명이다. 혁명은 가장 극단적인 정치력의 폭발이다. 자유주의적 자연법학파는 근대시민의 자유·평등사상을 크게 고취시켰을 뿐만 아니라, 나아가 이의 실현을 위해서 혁명권·반항권을 이론적으로 뒷받침했던 것이다. 이러한 사상은 혁명의 기운을 더욱 응집시켰으며 드디어 미국의 독립전쟁, 프랑스혁명에서 이러한 기운이 폭발되었다. 자연법학파의 혁명권 이론은 시민혁명을 완성하는데 정신적 주춧돌 역할을 한 것이다. 이러한 역사적 사건에 뒤이어 나온 미국의 「독립선언」(1776)과 프랑스의 「인권선언」(1789)

은 자연법 원리를 그대로 천명하고 있는 바, 이는 이러한 시민혁명이 자연
법학파의 천부인권 사상에 영향받았음을 단적으로 보여주는 것이다. 자연
법적 원리를 실정법 안에 담고자 했던 자연법학파의 노력은 이들 선언을
통해서 결실을 이룬 것이다(자연법의 실정법화). 그리고 1804년의 프랑스민
법전은 프랑스의 인권선언을 사법적으로 표현한 것이다.

라. 근대민법전의 편찬

1) 배경

① 자연법학파에 의해서 근대적인 법전편찬사업의 성과가 나타난 것은
다양한 요인들에 의거한다. 그중에서도 가장 중요한 것은, 기술적 측면에서
추상적인 법개념과 법체계가 발달하고 또한 이러한 법개념을 잘 다루게 되
었다는 점이다. 자연법학파는 모든 법은 영구불변의 최상의 원리에 기초한
다고 하면서, 이러한 최상의 원리에서 출발해서 논리적 사유의 방법에 따
라서 법의 개념과 원리, 법명제를 세부에 이르기까지 추론하고자 했다. 특
히 당시까지의 법(대부분 로마법)의 연구 분석으로부터 얻은 풍부한 연구
결과는 보다 진전된 법개념을 가능하게 했다. 법률가는 로마법연구를 통해
서 정밀하고 다양한 법개념을 연마하였으며, 이러한 다양한 법개념은 보다
일반적인 법명제를 추출케 하였다. 그리고 진전된 법개념과 법명제는 다시
합리적이고 조직적인 법체계를 구축케 하였다. 근대민법전의 편찬은 이와
같이 정밀하게 다듬어진 법개념과 조직적인 법체계가 뒷받침되었기에 가
능한 결과였다.

② 근대민법전의 편찬을 이끌었던 또 다른 요인으로는 사상적으로 때와
장소를 초월하는 자연법의 이상, 그리고 경제사회적으로 초기 자본주의와
초기 산업화의 수요 등을 들 수 있다. 우선 자연법학파는 자연법은 시공을

초월하는 것이라고 생각하였으므로, 어느 곳이나 어느 시대나 타당하고 모든 것을 규율하는 체계적인 법전의 편찬을 이상으로 여겼다. 그래서 이러한 이상을 실현하기 위해서 포괄적인 법전을 제정하고자 했다. 다음으로 18세기에 발달하기 시작한 ― 초기 단계의 ― 자본주의와 산업화로 경제가 크게 발전하면서 고도의 법적 안정성을 필요로 하였는데, 전통적인 자연법 체계는 이를 보장할 수 없었으며, 이를 위해서는 보다 합리적이고 구체적 내용을 담은 실정법이 필요했다. 그외에 당시의 절대주의도 영향을 주었다. 즉 절대주의 사상은 국가가 모든 권력 따라서 입법권을 독점할 것을 요구하였는 바, 이러한 요구는 포괄적인 법전의 편찬을 뒷받침했다. 그러나 다른 한편으로는 절대주의 하에서는 국가적 필요에 기해서 국민의 자연권을 침해하는 현상이 적지 않았는데, 자연적 인권의 실정법화를 통해서 이러한 폐단을 막고자 했던 것도 하나의 요인으로 작용했다.

2) 경과

법전화작업은 18세기에 여러 지역에서 시도되었는데, 이러한 (준비)작업을 거쳐 18세기 말 19세기 초에 포괄적인 (민)법전의 편찬이라는 커다란 결실을 보았다. 그러한 법전 중에서도 1789년의 오스트리아민법전, 1794년의 프로이센일반란트법, 그리고 1804년의 프랑스민법전은 근대 3대 민법전이라고 칭해진다. 다만 이중에서 오스트리아민법전과 프랑스민법전은 자유주의적인 자연법 사상을 담고 있으나, 프로이센법전에는 그 이전 시대의 요소(절대국가에서의 계몽주의적 요소)도 담겨져 있다. 따라서 이 법전에서는 규율대상이 민법적 사항에 그치지 않고 국민의 일상생활 전반에 미쳤으며, 그래서 법전의 명칭도 다른 법률과 달랐던 것이다.

3) 의미

근대민법전의 편찬이 가지는 의미는 단지 법의 실정화에 있는 것이 아니다. 이는 국민의 자유와 평등이라는 인류의 보편적 가치를 보다 확고히 실현하기 위해서 이러한 천부인권 사상을 실정법에 담고자 한 것이고, 이것이 실현되었다는 점이다. 이런 점에서 자연법학파의 공로는 아무리 높게 평가해도 지나치지 않을 것이다.

4. 근대 후기의 법발전

근대 후기의 법발전은 일반적인 법의 변화와 법사상의 변화로 나누어 살핀다.

가. 법의 변화

1) 사회경제적 변화와 그에 따른 법의 변화

근대 후기를 이끈 것은 산업혁명이다. 19세기 중엽에 영국에서 일어난 산업혁명은 낡은 사회관습과 권위적 사회적 구조를 전면적으로 붕괴시키고 거대한 사회경제적 변화를 일으켰다. 우선 공장화로 인한 대량생산은 상품거래를 증대시키고, 이는 계약의 자유 등 상품거래에 부과되는 제약을 제거케 하였다. 그리고 토지(여기에서의 토지는 그 지상의 공장 등 건축물을 포함하는 개념이다)는 중요한 생산수단이 됨으로써 출생과 신분에 매이지 않고 마치 통상적인 상품과 마찬가지로 시장에서 사고 팔 수 있게 되었다. 이제 토지에 관한 특수한 규제는 효력을 잃고 성장을 계속하는 계약법과 통합되었다. 그리고 빠른 교통수단(열차, 자동차)이 등장하면서 소위 교통사고가 중대하였고, 또 공장에서의 사고(산업재해)가 빈번히 일어났다. 이로써 불법행위법이 중요한 법분야로 되었다.

이 시대의 가장 두드러진 법의 발전은 상사법 분야에서 이다. 19세기 이전에는 상법은 민법과 분리되지 않았으며, 소위 영리법인은 일반적이 아니었다. 입법자는 필요할 경우 법인에게 특허장Charter을 부여하였으며, 이는 대부분 교회·지방자치단체·자선단체에 주어졌다. 영국의 식민지였던 1776년 이전의 미국에서는 10개 이하의 기업체에게만 특허장이 주어졌었다. 그러나 대량생산과 상거래의 확대는 대규모의 자본을 필요로 했고, 이러한 수요는 주식회사제도의 창설, 그리고 나아가 이의 자유로운 설립을 요구하였다(프랑스는 1867년에 독일은 1870년에 자유롭게 기업법인(상사회사)의 창설을 인정하는 법률이 제정되었다). 그리하여 주식회사를 규율하는 상법이 민법과는 독립된 법분야로 되었을 뿐만 아니라 가장 중요한 법분야로 자리하게 되었다. 이제 특권적인 특허장 체계는 폐지되고, 자유롭게 설립되는 주식회사가 대폭 증가했다.

요컨대 산업의 발달은 계약의 자유, 토지의 소유 등을 확대시키고, 법인의 설립이나 활동 등에 가해졌던 낡은 규제를 제거하였다. 19세기에 지배적인 법의 가치는 『개인의 창조적 에너지를 발산시키는 것』이었다. 법은 경제에 봉사하기 위해서, 성장을 위한 유효한 도구로 작용하기 위해서 만들어졌다. 법은 시장의 발전과 분리될 수 없었다. 법은 기득권의 방어보다는 장래의 모험을 보호하는데 흥미를 가졌다.

2) 성문법 시대의 도래

① 경제의 발전은 법적 안정성을 위해서 법이 실정화될 것을 요구한다. 왜냐하면 법의 내용이 실정법을 통해서 명확히 규정되어야 각자에게 허용된 자유공간의 경계 그리고 자신의 행위가 낳을 법적 효과(적법한가 여부

부터 적법하지 않다면 어떤 책임이 따르는가 등)를 사전에 계산할 수 있기 때문이다. 18세기에서도 이미 상당한 경제발전이 이루어졌지만, 산업혁명으로 인한 경제발전은 18세기의 그것과 비교될 수 없을 정도로 거대하고 폭발적이었다. 이로 인하여 실정법화의 요구는 더욱 거세져 19세기를 성문법화 시대로 만들었다. 다만 18세기에서의 실정법화와는 실정화되는 법의 내용에 차이가 있다. 18세기에서의 실정법화는 자연법 사상에 기초한 것이었으나, 19세기에서는 법에 대한 도구사상이 보편화하면서 어떻게 하는 것이 법의 규율목적을 잘 달성시키느냐 하는 점에 기초하였다.

② 19세기가 성문법의 시대가 된 것은 시대의 변화에 따른 너무나 당연한 귀결이었다. 그리고 이로써 근대 중반까지의 자연법체계(실정법의 상위에 존재하고 이의 기원인 자연법을 법으로 보는, 따라서 명확한 내용을 가지는 않는 법체계)는 끝이 나고 성문법체계로 전환되었다. 성문법 시대는 법에 대한 생각을 바꾸어놓았고(법실증주의), 더욱이 성문법의 폭발적 확대는 수많은 법률가를 필요하게 만들었다. 그리고 법률가들은 전체를 조감할 수 없을 정도로 증가하는 성문법을 해독하기 위해서 법을 다양한 각도에서 보려 하였으며, 이로 인해서 새로운 형태의 법률학이 탄생하였다(과학으로서의 법학 = 실정법학 이외에, 법철학·법리학·법사회학 등). 이러한 점들은 뒤에서 법사상의 내용으로 살핀다.

③ 19세기 독일에서 법의 실정화의 대미를 장식한 것은 독일민법전의 편찬이다. 독일은 1870년에 통일을 이루고 곧 민법전의 편찬사업을 시작해서 수 차례에 걸친 초안을 거쳐 1896년에 내용이 확정되고 1900.1.1.부터 시행하였다. 이 법전은 판덱텐법학이 창안한 판덱텐체계를 취하였으며(이의 내용은 제9장 Ⅰ 2 다 2), 337쪽 참조), 당시의 법학의 사조(즉 법실증주의)에 따라 보다 상세하고 실질적인 내용을 담고 있다.

나. 법사상의 경향과 변화

19세기를 지배했던 법사상은 법실증주의이다. 그런데 법실증주의가 변화된 사회여건으로 인해서 생긴 새로운 법률문제에 제대로 대응하지 못하면서, 새로운 법사상이 제기되었다. 이의 내용은 다양한 바, 이를 통합하여 실용주의라고 칭할 수 있다. 이하에서 두 가지 법사상을 나누어 살핀다.

1) 법실증주의

가) 법실증주의 일반

(1) 법실증주의의 특성

19세기에 국가가 제정한 성문법(제정법)이 증대하면서, 이러한 법만을 법으로 보는 법사상이 등장하였다. 이를 법실증주의라고 한다. 18세기에 그렇게 강력했던 이성을 근거로 하는 자연법의 당위성은 제정법이 증대하면서 심각한 도전을 받았다. 자연법에 대한 도전은 이미 "법은 민족의 의식, 국가의 역사와 전통에서 나오는 것이며, 또 그래야 한다"고 하는 역사법학파에서 시작되었고, 칸트와 헤겔의 철학도 상당한 타격을 주었는데, 이제 19세기에 성문법이 다양한 방면에서 끊임없이 제정되면서 법실증주의는 자연법사상을 완전히 끌어내렸다.

법실증주의는 실정법을 초월하는 자연법의 존재를 부정하고, 실제로 인식가능한 법만을 법으로 보는 법사상이다. 이는 다른 한편으로는 법을 사회와 관련시켜 고찰하는 것을 배격한다. 즉 법을 고찰함에 있어서 일체의 법이념이나 윤리적·정치적·사회적 고려를 배격하고 오로지 실정법만을 형식논리적으로 파악하려는 입장이다. 법실증주의자들은 「실정적인」 법체계에 관심을 집중하여, 체계적이고 짜임새있는 법의 구조를 구축하고 설명하는데 힘을 쏟았으며, 법적 개념과 원리를 정밀하게 다듬고 분류하는데 진력했다.

(2) 배경

법실증주의의 법사상은 멀게는 근대의 자연과학의 발달에 영향받은 것이다. 그리고 당시의 철학적 경향인 「경험주의」에 영향받은 것이기도 하다. 그러나 가깝게는 국가와 정치의 성장에 따른 현상이다.

① 근대의 자연과학의 발달은 사람과 우주 간의 관계에 대한 철학자의 관념에 깊은 영향을 주었다. 특히 천문학의 혁명적 발달은 지구를 우주의 중심이 아니라 이의 사소한 한 부분으로 강등시켰다. 또 생명체에 대한 연구(식물학, 생물학, 동물학)는 인간은 신의 피조물이 아니라(생명체의 중심이 아니라) 단지 오랜 진화의 산물로 나온 것임을 알게 하였다(진화론). 이제 지구도 인간도 우주의 중심이 되지 못했다. 이러한 자연과학의 발달은 근대 후기에 들어서 세계를 선험적인 관념으로 파악하는 사상을 뒷전으로 밀어내고, 실체를 관념에 앞서는 것으로 생각하는 사상을 전면에 내세웠다. 이러한 경향을 「실증주의」5)라고 하는데, 법실증주의는 이의 법학에의 표현이다.

자연과학이 법학에 구체적인 영향을 미치게 된 것은, 자연과학적 연구방법을 외부세계에 있는 자연현상으로부터 사회현상에게로 확대 적용하면서이다. 즉 과거에는 '법은 어떠해야 하는가' 하는 점을 다루었으므로 법은 철학의 연구대상일 뿐이었으나, 이제 법은 '사회적 행동을 규율하는 것'으로 인식됨으로써 과학의 연구대상으로 되었고, 따라서 여기에 자연과학적

---

5) 실증주의는 19세기 후반 서유럽에서 나타난 철학적 경향으로, 형이상학적 사변(思辨)을 배격하고 사실 그 자체에 대한 과학적 탐구를 강조하는 사조이다. 즉 초월적이고 형이상학적인 사변을 배격하고 관찰이나 실험 등으로 검증 가능한 지식만을 인정하는 인식론적 방법론적 태도이다. 실증주의는 근대 자연과학의 방법과 성과에 기초해서 물리적 세계만이 아니라 사회적 정신적 현상들까지 통일적으로 설명하려는 지적 태도로서 나타났다.

방법을 적용하고자 했던 것이다.

② 근대 초기에는 아직 국가조직이 느슨하였고 교회적인 질서도 남아있었으나, 근대 후기에 들어서 조직적이고 중앙집권적·주권적인 국가형태로 바뀌어 갔다. 국가는 새로운 사회문제를 규율하기 위해서 법을 계속해서 제정하였다. 이제 국가가 정치적·법적 힘의 독점자로 되었다. 이러한 사회변화에 부응해서 지식층은 교회 혹은 교황보다는 국가에게 자신들의 충성과 재능을 바쳤다. 이들은 증대하는 실정법에 관심을 쏟았고, 그때 그때 필요에 따라 단편적으로 만들어진 법을 질서있게 구성하고 점차 증가하는 법적 소재를 체계화할 것을 요구했다. 이제 실정법의 내용을 밝히는 것이 법학의 주된 연구대상이 되었다.

③ 법실증주의의 성장에 결정적 기여를 한 것은 법은 목적을 위한 수단이고 또 그래야 한다고 하는 도구이론instrumental theory이다. 이의 핵심은, 법은 선험적인 것이고 영구적 진리라고 하는 낡은 짐짝과 같은 관념을 던져버리고, 법은 법규·판결 등에 나타난 구체적인 표명에 다름아니라고 하는 것이다. 법은 '이것이 법이다' 라고 말할 수 있는 누군가의 결정의 소산이다. 법에 관한 도구사상은 법을 국가와 경제에 봉사하게 만들었다.

(3) 구체적 내용

① 법실증주의는 법의 근원, 법의 효력근거, 법의 의미 등에 관해서 자연법사상과 전적으로 대비된다. 그 내용은 앞에서 살폈다(제3장 II 2 나, 46쪽).

② 영국의 법사상가 하트(H.L.A. Hart, 1907-1992)는 법실증주의의 의미를 다음과 같이 말한다(그도 현대의 대표적인 법실증주의자이기는 하지만, 여기에서 설명하는 법실증주의는 자신의 견해가 아니라 19세기의 실증주의에 대한 설명이다).

▶ 법은 인간의 명령이다.

▶ 법과 도덕 혹은 실제 있는 법과 있어야 하는 법 간에는 아무런 관계가

없다.

▶ 법개념의 분석 혹은 그 의미의 연구는 그 자체로서 가치가 있다. 이러한 연구는 법의 성립원인과 기원에 대한 역사적 탐구, 법과 사회현상 간의 관계에 대한 탐구 그리고 도덕·사회적 목표·기능 등과 관련해서 법에 대해서 가하는 비판이나 평가 등과 구별되어야 한다.

▶ 법체계는 「촘촘하고 정밀한 그리고 폐쇄적인 논리적 시스템(closed logical system)」으로서, 이러한 법체계 안에서 법원칙에 따라 논리적 방법에 의해서 올바른 법적 결정이 추론될 수 있다. 올바른 법적 결정을 위해서 법 밖에 있는 사회적 목표·정치·도덕 등과 같은 것을 고려할 필요가 없다.

▶ 도덕적 판단은 ― 사실의 진술과는 달리 ― 이성적 논쟁이나 증명에 의해서 세워지거나 방어될 수 없다(도덕의 인식불가성).

(4) 자연법사상의 공존

그런데 다른 한편으로는 법실증주의가 지배하던 19세기에서도 이전의 자연법사상이 부인된 것은 아니다. 이 사상은 어떤 점에서는 전보다 더 강해졌다. 이는 두 가지 점에서 그러했다. 하나는 「인간으로서의 권리」 혹은 「시민의 자유」에 관한 사상이다. 이러한 사상은 오늘날 모든 민주국가의 헌법 속에 자리했으며, 특히 민주국가에서 정치적 개혁을 위한 도구로서 기능한다. 이 사상은 국가권력을 통제하려는 이론의 에너지원이었다. 다른 하나는 자유권 중에서도 계약자유와 소유권의 보장, 즉 경제적 자유이다. 이는 19세기에 자본주의의 발달을 촉진했다. 다만 도시화와 산업화로 인해서 여러 가지 사회문제를 낳았다. 그래서 이러한 자유는 ― 앞서 살핀 인간으로서의 권리와는 달리 ― 상당한 제한을 받게 되었다.

나) 법실증주의의 연구방법

(1) 연구방법 일반

법실증주의는 법을 어떻게 보느냐 하는 시각을 기준으로 한 분류이다. 그런데 실정법이 중대하면서 개개의 실정법의 내용을 연구하는 학문이 발달하였는데(사법학·형법학·공법학·국제법학 등), 다른 한편으로는 이러한 개별적 법영역에 대한 연구를 넘어 모든 법영역에 공통하는 것, 즉 법의 일반적 원리나 개념에 대한 연구가 활발히 전개되었다. 이들은 실정법 전반에 공통하는 요소를 추출하고 이를 분석하는데 힘을 쏟았는 바, 이러한 연구태도에 기해서 이를 「분석적 실증주의」 혹은 「분석법학」이라고 한다. 또 특정한 법질서가 아니라 모든 법질서에 공통되는 개념을 연구한 점에서 「일반법학」이라고도 한다. 이러한 분석법학 혹은 일반법학은 실정법만을 법으로 보는 점에서 법실증주의에 속한다. 법실증주의는 법을 보는 시각을 칭하는 것이고, 분석법학·일반법학은 실정법에 대한 연구방법을 칭하는 것이다. 그외에 분석법학이 법을 해석함에 있어서 법개념에 지나치게 매인다는 점을 강조하기 위해서 이들을 「개념법학」이라고 칭하기도 한다. 또 특히 독일에서의 분석법학의 경향을 「판덱텐법학」이라고 칭한다. 이하에서 먼저 일반법학의 선구자로 여겨지는 영국의 오스틴(John Austin, 1790-1859)의 법이론을 소개한다. 다음으로 개념법학 및 판덱텐법학의 이론은 이 당시의 법이론의 경향을 보다 선명히 보여주므로, 이들의 이론을 살핀다.

(2) 오스틴의 법이론

① 그에 의하면 과학인 법학은 인간이 만든 실정법에 관한 것이어야 한다. 이러한 법에서는 선이나 악의 문제는 고려되지 않는다. 정치적 권위자가 적법한 절차에 의해서 만든 법은 모두 법으로서 적절하다. 그는 법의 정의定義에서 「정의」'라는 이상理想을 「주권자(지배자)의 명령」으로 바꾸어

놓은 것이다(명령설). 정의는 엄격히 법으로부터 분리되었으며, 법은 통치자의 힘에 기초하는 것으로 되었다.

② 오스틴에 의하면 법학의 임무는 현재의 수많은 실정법에 공통되는 원리와 개념을 분석하고 해명하는데 있다. 그는 로마법과 영국법을 분석하였으며, 이에 기초해서 법의 개념을 최초로 정의하였다(이의 내용은 제2장 Ⅰ, 15쪽 참조).

③ 실정법은 하나의 독립된 정치사회에서 주권적 권위에 의해서 창설된 것인데, 이러한 실정법은 각기 특정사회에서 전체적으로 일정한 체계를 이루고 있다. 오스틴은 모든 실정법은 국가마다 특수성을 가지지만, 그럼에도 불구하고 모든 실정법에 공통된 원리와 개념이 존재한다고 하면서, 각 법체계 중에서 어느 한 분야의 법을 연구대상으로 하는 개별법학Particular Jurisprudence과 별도로 이들에 공통된 원리들을 연구대상으로 하는 일반법학 General Jurisprudence이 필요하다고 하면서, 모든 실정법을 분석해서 공통되는 법개념을 추출하고 정리하였다.

④ 오스틴에서 시작된 분석적 실증주의는 법이론의 중심을 정의의 이론으로부터 실정법의 분석으로 전환시켰다. 법이론의 보다 큰 과제는 이상과 가치에 몰두하는 것보다는 법개념을 분석하고 이를 적절히 분류(카테고리)·배열함으로써 법과학의 도구를 정밀하게 연마하는데 힘을 쏟는 것이었다. 이제 존재하는 법과 있어야 하는 법의 구별을 부인하는 것은 실증주의의 신조로 되었으며, 법적 이상은 법률가의 관심사에서 탈락하였다. 분석적 실증주의에 의해서 더욱 정밀히 가다듬어진 법개념은 개별적인 실정법을 이해하는데 유용하였다.

(3) 개념법학

① 19세기 유럽의 법학은 개념을 중시하여 정교한 개념을 연마하는데 힘을 쏟는데서 더 나아가, 법의 해석·적용에 있어서 개념을 중시하는 방향

으로 흘러갔다. 이러한 연구태도는 유럽 전역에서 나타난 것이지만, 특히 독일법학에서 두드러졌다.

② 당시의 법학은 한 국가의 실정법은 「촘촘하고 정밀한 그리고 폐쇄적인 논리적 체계」로 구성되어 있으며, 이러한 법체계 안에서 법원칙에 따라 논리적 방법에 의해서 올바른 법적 결정이 추론될 수 있다고 생각했다. 이는 법체계의 「논리적 완결성」 및 법규의 「무흠결성」을 전제로 하면서, "어떠한 법적 문제도 근간이 되는 법체계로부터 연역적 방법으로 해결될 수 있다"는 것이다. 이의 극단적인 표현은, "근대국가의 성숙한 법체계는 생각할 수 있는 모든 사례에 대해서 논리적 방법을 통해서 필요한 해결, 즉 유일한 「올바른」 해결을 제공할 수 있다"는 주장이다. 여기에 덧붙여, 법의 적용은 개념으로부터 논리적 방법에 의해서 해석된 법규를 대전제로 하고 구체적 사건을 소전제로 해서 3단논법적으로 결론을 끄집어내야 한다고 하였다. 이는 법에 대한 사회의 힘, 역사와 전통 등을 법을 작동시키는 구성요소로 보는 것을 부정하는 것이며, 또한 법의 해석·적용에 법관의 가치판단이 개입하는 것을 배제하려는 것이다.

(4) 판덱텐법학

① 독일에서도 일반법학이 크게 발달하였다. 그런데 독일 법학의 특성을 나타내기 위해서 이들을 판덱텐법학이라고 칭하기도 한다. 그 이유는 다음과 같다. 독일법학은 오래 전부터 로마법을 연구해 왔고, 이를 당시의 사회에 맞게 가공하여 실제로 재판에 적용해왔다. 그런데 19세기에 들어 역사법학에 자극되어, 18세기까지 자연법이론이 로마법원으로부터 추출해낸 법개념과 체계에 만족하지 않고 고대 로마법에까지 거슬러 올라가 이를 연구하였다. 이런 점에서 이 학풍을 판덱텐법학이라고 칭한다(판덱텐은 로마법대전에서의 학설휘찬(Digesta)을 뜻하는 독일어이다). 이들은 보다 일반적인 개념과 법명제를 발전시켰을 뿐만 아니라, 판덱텐체계라는 새로운 민법전

의 체계를 창안했다(이의 내용과 특징은 제9장 Ⅰ 2 다 2), 337쪽에서 설명한다).

② 판덱텐법학의 발전은 19세기의 독일의 법분열을 극복하기 위한 것이라는 의미도 가진다. 당시까지 독일은 지역마다 법이 달랐으며, 다만 로마법이 보충적으로 적용됨으로서 그로 인한 불편이 완화되었는데, 법률가들의 로마법 연구결과는 곧바로 실무작업의 기초가 되었다. 이런 점 때문에 법률가들은 더욱 열심히 로마법을 연구하였으며(학문적으로 가공된 로마법), 그리하여 (민)법전 대신에 판덱텐법학의 연구결과가 재판의 기준으로 사용되었다. 그러한 것으로 가장 대표적인 것은 빈트샤이드(Windscheid, 1817-1892)의 「판덱텐」이라는 명칭의 교과서였다.

③ 판덱텐법학은 철저히 형식주의의 성격을 가졌다. 즉 판덱텐법학에서는 개념과 체계가 주된 요소였다. 학자들은 각 법분야의 법명제에 담긴 개념과 문구의 논리적 구조만을 고려해서 법의 의미를 파악하려 했다. 법을 통해서 규율되어야 할 구체적인 생활관계에 대한 고찰은 눈 밖으로 떨어져 나갔다. 판덱텐법학은 법학에 법 이외의 요소가 혼입되는 것을 극력 배척하였다. 즉 법이 기초하고 있는 윤리적 원칙은 「비학문적」인 것으로서 고찰에서 배제했다. 이의 대표자인 빈트샤이트는 법률은 「윤리적이고, 정치적이고, 국가경제적인 고려」에 기해서 만들어지지만, 그러한 점의 고려는 「법률가의 일」이 아니다 라고 했다. 법실증주의에 의하면 법적용은 기계적이고 형식적·개념적으로 행해져야 하고, 정의와 법의 사회적 기능은 법률가의 고찰대상이 되어서는 안된다.

판덱텐법학은 법질서의 무흠결성을 주장하였다. 구체적 사건의 해결이 법 이외의 요소에 의해서 이루어져서는 안된다는 판덱텐법학의 입장에서는 당연히 법질서의 무흠결성이 요구된다. 물론 법질서의 무흠결성은 법전 안에 모든 사건을 규율하는 규정이 담겨져 있다는 의미는 아니다. 일응 적용규정이 없더라도 그러한 흠결은 유사한 다른 법규정 혹은 법질서 전체의 정신에 따라서 유추의 방법으로 채워지며, 따라서 어떤 사건도 법전 안에 답이 있다는 것이다. —— 그런데 필자의 기억으로는 법학초년생 때부터 이러한 말을 들어왔다. 이런 점은 우리의 법학의 주소가 어디인가, 혹시 여기는 아닌가 하는 의문을 낳게 한다.

④ 독일에서의 법실증주의는 특별한 면을 가진다. 「실정적인positive」법만이 법이라고 할 때의 법은 국가가 제정한 법률을 의미한다(법률실증주의 Gesetzespositivismus). 그런데 독일은 19세기 마지막까지 통일적인 법전이 없어서 학문적으로 가공된 로마법이 적용되었다. 이런 점에서 이를 학문적 실증주의Wissenschaftspositivismus라고 칭한다. 여기에서는 로마법상의 정밀한 개념과 체계 그리고 이로부터 논리적으로 추론되는 법(법명제)이 법률을 대신했던 것이다. 이런 점이 더욱 개념과 체계의 정비에 힘을 쏟게 했고 그로부터 일반적인 법명제를 추출했던 것이 아닌가 생각된다.

다) 정리 : 법실증주의의 공과

(1) 전반적 고찰

① 여기에서 법실증주의라는 용어는 이와 뿌리를 같이 하는 분석법학・일반법학 나아가 개념법학 등을 아우르는 것으로서, 당시의 지배적인 법학의 경향을 뜻하는 것이다. 이러한 법실증주의는 근대사회가 성숙되고 만개되어가는 역사적 단계에서 나온 것이며, 시대적 요청에 대응한 것이다. 즉 19세기에 들어 다양한 사회문제를 규율하고 새로운 사회경제적 수요를 충족하기 위해서 제정법이 크게 폭증하였으며, 이는 법학에게 제정법의 내용을 시급히 밝힐 것을 요구하였다. 또 법의 해석에서는 자유로운 경제활동을 담보하기 위해서 법적 안정성을 중시할 것을 요구하였다. 법실증주의는 이러한 시대적 여건 속에서 형성된 것이다. 나아가 법은 인간이 필요에 기해서 만드는 산물임을 직시하고, 국가가 제정한 법만을 법으로 보고, 이의

의미를 밝히는 것(그리하여 이를 구체적 사건의 해결에 적용하는 것)을 법학의 중심적 과제로 삼았다. 이러한 법실증주의는 근대 후기에 자본주의를 발전시키고 촉진시키는 긍정적 기능을 했다.

② 그런데 법실증주의는 법의 의미를 해석하고 이를 사건에 적용함에 있어서 오로지 법 자체만을 고려해야 하고, 법 이외의 요소 즉 법의 이념이나 가치, 법제정에 영향을 주었던 윤리적·정치적·사회적 여건 등을 고려해서는 안된다고 했다. 즉 제정법의 텍스트만을 바라보고 이를 형식논리적으로 해석해야 한다고 했다. 그런데 자본주의의 발달은 19세기 중엽에 이르러 중대한 사회변화를 겪었는데, 위와 같은 법학방법은 이로 인해서 생긴 새로운 사회문제에 대응할 수 없었다. 예컨대 19세기에 점차 더 노동사건이나 독점 등과 같은 새로운 형태의 사회적 문제와 분쟁이 발생하였고, 이러한 사회현실에 대응하기 위해서는 법학은 단순히 기성의 국가법을 수동적으로 해석하는 것 이상의 활동이 필요했으나, 오로지 실정법에만 관심을 가지는 분석법학은 이러한 활동을 하기에는 너무 무력했다. 국가법을 절대시함으로써 법을 비판하거나 이를 사회변화에 맞게 개선하는 것을 금기시하고 국가법을 감히 논박할 수 없는 명제로 여기는(이를 단지 도그마틱하게 해석하기만 하는) 해석방법으로는 법을 변화된 사회현실에 대응하도록 해석하거나 개선할 수 없었다. 이제 사회의 격변으로 실정법을 개선하거나 논리가 아니라 사회실정에 맞는 해석을 해야 할 필요성이 명백해지면서, 법실증주의의 해석법학적 법학방법론 이외에 뭔가 새로운 방법론이 요구되었다.

③ 이와 같이 법실증주의는 한편으로는 경제발전에 기여했지만, 다른 한편으로는 그로 인해서 생긴 사회문제에는 전혀 대처하지 못했다. 아래에서 법실증주의의 이러한 공功과 과過의 내용과 원인을 조금 더 살펴본다.

(2) 功의 내용

법실증주의의 가장 중요한 특색은 입법에 영향을 미쳤던 정치·경제 등은 법 이외의 요소로서 법의 고찰에서 배제되어야 한다고 하면서, 오로지 개념의 형식논리적 조작에 의해서 구체적 사건을 해결하는 태도이다. 이런 점은 당시의 자유경쟁의 시대에서 자신의 행위에 대한 예측가능성을 높이고 따라서 법적 안정성을 향상시켰다. 이는 결과적으로 왕성한 경제활동을 뒷받침했다. 뿐만 아니라 법의 운영이 사회의 압력이나 정치적 영향으로부터 단절케 함으로써 법의 운영이 권력자의 주관적이고 자의적인 판단에서 벗어나게 하였다. 또한 재판관에게 법률에 엄격히 구속될 것을 요구함으로써 재판관의 주관적 법해석을 배제하였다. 이런 점은 자본주의가 요구하는 예측가능성과 계산가능성을 더욱 높였다.

(3) 過의 내용

① 법실증주의의 위와 같은 태도는 반대로 법의 형식적 면만을 봄으로써 고도의 경제발전이 낳은 심각한 사회문제에 눈을 감았고, 결국 이러한 문제에 전혀 대처하지 못했다. 법실증주의자는 이러한 사회문제가 제기되기 이전에 만들어진 법규, 따라서 이미 화석이 되어버린 법규를 절대적인 것으로 봄으로써 사회변화에 부응하지 못했던 것이다. 즉 법의 형식적 면만을 고려하는 태도는 법적 안정성을 높였지만, 결국 자본주의를 병들게 하는 過를 범했던 것이다.

② 법실증주의가 법 자체만을 고려해서 법을 해석하고 적용해야 한다고 한 것은, 법문에 사용된 언어(혹은 언어가 가지는 일정한 개념)가 고정되고 정지적인 의미를 가진다고 하는 가정에 기초한 것이다. 그러나 모든 문언에서 사용된 언어의 의미는 문맥과 목적에 따라 달라지는 것이고, 처음부터 미리 예정된 의미를 가지는 것이 아니다. 즉 이의 의미는 열려있다고 할 수 있다. 그런데 분석법학이 법문의 언어적 의미만을 고려해서 법문의 의

미를 파악하려 하는 것은 법문의 의미를 고정적인 것으로 이해하는 것일 뿐만 아니라, 그것이 무엇을 위해서 사용되었는가 따라서 어떤 방향으로 해석되어야 하는가 하는 점을 고려하지 않는 것이다. 즉 법은 가치와 관련된 것인데, 분석법학은 가치에 대한 법의 관계를 고려치 않은 채 단어(개념)의 언어적 의미만으로부터 법문의 의미를 밝히려 했다.

③ 분석법학이 모든 법적문제를 법적 형식논리를 이용해서 처리하고자 했던 것은, 형식논리에 의해서 법적 확실성을 추구하기 위해서 였다. 그리고 위에서 말한 것처럼 그러한 실을 거두기는 하였다. 그러나 법문의 언어적 의미만으로는 법문의 의미를 파악할 수 없으므로 형식논리에 의해서 법적 확실성을 추구하는 것은 올바른 방법이 아니다. 법적 확실성은 입법취지 그리고 법이 적용될 사안의 정치적·사회적 여건을 고려해야 얻어질 수 있다. 더욱이 법문 중에는 그 의미가 일의적一義的으로 해석될 수 없는 것이 상당히 많다. 신의성실의 원칙, 선량한 풍속, 정당한 사유 등이 대표적 예이지만, 그밖에도 무수히 많은 규정들이 그렇다(예컨대 착오, 추인, 대리 등). 이러한 법문은 여러 가지로 해석될 가능성이 많다. 이와 같이 서로 충돌되는 해석이 가능한 경우에 이중 어떤 것을 선택할지는 윤리나 정치적·경제적 요소를 고려하지 않고서는 판단하기 어렵다. 법실증주의가 법적 확실성을 추구한 것은 정당하지만, 그 방법을 형식논리적 법해석의 길에서 구한 것은 그릇된 것이다.

④ 앞에서 법실증주의는 법의 형식적 면만을 고려했다는 점을 지적했다. 그런데 법의 형식적 면만을 고려한다는 또 다른 의미는, 법실증주의는 법이 형식적으로 적법한 절차에 의해서 만들어진 것이면 이의 타당성을 문제 삼지 않고 효력을 인정했다는 점이다. 그런데 국가법을 절대적인 것으로 보게 되면 법학은 오로지 주권자의 명령을 수행하는 도구에 불과하게 되고 따라서 법 자체를 비판할 준거를 가지지 못하게 된다. 그러나 법적 절차에 따라서 합법적으로 제정되었다는 점(법의 형식적 구속력)과 법의 실질적

정당성은 다른 것이다. 그런데 법실증주의는 법의 실질적 면을 법학적 고찰에서 배제했던 것이다. 이는 결과적으로 독일의 나치정권이 들어설 수 있는 길을 열어준 것이 아닐까?

2) 실용주의

가) 총설

① 실용주의Utilitarianism는 한편으로는 18세기의 정치철학과 법철학의 형이상학적·추상적 성격에 대한 반작용에 기한 것이다. 벤담(Bentham, 1748-1832)이 실용주의의 창시자로 일컬어진다.

② 그러나 보다 광범한 실용주의의 발흥은 분석적 실증주의에 대한 반작용에 기한 것이다. 19세기 말에 이룩한 경제발전은 새로운 사회문제를 낳았으나, 분석적 실증주의는 법을 사회와 단절시키고 형식논리적인 해결만을 주장함으로써 이에 전혀 대처하지 못했다. 이들은 오로지 법개념과 법의 논리를 통해서 법을 해석·적용해야 한다고 함으로써, 실제로 실정법에 관한 충돌되는 해석 중에서 어떤 것을 선택할 것인가 하는 법해석의 가장 중요하고 궁극적인 문제에 대하여 아무런 가르침도 주지 못하였다. 실용주의는 19세기의 중심적인 법사상인 법실증주의에 대한 반작용으로 나온 이론들을 통칭하는 것으로서, 새로운 사회문제를 해결하기 위해서는 어떤 점을 고려해야 하는가를 고민하면서 나타난 법학적 흐름이라고 말할 수 있다. 이는 19세기 말 이후 지배적인 경향으로 발전하였다.

③ 실용주의는 근본적으로 19세기 말의 특징인 추상으로부터 구상으로의, 이상적인 것으로부터 실제적인 것으로의, 선험적인 것으로부터 경험적인 것으로의 시대적 변화를 표현하는 것이다.

④ 이 이론은 법의 해석 운영에서 어떤 점을 중시하느냐 하는 점에 따라

몇 가지 견해로 나눌 수 있다. 이하에서 그 내용을 살핀다.

나) 법의 목적을 중시하는 이론

① 이러한 입장의 대표자는 벤담이다. 그는 법의 목표를 추상적인 명제에 대신해서 실제적인 사회문제에 향하게 했다. 그에게는 법의 임무는 실용에 종사하는 것이다. 그는 법의 목적을 공동체 안에 살고 있는 개인들의 최대 다수의 최대 행복이라고 보았다. 이런 점에서 그의 법철학은 개인주의적 실용주의이다. 그는 법은 선과 쾌락을 주고 악과 고통을 피하는 것이라고 하여, 정의와 부정의, 도덕과 부도덕, 가치와 악마와 같은 개념을 쾌락과 고통으로 대체하였다.

② 이러한 입장의 또 다른 대표자는 예링(Jhering, 1818-1892)이다. 그는 그의 철학을 로마법의 정신에 대한 깊은 연구를 통해서 개발하였다. 그는 로마법의 진화와 로마법학의 천재성을 깨달았으며, 이러한 깨달음은 그를 더욱 더 개념법학 스타일에 대한 혐오로 이끌었다. 그는 로마법의 연구를 통해서 로마법의 지혜는 실제적 목적에 봉사하는데 있으며 개념을 논리적으로 정밀하게 주조한데 있는 것이 아니라는 점을 깨달았다. 그는 로마법의 연구를 통해서 법은 사회적 목적에 봉사해야 한다는 점을 알게 되었다.

예링은 또 사회라는 공간에서 법을 발견하고자 하는 사회학적 법학을 개척하였다. 그는 법이 추구하는 목적, 법이 보호하는 이익으로부터 법을 이해하고자 하였다. 이런 점에서 그는 이익법학의 길을 열었다고 할 수 있다. 그의 유명한 글인 「권리를 위한 투쟁(Kampf ums Recht)」(1873)에서 법은 힘과 이익의 관철을 위한 수단으로 특징지워졌다.

예링에 의해서 실용주의는 개인의 쾌락의 추구를 의미하는 것에서 개인의 이익과 공공의 이익 간의 균형을 꾀하는 것으로 되었다. 그는 법의 목적에서 균형이라는 관념을 개발함으로써 근래의 사회적 법학의 아버지로 되었다.

③ 이익법학은 예링에 의해서 길이 열렸지만, 이를 발전시킨 것은 헤크 (Philipp Heck, 1858-1943)이다. 그는 재판관은 법률이 어떤 이익을 보다 더 보호하는가 하는 점을 인식하고, 사건에 법을 적용함에 있어서 「사고하는 복종」의 자세로 입법자의 목적을 공감하고, 실제적 법적용에 있어서 법률 이 추구하는 목적(이익보호)을 현실화해야 한다고 하였다.

④ 평가법학은 이익법학을 좀더 발전시킨 것으로서, 입법자가 왜 일정한 이익을 다른 대립되는 이익보다 높이 평가했는가 하는 점을 묻고, 이를 고 려해서 법을 해석 적용해야 한다고 했다.

다) 법사회학(사회학적 법학)

① 이는 분석법학과 달리 법을 사회적 맥락 속에서 고찰하는 것이다. 즉 법은 일정한 사회여건에 기해서 형성된다는 점을 깨닫고, 사회와의 관련 속에서 법을 해석해야 한다고 생각했던 학풍이다.

② 이러한 법에 대한 새로운 시각을 열게 한 학자는 제니(Francois Gény, 1861-1959)와 예링이다. 그러나 본격적으로 법을 사회학적으로 접근한 것은 에어리히(Eugen Ehrlich, 1862-1922)와 칸토로비츠(Kantorowicz, 1877-1940)이 다. 독일에서는 1900년의 새로운 독일민법전의 시행 이후 곧 법에 대한 새 로운 접근이 필요하다는 주장이 강하게 제기되었다. 독일민법전과 새로운 사회의 발전과의 괴리와 틈새는 실제적 법률가에 의한 창조적인 해석을 절 실히 필요하게 하였다. 이들은 당시에 유행하던 분석법학을 단호히 공격했 다. 법을 순수하게 논리적 완성체라고 생각하는 것에 대항하여 싸웠다. 그 리고 법의 궁극적인 과제로서 이익의 균형을 강조했다. 이들은 경제적 기 능을 가진 다양한 행위유형의 연구를 통해서 법제도에 대한 논리적·분석 적 해석의 불충분성을 보여줬다.

③ 법사회학은 기본적으로 판사나 행정가에게 특수한 해결책을 제공하지는 않는다. 법사회학은 이들에게 법률문제를 결정함에 있어서 필요한 자료를 제공할 뿐이다. 대부분 불명확하게 제정법 안에 떠다니는 수많은 상이한 가치와 이익들을 파악하고 이를 적절히 분류 정리함으로써, 판사가 당해 사건에서 문제된 이익이 무엇인지를 깨닫고 어떻게 결정할지를 보다 명확하게 찾아낼 수 있도록 하고자 했다.

④ 법사회학은 그후 하나의 법학분과로 발전했다. 이의 대표자인 에어리히의 이론은 법학 중 법사회학에서 소개한다.

라) 자유법학

이는 특별히 어떤 요소를 중시함이 없이 법논리에 빠져있던 법실증주의적 태도를 강력히 비난하는 입장이다. 자유법학파는 재판관의 역할은 고도로 창조적이어야 한다고 주장했다. 이들은 재판관은 법을 사회의 수요와 조화되게 하고 규칙을 개별 사건의 수요에 부합시킬 권리와 의무를 가지며, 그렇게 하기 위해서 엄격한 논리와 선례를 무시할 수 있는 자유를 가지고 또 가져야 한다고 하였다. 그러나 자유법학은 성문법규의 구속으로부터의 자유를 주장하였을 뿐 새로운 법률학의 방법론을 제시하지는 못했다.

마) 미국의 법현실주의

① 미국에서의 법현실주의는 엄밀히는 1930년대 미국에서 일어난 법에 대한 특수한 접근방법을 가리킨다. 그러나 넓게는 19세기 말에 법의 현실적 모습을 보고자 했던 이론에서부터 2차대전 이후 법에 대한 사회과학적 연구를 중시하는 이론에 이르기까지 법을 사회와 관련해서 이해하는 이론 전반을 칭한다. 법현실주의는 학파라기보다는 일군의 학자나 판사에 의해

서 공유되었던 일련의 태도이다. 미국의 법률가들은 다양하고 풍부한 선례를 통해서 법의 현실적 모습은 이론적 논리와 너무나 거리가 멀다는 점을 깨달았다. 법률가들은 이러한 선례 속에 정치적·사회적 생활에서의 법의 기능에 대한 고려가 담겨있음을 보고, 법에 대해서 새로운 이해를 가지게 되었다.

　② 현실주의는 법이 어떠해야 하는가 하는 점이 아니라 법이 어떠한가를 연구하였으며, 이런 점에서 이는 법철학이 아니며 법실증주의 혹은 분석법학과 공통된다. 그러나 현실주의는 논리라는 하나의 방법으로 법률문제에 대한 결론을 도출하지는 않는 점에서 실증주의와 전혀 다르다.

　현실주의는 법을 「가상적 절대자」에 기원한다고 보는 자연법사상 그리고 법을 「촘촘하고 정밀한 논리적 체계」로 보는 분석법학을 거절하고, 법에서의 사실·소송 등에 눈을 돌렸다. 분석법학은 법의 불가결한 가치인 안정성·확실성을 (자신들이 믿었던) 빈틈없는 완전한 논리의 체계에 의존해서 달성하고자 했으나, 현실주의는 법적 확실성은 법의 사회에서의 작용에 대한 과학적 연구를 통해서 얻어진다는 점을 깨달았다. 그리고 법이 사회에서 어떻게 작용하고 기능하는가를 알기 위해서는 사회학·경제학 기타의 학문이 유용하다는 것을 깨닫고 이들의 연구결과를 이용하고자 하였다.

　법현실주의자들은 형식적인 규칙rules에 대해서 회의적이었다. 법전에 쓰여져 있는 규칙은 판사 앞에 놓여있는 사건을 어떻게 처리할지를 말하지 않는다. 법은 가변적이고, 불완전하고 변화무쌍한 것이다. 판사는 실제로는 자유를 상당히 가진다. 판사는 당해 사건에 적용가능하고 서로 경쟁하는 규칙 가운데에서 적절한 것을 선택하며, 사건에 담겨진 사실을 그러한 선택된 규칙에 맞도록 「각색」하며, 나아가 규칙을 변경하거나 혹은 무시할 수 있는 등의 재량권을 가진다. 법현실주의자들은 판사가 이러한 자신의 권한을 깨달으면 열린 마음으로 그 권한을 행사해서 법을 사회와 상응하도록 만든다고 생각했다. 판사는 자신들의 가치가 무엇인가를 알아야 하고, 자신의 결정이 사회에 미치는 영향에 대해서 관심을 가져야 한다고 생각했다.

③ 현실주의의 정신적 기초를 마련한 것은 그레이(John Chipman Gray, 1839-1915)와 홈즈(Oliver Wendell Homes, 1841-1935)이다. 그레이는 법에서 정교하게 다듬어진 개념에 매이는데 반대했으며, 판사를 법의 중심에 두었다. 그는 영미의 법역사에 나타난 예증을 통해서 판사들의 법형성에 있어서 선례, 정의감이나 개인적 소양 그리고 나아가 경제적 이론 등과 같은 비논리적 요소 등이 얼마나 큰 영향을 미쳤는가를 보여주었다. 이러한 경향은 홈즈에 의해서 명확히 표현되었다, 그는 법은 "법원이 사실상 무엇을 할지에 대한 예언"이라고 하여 법을 완전히 경험적인 것으로 정의하였다. 그는 판사의 중요한 임무는 「사회의 이익」을 고려하는 것임을 상기시켰다.

법현실주의의 형성에서 특히 중요성을 가지는 것은 듀이(John Dewey, 1859-1952)의 가르침이다. 이의 핵심은, 법규의 적용과정은 법실증주의가 이해하는 것처럼 논리적인 3단논법의 과정이 아니며, 법적 논리에 의해서는 (사건에의) 법규의 적용 여부에 관해서 확실한 결론을 추출할 수 없고, 단지 법규로부터 나올 수 있는 가능한 여러 가지 결론을 알아낼 수 있을 뿐이라는 점이다. 일반적인 법원칙이나 법적 논리는 단지 자신들의 작업을 정당화시키는 도구일 뿐이다. 법률가는 논리에 의해서 결론을 도출하지 않는다. 법률가는 사건에 담긴 여러 가지 사실을 알아내고, 그 사건에 적용될 수 있는 일반적 법원칙이나 규칙을 선택할 수 있다. 법은 경험적 과정으로서, 이 안에서 논리적 요소는 일정한 결론을 이끌어가는 다수의 안내자 중의 하나일 뿐이다. 그외에 파운드(Roscoe Pound, 1870-1964)는 사회적 필요에 부합하는 법을 자유롭게 창설할 수 있다는 측면을 강조했다.

④ 법현실주의는 법문에 규범이 어떻게 적혀있느냐가 아니라 그것이 현실에서 어떻게 작용하느냐 하는 점을 연구하였다. 이를 위해서 한편으로 법을 만드는 사회적 요소가 무엇인가를 알고자 했고, 다른 한편으로 법이 낳은 사회적 결과를 알고자 했다. 법은 사회적 힘의 결과이고 동시에 사회

를 컨트롤하는 수단이다. 인간의 본성, 사회적 환경, 경제적 조건, 업무상의 이익, 유행하는 사상, 선호되는 감정 등이 모두 생활 속에서 법을 만드는 제작자이고 동시에 법으로부터 나온 산출물이다. 그러므로 현실주의 법률학의 프로그람에 의해서 탐구되는 분야는 거의 무한정하다. 요컨대 법현실주의는 법을 사회생활이라는 사실과 연결시킴으로써 법이 실제로 어떠한가를 알고자 했고, 이를 위해서는 경제학・범죄학・일반사회학・심리학 등이 유용한 것임을 깨달았다.

⑤ 미국의 초기의 법현실주의는 아직 법의 사회적 연구social study of law, 즉 법현상의 실제적 연구에까지 힘을 쏟지는 못했으나(유럽에서의 법사회학이 이러한 연구에 힘을 쏟았던 것과 차이를 가진다), 1930년 경에 이르러 미국의 법원의 업무에 관한 주의깊은 연구가 나타났다. 그러나 법에 대한 사회과학적 연구가 본격적으로 된 것은 2차세계대전 이후이다. 그리고 오늘날 법의 사회적 연구가 급속하게 증가했다. 모든 사회과학 — 정치학 사회학 경제학 심리학 등 — 은 법적 현상에 보다 많은 관심을 기울인다. 법의 사회적 연구는 더욱 확대될 것이다.

바) 정리

19세기 말에 시작된 실용주의는 법의 목적 혹은 법과 사회현실과의 관계를 고려해서 법의 의미를 밝히고자 했다. 특히 자유법운동은 국가법에 의존하지 않는 타당한 법을 찾으려고 했다. 미국의 법현실주의자들은 법원의 실제 판결에는 법적 규칙이나 법조문 이외의 요소가 강력하게 영향을 미친다고 주장했다. 이들의 노력으로 인해서 법을 국가법에 한정하는 태도, 국가법에 대한 맹신과 굴종, 고립적 법학방법론 등이 상당히 극복됐고 법학의 영역이 확장됐다. 이러한 노력은 모두 앞서 말한 「사회적 맥락 속에서 법현상을 사회과학적으로 이해」하려는 시도로서, 법사회학의 영역에 포함된다.

V. 현대 (20세기의 법 : 기본적 특징)

현대에서의 법의 발전의 모습 중에서 경제와 관련된 것은 제4장 IV에서 설명하였다. 여기에서는 일반적인 법발전 모습을 살핀다.

1. 현대에서의 법의 발전과 변화

가. 새로운 법분야의 등장과 확대

20세기에 들어 사회는 더욱 크고 빠르게 변화하였으며, 따라서 법도 계속해서 변하였다. 낡은 카테고리의 법은 쇠퇴해갔고 새로운 법분야가 생겨났다. 행정법 중에서도 새로운 유형의 법 — 복지법, 사회보장법, 환경법, 도시계획 및 주택법, 식품의약품법 등 다양한 분야의 법 — 이 신설 혹은 확대되었으며, 경제와 관련해서는 기업에 대한 규제가 중요한 분야로 되었다(공정거래 및 독점금지법). 그리고 노동법은 더욱 중요성이 커지면서 규율대상이 확대되었다. 이러한 현상은 모든 나라에 공통된다. 현대의 법률가는 1900년 이전에는 존재하지도 않았던 혹은 예전의 법과는 관련되지 않은 법분야에 80% 이상의 시간을 쏟고 있다.

나. 현대법의 특징

이전 시대의 법으로부터 현대법으로의 발전의 특징은 다음과 같이 요약

정리해 본다.

① 과거에는 사회경제적인 문제를 해결하는 중심기구는 입법부와 법원이었다. 행정부는 단지 입법을 집행할 뿐이었고, 그 집행도 때로는 사후에 법원의 검토를 거쳐야 했다. 그런데 오늘날 발생하는 사회경제적 문제는 너무나 다양하고 세분화되어서 이의 해결을 위해서는 각 분야의 전문가의 판단이 필요하다. 그런데 이러한 작업은 전문가 집단이 아닌 전통적인 법원이나 입법부에게는 과중하다. 반면에 행정부 내에는 다양한 분야마다 전문적인 행정기관이 설치되어 있다. 그리하여 이러한 행정기관이 원래는 입법부(규칙을 만들고 규제를 가하는 것)와 경찰(규칙을 감시하고 집행하는 것), 그리고 법원(분쟁사건을 해결하는 것)이 맡았던 기능을 수행하게 된다. 즉 사건에 따라서 전문적인 행정기관이 법안을 기초하고 조사를 행하고 결정을 내린다. 회사의 합병이나 증권거래 사건, 노동사건에 관한 것이 그 대표적 예이다(공정거래위원회, 증권거래위원회, 노동위원회 등). 이에 의해서 법원이 담당했던 주된 임무인 사회규율·분쟁처리의 역할이 축소되고 있다.

② 현대국가는 자국민들에게 일정 수준의 생활을 영위할 수 있도록 최저생활수당을 지급한다. 이를 규율하는 복지법은 법체계 내에서도 구석에 위치하는 작고 미미한 부문으로부터 중요한 법분야로 성장하였다. 이제 노령연금, 가족수당, 의료보험, 실업보장, 무료강습 등을 취급하는 법이 상당 부분을 차지한다. 국가에 따라 급부의 양과 질에 차이가 있지만, 이는 공통된 경향이다. 과거에는 지역의 일로서 지역공동체나 교구가 담당했던 복지가 오늘날에는 국가의 중요한 일로 바뀌었다.

다. 자유의 확대와 규제

① 현대사회에서 개인의 자기표현은 크게 확대되었다. 개인의 자유, 자치, 의회민주주의 등은 새로운 것은 아니지만, 현대의 산업사회에서 특히

중요성을 가진다. 19세기에 세계경제가 확대되면서 선거권이 확대되었다. 각국은 보다 많은 사람들에게 선거권을 주었다. 선거권의 요건으로 재산자격은 폐지되고, 정치적 및 법적 참여의 새로운 길을 열었다.

② 그런데 현대사회에서의 개인의 자유의 확대와 법률(규제)과의 관계는 결코 단순하지 않다. 과거에는 법률은 자유의 규제를 의미했으므로 자유의 확대는 법률의 축소를 요구했다. 그런데 오늘날의 자유의 확대는 역설적으로 많은 법률적 규제를 요구한다. 여행의 자유를 예로 해서 보자. 여행은 병과 외래식물이 쉽게 국경을 넘게 한다. 국가는 이를 방어하기 위해서 이전에는 없던 규제를 해야 한다. 현대의 대량수송수단은 대참사의 가능성을 크게 했고, 따라서 안전성이 더욱 중요한 문제로 되었다. 안정성의 요구는 이를 위한 법률을 필요로 한다. 비행기나 자동차의 안전뿐만 아니라 도로나 주차장의 안전이 요구되면서, 안전성을 위한 법적 규제는 더욱 확대된다. 현대사회에서의 새로운 제품은 생활을 편의롭게 하지만 동시에 커다란 사고를 낳을 위험을 안고 있다. 그리하여 아무리 주의해도 사고나 불법행위를 피할 수 없게 되었다. 이러한 현상은 한편으로 무과실책임을 등장시켰으며, 다른 한편으로는 어쩌면 다가오게 될 막대한 손해배상책임을 분산시키기 위한 보험을 필수적인 것으로 만들었다.

라. 사회적 약자 등의 배려

1) 사회적 급부의 확대

과거에는 약자와 병자, 어린이와 노인, 실업자, 이민자 등 ― 간단히 말하면 어떤 형태이든 사회적 약자 ― 은 개인의 문제였고, 이들에 대한 배려는 종교단체나 뜻있는 독지가의 일이었다. 그런데 현대에 들어 사회적 약자가 증대하면서 이들에 대한 배려없이는 건전한 사회가 될 수 없음을 깨닫게 되었다. 그러면서 이들에 대한 배려는 국가의 일로 여겨졌고, 이들을 배려하기 위한 사회적 보호망이 만들어지고 확충되었다. 이를 통해서 이들은 각자가 서로 고립적으로 떨어져 사는 현대 산업사회의 수많은 생활위험으로부터 견뎌낼 수 있게 되었다. 그런데 현대사회에서는 사회적 약자가 아니지만 국가적 지원을 필요로 하는 사람들이 점차 늘어나고 있으며(무주택자, 창업이나 새로운 투자를 시도하는 자, 부모를 부양하는 자 등), 이들이 새롭게 분배시스템 안으로 들어온다. 그래서 현대에서는 사회적 약자나 국가지원을 필요로 하는 사람들에게 공적인 급부를 제공하는 것이 국가의 중요한 임무로 되었다.

2) 거대한 재원의 필요

그런데 이러한 공적 급부 시스템은 전체적으로 거대한 액수의 돈을 요구한다. 이에 필요한 돈이 마련되지 않으면 공적인 급부는 중단될 수밖에 없다. 그렇지 않으면 국가채무가 초과상태에 빠져 다음 세대의 생활기반을 약화시키게 된다. 증가되는 채무의 이자는 새로운 세금의 도움 없이는 해결될 수 없고 따라서 서서히 다음 세대의 부담을 증대시키기 때문이다.

국가세입의 후퇴는 국가적 급부 시스템을 전체적으로 떨어뜨린다. 국가의 급부력이 약화되면 시민의 충성도가 감소한다. 분배시스템의 장애는 국가의 위기를 키운다. 오늘날에는 시민의 국가에 대한 충성심은 시민들이 국가를 정신적 기반으로 받아들이는가 하는데 기초하는 것이 아니라, 그들이 국가적 급부를 얼마나 제공받는가 하는데 기초하게 되었다.

마. 질서요소에서 비용요소로서의 법의 변화

국가적 급부의 확대는 법의 주된 관심사를 변화시켰다. 예전에는 법의 주된 기능은 질서를 유지하는 것이었고 따라서 법은 질서요소였다. 다만 여기에서의 질서 중에는 시장경제의 전제인 자유와 창의 그리고 자유로운 경쟁을 보장하기 위한 질서가 커다란 비중을 차지했었다. 그런데 현대의 사회적 시장경제의 구조 하에서는 국민의 생활보장이 국가의 주된 기능으로 되면서 법은 질서요소와 아울러 비용요소로 되었다. 왜냐하면 국가는 그와 같은 기능을 수행하기 위해서는 상당한 돈을 필요로 하는데, 그러한 돈이 풍부할 리는 없다. 따라서 국가는 가능한 수입원이 얼마이고 어디에 수입원이 있는가를 파악하여 법을 통해서 수입을 확보해야 한다. 이와 같이 국민의 생활보장이 국가의 주된 기능으로 되면서, 그에 필요한 비용을 어떻게 마련하는가 하는 점이 법의 중요한 관심사가 되었기 때문이다.

2. 시민이 국가에 요구하는 것

20세기 후반에 이르러 시민의 국가와 법에 대한 요구는 과거에 비해서 비약적으로 증가했다. 이는 국가와 법의 임무 내지 역할에 대한 사고의 변화에 기한 것이다. 과거에는 개인의 생활은 각자가 알아서 처리해야 하고, 국가는 단지 그가 규칙을 위반하지 않는지를 감시하면 된다고 생각했었으나, 오늘날에는 개인이 자신의 생활을 제대로 꾸려나가지 못하면 국가는 개인이 이를 할 수 있도록 도와주어야 한다는 생각이 일반화되었다. 과거에는 사람들은 국가에 대해서 그다지 기대도 요구도 하지 않았다. 그들은 법의 활동영역 내지 경계를 오늘날에 비하여 좁게 생각했었다. 과거에는 사람들은 법은 신성하고 불변적인 것이라고 생각했고 법은 정의의 실현을 궁극적 목표로 한다고 생각했었다. 그러나 오늘날에는 그렇게 생각하지 않는다. 법은 인간에 유용해야 하고 인간에게 봉사해야 한다고 생각한다. 오늘날에는 법은 도구이다. 그러므로 법은 어떤 목적을 위해서든 마음대로 이를 사용할 수 있는 것이다. 오늘날에는 정부는 필요한 경우에 개인생활의 구석구석까지 침투하고 있다. 법의 유일한 한계는 정의이다. 즉 「윤리적으로 올바르지 않은 요구」를 위해서는 법을 사용할 수 없다. 즉 국가나 사회에 해를 가하는 것을 위해서 법을 사용할 것을 요구하는 것만이 금지될 뿐이다. 다만 무엇이 해를 가하는가 하는 점에 관한 판단은 사람마다 다를 수 있기 때문에, 이러한 한계는 불명확할 수 있다. 예컨대 가격통제와 같은 규제는 국민생활의 안정을 위해서 어느 정도는 필요하겠지만, 만약 그 정도가 지나쳐 암시장을 낳게 한다면 가격통제는 해를 가하는 것이 될 것이다. 또 지나친 음주는 사회적으로 해롭지만, 그렇다고 예컨대 미국에서 만들어졌던 금주법의 유해성은 이미 경험을 통해서 명확해졌다. 그 외에 도박 혹은 성적 일탈을 규제하는 법의 유해성 혹은 적절성은 다투어질 수 있을 것이다.

이와 같이 현대에 들어서는 19세기의 자유주의적 사고를 넘어서서 국가의 일이 팽창하였고, 개인의 생활에 깊숙이 침투하고 있다. 그런데 반대로 사기업은 단지 자신의 이익추구가 아니라 사회에의 봉사를 요구받고 있다. 이제 국가와 사기업은 경계가 거의 없어질 정도로 근접되어 있다. 특히 은행은 사적인 것이더라도 엄격한 규제를 받고 국유와 같은 기능을 한다. 공과 사는 서로 엉클어져 있다. 순수하게 사적인 것은 점차 감소한다. 사람들은 「거대한 정부」를 비난하지만, 그러면서도 보다 많은 국가의 행동을 기대하고 요구한다. 자연적 재해조차 국가적인 것으로 생각한다. 과거에는 전염병·지진·홍수 등과 같은 불가항력(이는 영어로 acts of God인데, 이러한 용어는 의미심장하다)에 대한 유일한 집단적 반응은 기도 혹은 체념이었다. 지진이나 재해가 일어나면 사적인 자선에 호소할 뿐이었다. 단지 종교단체와 같은 공동체가 도움의 손을 건네는 것이 기대될 뿐이었다. 공적 부조는 거의 기대되지 않았다. 그러나 오늘날에는 국가가 개입하지 않으면 안된다. 우리들은 그러한 사태가 발생하면 대통령에게 비상사태(재해)를 선포하고 국가적 차원의 특별구호를 약속하고 어쩌면 헬리콥터로 현장의 모습을 직접 접할 것을 희망한다. 만약 대통령이 그것을 충분히 하지 못하면 비난을 받을 것이다. 나아가 정부는 해명을 요구당할 것이다. 예컨대 예상을 넘어선 태풍이나 대지진으로 댐이 무너진 경우에, 왜 댐은 적절하게 만들어지지 않았는가, 왜 그러한 정도의 자연재해에 대한 대비가 허술했는가 등과 같은 비난이 이어진다. 이로써 국가의 일은 또 커진다. 그런데 국가가 국민이 기대하는 일을 모두 하려면 엄청난 비용이 든다. 여기에 국가의 활동의 한계가 그어진다. 그러나 비난자에게는 이를 위한 비용은 남의 문제일 뿐이다.

Ⅵ. 그 외의 국가의 법사

1. 영미법

영국·미국 등의 법체계는 유럽 대륙의 법체계와 대비할 때 각기 불문법주의와 성문법주의로 구별된다(이에 관해서는 제9장 Ⅰ 1, 329쪽 참조). 영미법의 역사에서 가장 중요한 것은 보통법과 형평법의 2원적 체계라는 점이다. 이하에서 각 체계의 역사를 간단히 살핀다.

가. 보통법(common law)

① 이는 원래는 영국의 법원에서 내려진 판결이 축적되면서 형성되고 발전한 법이다. 그런데 근대에 들어 이러한 법이 미국, 캐나다 그리고 예전의 영국연방Commonwealth에도 적용되면서, 넓게는 이러한 국가들의 법원에서 내려진 판결도 여기에 포함된다. 이들 국가에서는 법원은 전에 행해진 판결에 구속되므로(stare decisis, 선례구속의 원칙), 법원판결이 곧 법이 되었다(case law). 그리고 근대에 들어서도 영국은 유럽 대륙 국가와 달리, 사법의 전반적인 분야를 규율하는 포괄적인 법전을 제정하지 않았기 때문에 법원의 판결이 계속해서 법원法源의 지위를 가지게 되었다. 그리고 무수히 많은 법원의 판결들이 거대한 망을 이루어 법의 근간으로 작용하였다. 이러한 법을 「보통법common law」이라고 칭한다.6)

---

6) common law라고 하는 명칭은 영미법에서 형평법에 대응하는 것으로도 사용되지만, 영미법과 유럽 대륙법을 대비할 때 영미법을 칭하는 용어로도 사용된다. 그리고 이때 유럽

② 보통법에서 법원의 선행 판결에의 구속에는 한계가 있다. 법원은 만약 현재의 사건이 선행 판결의 그것과 어느 점에서 상이한 때(그렇기 때문에 선례에 따라 재판한다면 부적절한 결과가 되는 때)에는, 그 선행 판결을 표준적인 것으로서 승인하지 않고 새로운 판결을 내릴 수 있다(이를 「overruling」이라고 한다). 즉 커다란 점에서는 같으나 세밀한 점에서는 다른 경우(다른 각도에서 말하면 동일한 개념에 포섭되기는 하지만 동일하게 취급하기 부적절한 경우)에는 달리 판단했으며, 그리하여 매우 세밀한 점에 이르기까지 선례가 구축되어갔다.

나. 형평법

보통법은 대체로 농경사회에서 형성되고 발전된 것이다. 그런데 근대에 들어서 거래가 왕성해지면서 보통법은 거래관계를 적절히 규율하지 못하는 불편을 낳았다. 그리하여 시민들은 국왕에게 이러한 어려움을 탄원했고, 이에 국왕은 통상의 재판소와는 별개로 자신이 관장하는 재판소를 설치하여 보통법의 적용에서 벗어나 형평을 기준으로 해서 재판하도록 하였다. 이 재판소의 판결이 쌓여지면서 보통법과는 별개의 「형평법equity」이라는 법체계가 형성되었다.

다. 오늘날

오늘날에는 이와 같은 2원적 재판제도를 해소함으로써 2중의 법체계를 벗어났다. 그러나 종래의 두 법체계의 차이는 그대로 남아 있다. 그 외에도 사법관계에 관한 법률의 제정이 증가하고 있다.

대륙법은 시민법(civil law)이라고 칭한다. 대륙법을 시민법이라고 칭하는 이유는, 영국의 시각에서는 대륙법은 로마법(ius civile)의 학문적 전통에 기초하여 구축되었기 때문이다. 그 외에 보통법이란 용어는 로마법을 지칭하기도 한다(188쪽의 주 3 참조).

2. 우리 민법전의 탄생

가. 일본민법

우리나라에서 근대적 법률을 처음 접한 것은, 일본이 우리나라를 합병하면서 일본의 민법전을 우리나라에 적용하도록(다만 친족상속법은 제외) 함으로써 이다. 일본민법전은 1898년에 제정되어 곧 시행되었던 것이다. 이는 프랑스민법과 독일민법을 모범으로 삼은 것이다(판덱텐체계를 택한 것은 독일민법의 영향이지만, 내용에서는 프랑스민법의 요소가 상당히 강하다).

나. 민법전의 탄생

우리나라는 1945년 광복 직후에는 미군정령에 따라 일본민법을 잠정적으로 적용하다가, 1960년에 현재의 민법전을 시행하였다. 이 법은 일본민법에서 프랑스법적 요소를 탈락시키고 독일법적 요소로 대체했다. 그 대표적 예는 물권변동에 관해서 소위 의사주의(당사자 간의 의사 즉 매매의 합의만으로 소유권이 이전한다는 입장)를 버리고 형식주의(형식 즉 부동산에서는 등기, 동산에서는 인도가 있어야 소유권이 이전한다는 입장)로 전환한 것이다. 이는 20세기 들어 일본법학이 독일법학에 전적으로 기울어졌고, 이러한 영향으로 독일법이 우리나라에 영향을 미쳤기 때문이다.

제7장

법학

Ⅰ. 서설

1. 법학의 의의

① 법학은 법이라는 사물을 학문적으로 인식하는 것이다. 그런데 법은 다양한 면을 가지므로 법을 여러 가지 측면에서 관찰할 필요가 있다. 법의 어느 측면을 보느냐 하는 점에 따라 법학은 법해석학, 법철학, 법사회학, 법사학 등 여러 분과로 나뉘어진다. 이하에서는 이러한 법학의 각종 분과를 살핀다.

② 우리는 법학을 헌법학, 행정법학, 민법학, 형법학 등으로 분류한다. 그런데 이는 모두 현행의 실정법의 내용을 연구(해석)하는 점에서 공통되고 (이런 점에서 이들은 모두 법학의 분과로는 법해석학에 속한다), 단지 어느 분야의 실정법을 연구하느냐 하는 점에 따라 위와 같이 분류되는 것이다. 예컨대 실정법 중에서도 민법 분야의 법의 내용을 연구하는 것이 민법학이다. 우리가 여기에서 살피는 앞서 말한 법학의 종류는 이러한 법학의 분과와는 다른 것이다.

2. 법학의 분화

법학이 여러 분과로 나뉘어진 것은 19세기 말부터 이다. 이하에서 법학이 분화된 과정을 간단히 살핀다.

① 고대사회에서는 구체적 사건의 올바른 해결(재판)이 법률가의 거의

모든 관심사였고(이러한 연구방법을 Casuistik(개별사례고찰방식)이라고 한다, 62쪽 참조), 법원에서의 재판결과가 곧 법이었다. 그리고 재판에서 기준으로 삼은 것은 도덕이나 신의 뜻이었으므로, 법이 이론적으로 연구될 여지가 없었다. 다만 로마에서 다양한 재판결과(판례)를 체계적으로 정리하는 법이론이 약간 전개되었으며, 그외에 철학의 한 부분으로서 법이 어떠해야 하느냐 하는 연구가 이루어졌을 뿐이다. 이것이 법학(법학이라고 칭할 수 있는지 의문이지만)의 전부였다. 이러한 현상은 중세에서도 계속되었다.

법이 이론적으로 연구되기 시작한 것은 로마법대전이 발견되면서부터이다. 다만 이 시기의 이론은 로마법대전의 내용을 밝히는 것 혹은 좀 더 나아가 이를 실제 재판에 적용할 수 있게 재구성하는 것이었다. 법의 연구가 본격적으로 행해진 것은 자연법학파에 의해서이다. 이들은 국가가 어떻게 형성되었고 법은 어떠해야 하느냐 하는 점을 밝히는데 힘을 쏟았다. 따라서 이는 오늘날의 시각으로는 법철학이었다.

② 법학이 본격적으로 분화된 것은 19세기에 들어 중앙집권적 근대국가에서 새로운 법률이 대폭적으로 제정되면서부터이다. 법률가들은 법이 어떠해야 하느냐 하는 점은 덮어두고 방대한 양의 제정법의 내용을 밝히는데 힘을 쏟았다. 이로써 법철학에 대신해서 법해석학이 주류를 점했다. 그런데 다양한 실정법을 전체적으로 이해하기 위해서는 모든 법에 공통된 요소를 파악할 필요가 있었다. 그리하여 법해석학과 함께 법리학의 전신前身인 일반법학이 발달하였다. 그런데 19세기 말부터 일어난 사회변화를 접하면서 법과 사회의 관계를 고려하는 법사회학이 등장했다. 그리고 나아가 20세기 중반에는 비교법학, 법정책학, 법경제학 등과 같은 새로운 학문분과가 등장했다.

③ 법학의 분과에 관한 설명은 비법률가에게는 흥미없는 주제일 수 있다. 그런데 법학의 다양한 분과를 접한다면 법학에 대한 이해가 커질 수도 있고, 또 장차 법학도가 된다면 어떤 분과의 법을 공부할지를 생각하는 계

기가 될 수 있다. 그러므로 망설이다가 이 주제를 나름대로 상세히 다루기로 하였다.

3. 법해석학과 기초법학

법은 구체적 사건에 적용됨으로써 분쟁을 해결하는 것인데, 이때 그러한 해결의 첫번째 기준이 되는 것은 실정법이다. 그러므로 다양한 법학분과 중에서 실제적으로 중요한 그리고 가장 커다란 비중(왜냐하면 실정법은 그 야말로 방대하기 때문에)을 차지하는 것은 실정법의 객관적 의미를 연구(해석)하는 법해석학이다. 그리고 이를 제외한 학과목은 실정법 해석의 기초가 된다는 의미에서 이들을 합해서 기초법학이라고 한다. 그러므로 법학 분과는 크게 법해석학과 기초법학으로 분류된다. 이하에서 이러한 분류방법에 따라 설명한다.

Ⅱ. 법해석학

1. 총설

① 법해석학은 실정법의 객관적 의미＝내용을 밝히는 것이다. 여기에서의 실정법에는 제정법뿐만 아니라 판례법, 관습법 등도 포함된다. 즉 법해석학의 대상은 한 국가에서 효력을 가지는 실정법 전체이다. 그런데 한 국가의 실정법은 전체적으로 통일적 체계를 이루고 있다. 그래서 한 국가의 실정법 전체를 가리켜 실정법질서라고 칭한다. ──「법해석학」은「실정법학」이라고도 하는데, 전자는 법학의 연구방법을 고려한 명칭이고, 후자는 법학의 연구대상을 고려한 명칭이다. 그 외에도 법해석학은「체계적 법률학」이라고도 한다. 이는 법률의 해석에서 실정법의 전체적 체계와 관련해서 개개의 법률을 해석한다는 의미에서 붙여진 명칭이다.

② 법해석학은 현행법의 과학이지 올바른 법의 과학은 아니며, 현재 있는 법의 과학이지 있어야 할 법의 과학은 아니다. 이런 점에서 이는 있어야 할 법을 대상으로 하는 법철학과 구별되며, 또 이러한 목적을 위한 수단을 대상으로 하는 법정책학과 구별된다. 또 이는 실정법질서를 다루는 것이지 실제의 법생활을 다루는 것이 아니다. 즉 법규범을 다루는 것이지 법적사실을 다루는 것이 아니다. 이런 점에서 이는 법적 사실을 다루는 법사회학과 구별된다.

2. 법해석학의 작업

법해석학의 주된 작업은 법률의 해석이다. 그런데 해석작업을 위해서 법개념과 제도를 구성하고 법을 체계화한다. 이하에서는 이러한 각 작업의 내용을 살핀다.

가. 해석

1) 총설

해석Interpretation이란 법률의 객관적 의미를 밝히는 작업이다. 그리고 해석에서 중심적 내용은 해석의 기준이 되는 것은 무엇인가, 해석기준의 하나인 법문의 의미가 여러 가지로 해석될 수 있는가 또 있다면 어떤 것을 법의 내용으로 해석할 것인가, 특히 법문과는 다른 해석을 할 수 있는가 하는 점들이다. 그런데 이러한 내용은 실질적으로 법에서 가장 핵심적인 것이므로 보다 상세히 살필 필요가 있다. 이런 점에서 이 책자에서는 이를 다음의 장(「법의 해석」)에서 독립적으로 상세히 다루기로 하고, 여기에서는 법의 해석의 의미(특징)를 뚜렷이 하는데 초점을 맞추고자 한다. 이런 뜻에서 이하에서는 다음의 두 가지를 살핀다.

2) 법의 해석과 다른 사물의 해석과의 차이

해석은 모든 사물에 대해서 행해질 수 있다. 그러므로 해석의 형태는 그 대상인 사물의 종류만큼이나 다양하다. 예를 든다면 문학작품이나 예술작품에 대해서도 그것이 어떤 의미를 가지는지를 둘러싸고 해석이 행해지며, 역사적인 유물이 발견된 경우에도 그것이 제작된 시기 그리고 이의 역사적 의미 등을 둘러싸고 해석이 행해진다. 그러면 법해석과 기타의 해석은 어떤 차이가 있는가? 그 차이는 실천적 의미 유무에 있다. 예컨대 문학작품의 해석에서는 해석자가 그 작품이 어떤 의미를 가진다고 생각하느냐 하는 점이 현실세계에 실제적인 영향을 미치지 않는다. 그러나 법의 해석에서는 해석자가 법을 어떻게 해석하느냐에 따라서 문제된 분쟁사건에서 재판결과가 달라지고, 수범자의 법적 의무(예컨대 불법행위에서는 가해자의 손해배상책임 유무 혹은 배상범위, 세법에서는 재화취득자의 납세의무 유무 혹은 납세액)가 달라진다. 이런 점이 법해석의 특징이다. 그리고 이런 점이 법문의 해석에서는 법문의 언어학적 의미만이 아니고 해석결과가 낳을 실제적 영향을 고려해야 하는 이유이다.

3) 문헌학과의 차이

법률의 해석에서 1차적으로 고려되는 것은 법문이다. 그러므로 법해석학은 문헌학(어문학)Philologie과 유사성을 가진다. 그러면 법해석학(법률학)에서의 문언의 해석과 문헌학에서의 문언의 해석은 어떤 차이를 가지는가? 문헌학에서의 해석은 저작자가 문언을 사용할 때 주관적으로 생각했던 의미를 해석하는 것이다. 즉 해석의 대상인 정신적 작품의 근저에 있는 저작자가 실제적으로 가졌던 생각을 탐구하는 것이다. 그러므로 이는 '인식된 것의 인식', 즉 앞서 생각했던 것을 되새기는 것(追考, Nachdenken)이라고 특징지을 수 있다. 이러한 작업의 본질은 사실의 확정이고, 따라서 여기에서는 순수하게 경험적 방법이 사용된다. 그러나 법률적 해석은 법규의 객관적인 의미를 탐구하는 것이다. 이는 입법자에 의해서 의도된 의미를 인식하고 확정하는데 머무는 것이 아니다. 왜냐하면 법의 객관적 의미는 현재의 시대상황에 맞게 해석해야 하기 때문이다. 즉 법률의 해석은 법률의 의사 즉 법률이 가져야 할 의사를 밝히는 것인데, 입법자가 입법 당시에 머리 속에 가졌던 의사가 곧 법률의 의사는 아니다. 입법자가 가졌던 의사는 입법 당시의 사회적 여건 속에서 형성된 것이므로, 법률의 의사는 그후 변화된 시대상황에 따른 새로운 법적 수요에 부응해서 새로운 의미를 가진 것으로 해석될 수 있다. 즉 입법자의 생각 속에는 전혀 존재하지 않았던 것을 법률의 의사로 파악할 수도 있다. 요컨대 법률의 의미는 어느 시기에나 일정한 내용으로 고정되는 것이 아니고, 해석을 통해서 다른 내용으로 변화될 수 있다. 이런 점에서 법률적 해석은 단지 앞서 생각된 것을 追考하는 것이 아니라 앞서 생각된 것보다 더 생각하는 것Zuendedenken이라고 할 수 있다. 이는 문헌학적 해석에서 출발해서 그것을 넘어서는 것이다. 법률적 해석은 입법자의 정신에서 출발해서 — 마치 스위스민법전의 서두의 유명한 조항처럼(제3장 주 4, 69쪽 참조) — 해석자가 '만약 자신이 입법자라면 제정했을' 것으로 이동하도록 이끈다.

정리하자면 법의 해석은 "입법자가 무엇을 생각하였는가"를 묻는 것이 아니라 '이 사건에 관해서 법률의 문언에서 무엇이 끌어내어질 수 있는가'를 묻는 것이다. 즉 법의 해석은 입법자가 현실적으로 생각했던 의미를 찾아내어 그것을 법률의 의미로 해석하는 것이 아니고 합리적인 입법자라면 부여하였을 의미를 찾아내어 그것을 법률의 의미로 해석하는 것이다.

나. 법적 구성과 체계화

법학은 법률의 객관적 의미를 보다 용이하고 명확하게 표현하기 위해서 여러 가지 개념과 원리, 제도 등을 가공한다. 이러한 가공을 구성Konstruktion이라고 부른다. 그리고 개개의 법제도를 전체적으로 조감하고 상호 모순되지 않게 조화되도록 하기 위해서 법질서의 전체적 체계System를 구축 창안한다. 이를 체계화라고 한다. 이것이 해석 이외의 법해석학의 또 다른 작업이다.

다. 법개념

① 법학에서 해석과 구성·체계화라는 법률적 작업을 수행하면서 수많은 법개념이 만들어지고 다듬어진다. 법개념은 우선 법규정(법규)을 제정하면서 만들어진다. 법규는 사회에서 일어나는 일정한 사실에 대해서 일정한 법률효과를 부여하는 형태로 되어 있는데, 그러한 사실이나 법률효과를 장황하게 풀어쓰는 것은 불편하고 또 부정확할 수 있다. 그래서 그러한 사실이나 법률효과를 가리키는 용어를 창안하고, 이를 사용해서 법규를 만드는 것이 적절하다. 또 각 법률마다 여러 가지 제도를 규율하므로, 실정법 속에는 다양한 제도가 담겨져 있다. 그런데 이러한 제도를 가리키는 특정한 용어가 없다면 그 내용을 번번히 장황하게 설명해야 하고, 또 사건에 적용될 법규가 어느 제도에 속하는지 알기 어렵다. 그래서 각종의 제도를 가리키는 용어를 창안하고 또 다른 제도와의 관계를 분별할 수 있는 체계적 용어를 창안한다. 이와 같이 해서 다양하고 무수히 많은 법개념이 만들어진다.

② 이러한 개념을 크게 나누면 「법규의 구성부분이 되는 것」과 「법규를 체계화하는데 사용되는 것」으로 분류된다(전자를 「법적으로 의미있는 개념」, 후자를 「진정한 법개념」이라고도 부른다). 전자는 위의 설명 중 먼저 설명한 것 즉 법률요건이나 법률효과를 규정하는데 사용되는 것이다. 여기에는 사실에 관한 개념이 가장 많다(왜냐하면 법률요건은 일정한 사실을 내용으로 하므로). 예컨대 재물·절취·고의·기간의 경과·의사표시·착오 등이 이에 해당한다. 그외에 평가적 의미의 개념도 있다(예컨대 착오에서의 「중요부분」). 후자 즉 법규를 체계화하는데 사용되는 개념은 위의 설명 중 나중에 설명한 것이다. 이에 해당하는 것으로는 계약·매매·임대차 등과 같은 각종의 법률제도, 그리고 권리·법률관계·매수인과 매도인의 권리의무 등과 같은 법률에 특유한 용어 등이 있다. 공법과 사법, 노동법과 경제법 등과 같은 개념도 이에 해당한다.

③「법규의 구성부분이 되는 개념」에 관해서 좀더 설명한다면, 법률학의 소재는 과학 이전에 존재하는 혹은 적어도 법률학 밖의 과학적 개념들에 의해서 파악된 현실적 실제이다. 법학은 이에 기초해서 법개념을 구축하는 작업을 한다. 예를 들면 태아라는 실체는 생물학적 개념인데, 법은 이를 법률적 개념으로 구성해서 사용한다. 그런데 법학은 이러한 과정에서 법적 필요에 따라서 이것에 변형을 가한다. 따라서 법률적 개념으로서의「태아」는 생물학적 개념과 합치하는 것이 아니다. 이는 법률상의 필요에 의해서 내용이 결정된다.「출생」과「사망」이라는 개념도 마찬가지이다. 그리고 민법에서와 형법에서 이러한 개념의 의미가 달라질 수 있다(예컨대 출생과 사망이란 개념은 민법에서는 언제 권리능력을 취득하고 상실하도록 하느냐 하는 관점에서 판단되고, 형법에서는 과연 살인죄가 성립하느냐 하는 관점에서 판단되기 때문이다).

3. 법해석학의 기능(역할)

법의 해석은 궁극적으로 올바른 법운용을 위해서이다. 그런데 실제로 법을 운영하는 것은 법실무이다. 그러므로 법해석학의 역할은 법실무에 기여하는데 있다. 이하에서 이러한 법해석학의 역할 내지 기능과 관련해서 몇 가지를 살펴본다.

가. 법실무에의 기여

① 법을 적용해서 구체적 사건을 해결하는 것이 재판관의 중심적 임무이다. 그런데 대부분의 법은 추상적인 법조문으로 되어 있어서 그 자체로부터는 내용을 알 수 없다. 법문의 의미를 명확히 밝히는 것이 법해석학의 임

무이다. 재판관은 법해석학의 이러한 결과물을 받아들여 이를 구체적 사안에 적용하게 된다. 그런데 때로는 법해석학에서 법규의 의미에 관해서 서로 다른 해석을 하는 경우가 적지 않다(학설의 대립). 이때 각 해석론은 나름대로 그러한 해석을 하는 근거를 제시한다. 따라서 재판관은 이러한 법해석학상의 내용 — 학설의 내용과 근거 — 을 참조해서 이중 하나(물론 이와 다른 것일 수도 있지만)를 선택하면 된다. 이와 같이 법해석학은 법관이 스스로 법의 의미를 밝히는 작업 그리고 특히 법의 의미가 여러 가지로 해석될 수 있는 경우에 각 해석론의 근거를 찾아내는 작업 등의 노고를 덜어주고, 가능한 해석론 중 어떤 것이 당해 사건에 적절한지를 검토하는데 힘을 쏟을 수 있도록 해준다.

② 법해석학상의 지배적인 견해와 법실무가 취하는 견해가 부합하는 경우에는, 법실무는 그들이 취한 견해의 타당성을 보다 신뢰할 수 있고, 따라서 앞으로도 그와 같은 견해를 유지할 수 있게 된다. 이런 점에서 법해석학은 법실무를 안정화시키는 기능을 가진다. 반면에 양 견해가 부합하지 않는 경우에는 양측은 자신의 견해가 타당한지를 다시 검토해야 할 것이다.

나. 판례법의 해석에서 유념할 점

해석의 대상이 되는 실정법에는 제정법뿐만 아니라 판례법도 포함되는 바, 판례법의 해석에서 유념할 점을 살펴 본다.

① 법해석학이 판례법을 연구함에 있어서는, 우선 계속해서 만들어지는 새로운 판결의 의미를 탐구해야 한다. 그런데 신속한 재판은 소송법의 이념의 하나로서, 법원은 짧은 시간 안에 판결을 내려야 한다. 그런데 이러한 여건 속에서 성급하게 판결을 내리다 보면 그것이 다른 판결과 서로 조화되는지를 검토하지 못하거나 혹은 자신의 주관적 견해에 기울어진 판단을

할 위험이 있다. 그러므로 법해석학이 판례법을 연구함에 있어서는, 판결의 의미를 탐구하는데 그치지 않고, 나아가 수많은 판례들을 서로 관련된 그룹으로 분류하여 동일한 그룹의 판례들이 서로 조화되는지를 검토해야 한다. 만약 판례들이 충돌되는 때에는, 이는 제정법이 서로 충돌되는 규정을 가지는 것과 마찬가지이므로, 이를 어떻게 조절할지를 논의해야 한다. 그리하여 판례가 합리적이고 통일적인 체계를 구축하도록 해야 한다. 나아가 뒤에서 말하는 것과 같이 판례가 전체법질서가 기초하고 있는 원리 혹은 정의의 이념에 부합하는가 하는 점을 검토해야 한다. 요컨대 법학은 법실무에게 법의 올바른 운용(적용)을 위한 길을 제시할 임무를 진다.

② 법학은 연구대상인 사물에 관해서 충분한 시간을 가지고 깊이 숙고하고 마지막까지 파고들어가 사물을 철저히 규명하는 학문의 한 분야이며, 이런 점에서 현실의 사안에 대해서 실제적 판단을 하지만 시간에 쫓겨 보다 신중하게 숙고할 여유가 없는 법원의 실무와 대비된다. 학문으로서의 법학의 임무는 이러한 법원실무의 한계 내지 약점을 보완하는 것이다. 만약 학문이 법원의 판단의 타당성을 검토하지 않은 채 이를 그대로 받아들이고 관심을 오로지 고도로 추상화된 공리적公理的 법이론에 쏟는다면, 이는 법해석학의 임무를 소홀히 하는 것일 뿐만 아니라 실천적 학문인 법학의 본연의 성질을 망각한 것이 될 것이다.

③ 판결의 조화와 관련해서 주의할 점은, 이 판결과 저 판결이 다른 것인가, 양자는 어긋나는 것인가 하는 판단을 함에는 신중해야 한다는 점이다. 만약 양자의 다름이 실제의 사안의 차이로 인한 것이라면 달리 판단한 것이 어긋나는 것이 아니다. 그런데 이 문제와 관련해서 우리는 사건마다 판결에 차이가 있다는 점을 일반적으로 잘못된 것으로 이해하는 경향이 있지 않나 하는 점이다. 특히 유사한 범죄인데 형량에 차이가 있는 것은 잘못된 것이라고 하면서 판결의 통일성을 기하려고 한다(양형위원회). 과연 타당한가? 물론 재판관마다 편차가 있는 것은 사실이다. 이러한 문제점은 상소제

도에 의해서 어느 정도 해소된다. 그러나 세상에는 동일한 사건은 하나도 없다고 해도 과언이 아니다. 따라서 실제의 차이를 고려해서 다른 판단을 하였을 수 있다. 그러므로 지나치게 획일적 판단을 강조하는 것은 올바른 법운영을 훼손할 수 있다.

다. 올바른 법운용으로의 안내

① 오늘날 우리의 법해석학은 이러한 적극적이고 중요한 기능을 함에도 불구하고, 보수적인 경직성, 법과 현실생활과의 괴리, 현재와 미래를 위한 과제에 대한 무관심 등과 같은 소극적·부정적인 성향을 가진 것으로 평가된다. 그 이유는 법해석학도 법실무와 마찬가지로 성문화된 법규정의 의미를 탐구하는 가운데 무의식적으로 법규정을 마치 절대적인 진리로 여기고 여기에 지나치게 큰 비중을 두기 때문이다. 즉 ― 눈에 쉽게 들어오지 않는 ― 현행법이 만들어진 사회적 배경이나 법의 임무 등을 고려함이 없이 오로지 현행법 자체(이의 문구)만을 바라봄으로써, 법을 사회와 단절된 것으로 생각하기 때문이다. 이는 법해석학의 역할을 생각하지 못한 것이다. 구체적 사건의 해결을 눈 앞의 임무로 하고 있는 법실무에서는 그 사건에 적용될 법규정에 초점을 맞추게 되고, 또한 신속한 재판이라는 요구 때문에 법이 만들어진 배경이나 법의 임무 등을 고려할 여유가 없을 수 있다. 더욱이 법실무에서는 법률에의 충실이 강조되어 법문에 반하는 해석을 하는데 매우 주저한다. 이런 점에서 법실무가 법문의 의미에 기울어진 해석을 하는 것은 정당하지는 않지만 이해가 된다. 그런데 법해석학은 법실무와는 달리 시간에 쫓기지 않고 여유있게 위와 같은 점들, 즉 법해석에 고려할 여러 가지 요소들을 검토하고 올바른 법의 의미를 찾아낼 수 있다. 법해석학의 이러한 작업은 법실무에게 무엇이 올바른 법해석이고 법운영인지를 다시 생각하게 만들 것이다. 이런 점에서 법해석학은 법의 올바른 해석을 통

해서 법실무로 하여금 법의 의미를 올바로 파악하도록 안내할 임무를 가진
다고 할 수 있다.

> 독일에서는 법해석학을 「Rechtsdogmatik」(法教義學)이라고 칭한다. 이는 법해
> 석학은 성서에 기록된 그리스도교의 교리(dogma)에 대한 해석에 흡사하다는
> 뜻에서 붙여진 명칭이다. 그런데 dogma는 본래 그리스도교의 교리를 이르는
> 말로서, 이성에 의한 비판이 허용되지 않으며 신자는 무조건적으로 믿어야 하
> 는 명제를 뜻하는 것이다. 즉 도그마는 절대자인 신의 뜻이므로 이의 해석자는
> 오로지 신의 뜻을 깨닫는데 모든 힘을 쏟아야 하고, 감히 해석자의 생각을 가
> 미하는 것은 신을 모독하는 불경이었다. 이런 점에서 도그마는 독단(獨斷)이라
> 고 번역되기도 한다. 그런데 법해석학을 법교의학이라고 칭하는 것은 법해석학
> 을 신학과 유사한 것으로 여기는 사고에 기한 것이 아닌가, 즉 법률을 마치
> dogma와 같이 절대적인 것으로 여기는 사고가 담겨있는 것이 아닌가 생각된
> 다. 다른 한편으로 법해석학의 이러한 경향은 실정법의 해석이라는 법해석학
> 자체의 본성인가 하는 생각도 든다.

라. 법해석학의 세분화

오늘날에는 실정법이 방대하고 다양할 뿐만 아니라 각 분야마다 특수한
내용을 가지므로, 모든 실정법분야를 관통하는 법해석학은 현실적으로 불
가능하다. 그래서 헌법, 민법, 형법 등 각 영역별로 법해석학이 전개되고
있다. 그런데 한 국가의 실정법은 전체적으로 조화되어야 한다. 이를 위해
서는 다른 분야의 법의 내용을 알아야 한다. 그래야 특정 분야의 법의 내용
을 올바로 해석할 수 있다. 그런데 과연 이러한 작업이 제대로 수행되고 있
는지 검토해볼 일이다.

Ⅲ. 기초법학

1. 법철학

가. 철학 일반

법철학은 철학의 일부이다. 철학은 사물의 근본문제와 근본원리를 추구하는 학문이다. 철학에서 관건이 되는 것은 언제나 「도대체」라는 질문이다. 존재하는 것은 도대체 왜 존재하고 존재하지 않는 것은 왜 존재하지 않는가, 도대체 왜 나는 존재하고 도대체 나는 어디로 가는가? 철학은 이런 문제를 다루는 것이다.

철학은 모든 학문영역에 걸쳐 각 영역의 근본문제를 연구하는 기초적 분과이다. 따라서 예컨대 법학·경제학·정치학·물리학 등과 같은 개별학문에서도 각기 법철학·경제철학·정치철학·물리철학 등의 분과가 있으며, 이들은 인식대상에 차이가 있으나 각 사물의 근본문제를 연구하는 점에서 공통되며, 이런 점에서 본질은 철학이다.

나. 법철학

1) 의의

법철학은 법의 근본문제를 연구하는 것이다. 즉 도대체 법은 왜 존재해야 하는가, 올바른 법은 도대체 무엇인가? 사람은 왜 처벌해야 하는가? 그

외에도 법의 근원과 효력근거, 즉 법은 어디에서 왔으며 사람은 왜 법에 구속되는가 하는 점을 연구한다. 요컨대 이는 법이 어떠한가 하는 것이 아니라, 법이 어떠해야 하는가 하는 것을 묻는 것이다. 요컨대 법철학에서는 법적 근본문제들이 철학적 방식으로 성찰되고 논의되고 가능하다면 대답된다.

2) 법철학의 체계적 지위(다른 학문분과와의 차이)

법해석학은 현행의 실정법의 규범적 의미에 관한 학문이고, 법사회학은 법과 사회와의 관계 특히 법생활이 법률과 부합하는가 하는 점에 관한 학문임에 대해서, 법철학은 있어야 할 법, 즉 올바른 법에 관한 학문, 정의의 학문이다. 간략히 말하면 법철학은 정의론이다.

법해석학과 법철학의 차이를 좀 더 설명한다면, 법해석학자는 아무런 검증없이 실정법을 당연한 것으로 받아들이는 전제에서 출발한다. 즉 이들은 「주어진 것으로부터」 사고한다. 도대체 무엇이 법인가, 현행법은 타당한가 하는 점에 대해서는 묻지 않는다. 이는 물론 무비판적으로 사유하는 verfahren 것은 아니지만, 비판적으로 사유하는 경우, 즉 예컨대 어떤 법률을 비판적으로 검토하는 경우에도 이를 체계내적으로 논증argumentieren할 뿐이다. 즉 현존하는 법체계 내에서 각 법률의 타당성을 검토하고 비판한다. 그러나 철학은 본질적으로 근본문제를 대상으로 하기 때문에 이보다 「더 근본적으로」 사유한다. 즉 법철학은 체계초월적으로 정의의 관점에서 법률이 타당한가를 살핀다.

다. 법철학의 시대관련성

법철학은 법의 근본문제를 고찰하는 것이다. 그렇다면 이의 내용은 어느 시기를 막론하고 동일해야 한다고 생각하기 쉽다. 그런데 이의 내용은 시대에 따라 변해왔다. 변화의 내용과 이유를 살펴본다.

1) 올바른 법의 변화

법철학의 근본문제인 올바른 법이 무엇이냐 하는 문제에 대해서 시기에 따라 상이한 이론이 전개되었다. 이는 근대 자연법학파 시대와 그 이후 법실증주의 시대에서의 법의 근원이나 내용 등에 관한 차이에서 뿐만 아니라, 자연법사상이 지배했던 고대, 중세, 근대에서 자연법의 근원에 관한 차이에서도 나타난다. 그 이유는 무엇인가? 이는 법의 근본문제에 대한 생각은 그 당시의 역사 및 문화와 관련을 가지기 때문이다. 즉 무엇이 올바른 법이냐 하는 문제에 대한 답은 각 시대의 생활형태와 신념, 각 사회의 지리적·문화적·종교적 특수성 등과 관련되는 것인데, 각 시대 각 사회마다 사회적·문화적 상황이 다르기 때문에 이에 대해서 서로 다른 이론이 전개되었던 것이다. 헤겔은 철학은 「그 시대의 사상 속에서 파악」되어야 한다고 한다. 법철학자는 「그 시대의 자식」인 것이다. 무엇이 올바른 법이냐 하는데 대한 답은 모두 「상대적인 진실」로서 정당할 뿐이다. 이러한 점을 단적으로 보여주는 예는 노예제 등과 같은 차등적 신분제도이다. 과거에 그러한 신분제도가 인정되었던 법질서와 오늘날에 자유·평등을 인간의 가장 본질적인 기본권으로 삼는 법질서는 각기 그 시기의 사회여건 속에서 나온 것이다. 그래서 현재와는 달리 과거에는 차등적 신분제도가 정당한 것으로 인식되었던 것이다. 그러므로 오늘날의 시각에 입각해서 차등적 신분제도를 가졌던 과거의 법은 정당한 법이 아니다 라고 단정할 것은 아니다.

2) 법철학적 문제의 변화

무엇이 「진정한」 법철학적 문제인가 하는 점도 역사적 상황에 따라 결정되고 따라서 변화를 거쳤다. 이를 단적으로 보여주는 예는, 나치(국가사회주의) 시대에서의 끔찍한 법의 왜곡을 겪고 나서 제2차세계대전 이후의 법철학적 문제는, 어떻게 하면 실정법을 정의의 명령에 반하지 않게 하는가 하는 점이었다. 그리하여 「법률에 의해서도 처분될 수 없는 것」이 법철학의 중심적 문제가 되었다. 그런데 다시 법치국가적 상태를 회복한 지금에 와서는 그러한 주제는 현안으로 부각되지 않는다. 그보다는 원자력, 생명공학, 유전학과 인간 등과 같은 문제가 우리에게 중요한 문제로 되었다.

2. 법리학

가. 의의

「법리학」1)은 한편으로 법이 사실상 어떠한가 하는 점을 살피고, 다른 한편으로 모든 법에 공통한 요소를 연구하는 학문분과이다(후자는 전자로부터 나오는 것이므로 양자는 상통한다). 법리학은 앞의 점에서는 법철학과 구별되고, 뒤의 점에서는 법해석학과 구별된다.

① 법철학과의 차이 : 법철학은 법이 어떠해야 하는가를 연구하는데 대해서, 법리학은 법이 어떠한가를 연구하는 것이다. 즉 법리학은 법을 관념적으로 파악하는 것이 아니라 사실적으로 파악하는 것이다. 법리학은 법의 모습을 사실적으로 묘사할 뿐이고, 그 근거가 무엇이고 내용이 정당한가 하는 점(근거와 정당성)은 다루지 않는다. 요컨대 법철학과 법리학은 목표

---

1) 「법리학」이라는 용어는 반드시 통일적으로 사용되는 일반적인 것은 아니다. 독일법에서는 이를 일반법이론(Allgemeine Rechtslehre)이라고 칭하고, 영미법에서는 Jurisprudence, Legal Theory, General Theory of Law(혹은 분석적 법률학Analytical Jurisprudence) 등 여러 가지로 칭한다. 또 법리학자라고 하더라도 어떤 점을 중점적으로 연구하냐에 차이가 있다.

를 달리한다. 법철학은 올바른 법이 목표이고, 법리학은 논리적으로 정밀하
고 완결된 법개념이 목표이다. 법철학은 법의 내용을 겨냥하고 법리학은
법의 형식을 겨냥한다고 할 수 있다. 법리학은 법인식론이지 법철학은 아
니다.

② 법해석학과의 차이 및 관계 : 법해석학은 개개의 현행법의 구체적 내
용을 고찰하는데 대해서, 법리학은 현행법에 공통된 요소(즉 형식, 골격, 개
념 등)를 고찰하는 것이다. 즉 현행법의 내용 자체는 고찰대상에서 제외한
다. 그런데 법해석학의 연구대상인 개개의 현행법 안에는 당연히 법리학의
연구대상인 법에 공통되는 요소들이 담겨져 있다. 그러므로 법리학은 법해
석학을 위한 것이라고 할 수 있다. 이런 점은 다음에 설명하는 법리학의 역
사에서도 나타난다. —— 최초의 법리학자인 벤담은 "법에 관해서는 「해설
자」와 「비판자」의 입장에 따라 임무에 차이가 있다. 해설자는 무엇이 법인
가를 설명하고, 비판자는 법은 어떠해야 하는가를 말한다"고 하고, 자신은
해설자의 임무를 맡았다고 하면서, 법적인 기본개념을 정교하게 분석하였
다. 법리학은 켈젠의 순수법론에서 만개되었으며, 오늘날에는 영미의 하트
(Herbert Lionel Adolphus Hart, 1907-1992), 드워킨(Gerald Dworkin, 1937-),
라즈(Joseph Raz, 1939-), 독일의 알렉시(Robert Alexy, 1945-) 등이 이의 대
표적 학자이다.

③ 그 외에 법리학과 법사회학과의 차이는 후술한다.

나. 역사적 발전

법리학이라는 명칭이 사용된 것은 20세기 중반에서이다. 그러나 법리학
의 연구방법은 전혀 새로운 것은 아니고, 19세기와 20세기 초까지 「일반법
학」과 기본적으로 동일하고 이를 발전시킨 것이다. 영국의 벤담과 오스틴
을 초기의 법리학자로 보는 것은 이 때문이다. 따라서 역사적 발전에서는

일반법학도 법리학과 같은 범주에 넣고 설명한다.

1) 일반법학에서 법리학으로의 발전

① 일반법학은 특정 국가의 법질서의 경계를 넘어 모든 법질서에 공통하리라고 여겨지는 가장 일반적인 법개념을 탐구하는 연구방법이다. 이는 실정법이 크게 증대하면서 이의 내용을 파악하기 위해서 전개된 것이다(제6장 Ⅳ 4 나, 204쪽 이하 참조).

② 법리학은 일반법학의 이러한 연구방법을 이어받았지만, 점차 변화를 겪었다. 즉 일반법학은 실제 존재하는 법질서에 공통하는 요소를 연구하는데 그쳤으나, 법리학은 실제의 법질서가 아니라 법질서라면 가져야 할 ― 달리 말하면 가상적 법질서에 공통하는 ― 요소를 연구한다. 즉 일반법학이 경험적 방법을 취한데 대해서, 법리학은 선험적 방법을 취한다. 법리학은 실정법질서상의 규정으로부터 공통된 법개념을 추출하려는 것이 아니고, 「사물의 본성」에서 볼 때 법개념이 어떠한가를 파악하려는 것이다. 즉 실정법을 비판적으로 분석하여 모든 법질서가 가져야 할 요소를 파악하는 것이다. 이런 점에서 근래의 법리학은 법철학과 접근되어 있다고 할 수 있다. 그러나 양자는 앞서와 같이 목표를 달리한다.

다. 순수법론(순수법학)

순수법학은 법리학에 속하는 하나의 학풍이다. 이는 법사상 면에서는 법실증주의에 속한다. 그런데 순수법학은 법리학의 연구태도를 잘 보여준다. 그러므로 이를 여기에서 소개한다.

① 이의 대표자인 켈젠은 순수히 법에 관한 이론은 모든 법에 일반적으로 타당한 서술이어야 하는데, 법의 내용은 입법자에 의하여 임의적으로

정해지므로 나라마다 다르고, 따라서 이는 법이론의 대상에서 제외하고 오직 법의 형식적 구조 내지 요소만을 대상으로 해야 한다고 했다. 뿐만 아니라 법의 내용에는 윤리적이고 법정책적인 관점이 영향을 미치는 바 이러한 관점은 모든 법에 일반적인 것이 아니다. 그러므로 법의 내용은 학문적 고찰에서 적절한 대상이 아니며, 법학으로서는 쓸모없다는 것이다. 그러면서 자신의 법이론은 모든 법에 타당한 것만을 살피므로 「순수법이론」이라고 하였다. 그의 이론의 핵심은, 법학은 법이 무엇인가에 관한 지식이지 법이 어떠해야 하는가 하는데 관한 지식이 아니라는 것이다.

② 순수법이론에 의하면 정의는 법이론의 한 부분이 될 수 없으며, 정의라는 이상은 정치학의 일이다. 법에 관한 이론(법리학)이 순수해지려면 정치·도덕·역사 등에 의해서 오염되지 않아야 하며, 법이론의 과제는 법에서 본질적인 것을 빠짐없이 인지하는 것이다. 따라서 이를 위해서는 법 안에 있는 변화되고 우연적인 모든 것으로부터 벗어나야 한다. 법학의 궁극적인 목표는 어느 나라의 법이건 또 어느 시기의 법이건 또 어떤 조건에서의 법이건 불문하고 모든 법에 공통하는 것이 무엇인가를 탐구하고 이를 이론적으로 묘사 내지 설명하는 것이다.

라. 법리학의 연구내용

법리학의 연구내용은 법이 무엇인가 하는 법의 본성 문제에 대한 것과 법의 공통적 요소에 대한 것으로 나눌 수 있다. 이중 전자 즉 법의 본성에 관한 이론은 법실증주의의 내용과 공통되므로 생략하고, 여기에서는 후자에 관한 것만을 살핀다.

1) 법리학의 연구태도

법리학의 연구태도 역시 19세기의 법실증주의에서와 마찬가지로 「분석적」이라고 말해진다. 그 이유는 법의 내용은 탈락시키고 오로지 모든 법에 공통하는 요소를 탐구하고 분석해서 법에 공통되는 개념과 원리 등을 보다 정치하게 연마하고 발전시켰기 때문이다. 법리학은 또한 존재로서의 법을 관찰한다는 기본자세에 따라 법의 전체적 골격 내지 구조를 탐구하였다. 그리하여 법은 전체적으로 연결되어 있어 전체가 하나의 체계를 이루고 있으며 논리적인 구조를 가진 체계라고 하고, 각 법률들이 이러한 전체적 체계와 어떻게 관련되는가를 밝히는데 힘을 쏟았다. 그래서 법리학을 법률적인 「구조론」이라고도 칭한다.

2) 대표적인 연구성과

법의 공통한 요소에 관한 연구성과 중 가장 중요한 것으로는 다음의 두 가지를 들 수 있다.
- ▶ 권리에 관한 이론 : 법리학은 개인이 일정한 규범에 기해서 가지게 되는 법적 지위를 연구 분석함으로써, 법적 의무·(주관적) 권리·법률관계 등과 같은 법적으로 가장 기본적인 개념과 이에 관한 이론을 발전시켰다.
- ▶ 법질서의 단계적 구조 : 법리학은 실정법의 구조를 분석하면서, 실정법은 상하의 단계적 구조를 가지고 있음을 발견하였다. 이는 특히 켈젠의 대표적 업적으로 꼽힌다.

3) 연구결과의 誤用

법리학을 통해서 밝혀진 법의 전체적 체계와 정교하게 다듬어진 개념은 법의 해석에 커다란 도움을 주었다. 그런데 법해석학은 법리학에서의 연구 결과를 끌어들여 실정법을 해석함에 있어서, 개념에 절대적 비중을 두고 개념으로부터 구체적 사건에 대한 결과를 도출하려 했다. 그로 인해서 법 해석학은 더욱 개념법학화하였다. 즉 법리학은 단지 일정한 법현상을 전반 적으로 개관해 보니 공통된 개념이나 원리가 있고 그것은 '이러이러한 의 미이다'라고 사실적으로 묘사 설명하였을 뿐인데, 법해석학은 '법개념의 의미가 이러이러하니 이 개념은 그런 뜻을 가지는 것으로 해석해야 한다' 고 하여, 개념을 규범으로 파악하였다. 즉 단지 일정한 법적 현상을 묘사 내지 설명하기 위한 도구인 법개념이 법규범으로 탈바꿈되어 법률문제를 결정하는 역할을 하게 되었다. 오늘날 개인의 법적 지위가 권리라는 개념 에 속하는가, 만약 권리라면 어떤 종류의 권리인가에 따라서 구체적인 법 률관계의 내용을 결정하는 것(예컨대 민법에서 권리가 채권이냐 물권이냐 에 따라서 대항력 등을 전혀 달리 평가하는 것), 그리고 법의 단계적 구조 를 선험적·절대적인 원리로 여기고 이로부터 실정법을 평가하는 것(예컨 대 행정청의 법집행행위가 논리적으로 엄격히 법률과 부합하지 않으면 위 법한 것으로 평가하는 것) 등은 이러한 예일 것이다.

마. 법리학의 목표와 확장

법리학의 프로그램은 학문적으로 법을 완전히 꿰뚫어보려는데 있다고 한다. 즉 법은 선험적인 것 혹은 베일에 쌓인 신비스러운 것이 아니며, 법 리학의 목표는 법을 탈신비화하는 것이라고 한다. 오늘날의 법리학자 중에 서 그 연구범위를 확장하는 견해는 이러한 법리학의 목표와 관련된 것이라고 할 수 있다. 즉 일부 법리학자는 경험적 접근의 범위를 확대해서, 법률·판결·인간의 행위 등도 관찰가능한 경험적 사실이므로, 법률이 어떻게 성립하고, 인간의 행위에 어떻게 영향을 미치는가, 법규범이 사회에서 사실상 적용되고 준수되는가 하는 점도 탐구한다. 또 일부 법리학자는 법의 형식적 면이 아니라 ― 법철학과 마찬가지로 ― 법의 규범적 면에 접근하여 "법이 무엇인가? 왜 법이 적용되는가? 어떻게 해야 법이 적절하게 적용되는가?" 하는 법의 내면적 본질, 법적 효력의 근거 등을 살핀다. 이에 의하면 법리학은 법사회학 혹은 법철학과의 구별이 모호해진다. 이런 점에서 오늘날에는 법리학이 무엇이고 무엇을 하는가 하는 점이 단순하게 답해지지 않는다.

3. 법사회학

가. 의의

① 법사회학은 법은 사회의 산물이며 동시에 사회는 법에 의해 영향받는다는 인식에 기초하여 법과 사회의 상호작용을 연구하는 것이다. 즉 법이 어떠한 사회여건 속에서 형성되었으며, 만들어진 법은 실제로 사회에서 어떻게 작용하는가 하는 점 ― 즉 법이 사회에서 잘 지켜지는가, 그 이유는 무엇인가, 사회에서 요구되는 법은 어떤 것인가 하는 점 ― 을 연구한다.

② 사회학은 사회의 성립과 사회가 성립하게 된 기초인 사람들간의 관계, 그리고 사회의 구조·법칙·경과 등을 연구하는 것이며, 법사회학은 사회학의 일부로서 사회학 중에서 법을 연구대상으로 하는 점에 특성이 있다. 즉 다양한 사회현상 중에서 법에 관한 것을 연구할 뿐이다.

③ 법사회학은 법을 사실로 보는 점에서, 법을 규범으로 보는 다른 법학

분과와 차이를 가진다. 특히 법리학은 법이 사실상 어떠한가 하는 점을 살피는 점에서 법사회학과 유사성을 가지는 듯하지만, 법리학은 법을 어디까지나 규범으로 보는데 대해서, 법사회학은 법 자체를 사실로 본다. 즉 법리학은 법은 국가강제력에 의해서 명령된 것이라고 하면서, 법의 사실상의 모습, 즉 법이 사실상 어떻게 만들어지고 무엇에 근거해서 효력(구속력)을 가지는가 하는 점을 연구한다. 이에 대해서 법사회학은 사람에게 무엇을 명하는 규범 자체가 곧 법이 아니고 사람이 그것을 지킬 때 비로소 그것이 법이 된다고 하면서, 법이 사회에서 사실상 지켜지는가 하는 점을 관찰한다. 요컨대 법리학은 법이 사실상 어떠한가를 연구하지만, 법사회학처럼 법이 사실상 사회에서 어떻게 작용하는가 하는 점을 연구하지는 않는다.

나. 발전

① 법사회학은 먼저 사회학을 배경으로 해서 발전하였다. 이의 태두는 마르크스(Karl Heinrich Marx, 1818-1883), 막스 베버(Max Weber, 1864-1920), 뒤르켐(Emile Durkheim, 1858-1917) 등이다. 이들은 법현상을 이해하기 위해서 법사회학을 시작한 것이 아니고, 사회 일반을 이해하고자 하는 보다 넓은 사회학적 문제의식의 연장에서 법현상을 연구했다. 즉 사회현상의 하나인 법현상을 사회현상 전반과 관련지어 연구한 것이다. 이들은 커다란 법사회학적 연구성과를 냈다. 오늘날에도 사회학을 배경으로 법사회학을 연구하는 학자가 적지 않다[루만(Niklas Luhmann, 1927-), 하버마스(Jürgen Habermas, 1929-) 등].

② 이와 다른 길은 법학에서 출발해서 법사회학적 연구를 수행하는 것이다. 이의 대표적 학자는 에어리히(Eugen Ehrlich, 1862-1922)이다. 근래에는 이것이 법사회학의 주류이다. 이들은 법학을 연구하는 과정에서 법실증주의적 법학의 한계에 직면하고 이를 극복하는 과정에서 법사회학적 연구를

수행하게 된 것이다. 즉 19세기 말 20세기 초의 법률가들이 대면한 법학은 실정법의 자족적 완결성을 전제로 이의 형식논리적인 해석에만 주력하였는데, 이러한 학문경향은 당시 변화된 사회구조 속에서 새롭게 등장하는 법률문제에 제대로 대처할 수 없었다. 법사회학은 이런 당시 법학의 한계를 극복하는 하나의 탈출구였던 것이다(이런 점은 당시의 이익법학, 자유법학 그리고 미국의 법현실주의 등에서도 공통된다).

다. 법사회학의 이론

① 이와 같은 법사회학의 발전과정의 차이는 법사회학의 연구내용에도 차이를 가져온다. 즉 법학에서 출발한 법사회학자에서는 어디까지나 「법」이 중심을 이루며, 법에 영향을 미친 경제적·사회적·심리적 기타 비법적인 여러 요인들, 그리고 반대로 법이 사회에 미치는 영향이 논의의 중심을 이룬다. 그리고 나아가 이를 기초로 해서 실정법에 대한 구체적인 법해석이나 입법정책을 제시한다. 반면에 사회학에서 출발한 학자에게는 법 자체가 중요한 관심사가 아니다. 이들에게는 법은 단지 사회통제의 한 형태일 뿐이다. 범죄의 발생과 그 원인, 그리고 대책을 탐구하는 범죄학(형사학, criminology)은 법사회학의 한 분야라고 할 수 있는데, 이의 연구태도는 법사회학의 연구태도를 보여주는 좋은 예일 것이다.

② 법사회학의 이론의 요체는 제4장 Ⅰ에서 설명한 「사회적 법이론」이다. 그러므로 법사회학의 일반적인 이론은 여기에서는 생략하고, 이하에서 대표적인 법사회학자인 에어리히의 이론(「살아있는 법」)을 좀 더 설명한다.

그의 법사회학의 출발점은, 법률로부터 나오는 법은 사회적 현실과는 단지 부분적으로만 부합한다는 관찰이다. 즉 법률은 불완전하게 법을 구현한다는 것이었다. 따라서 「책속에서의 법(law in the books)」과 「실제에서의 법(law in action)」은 다르다는 것이다. 그러므로 사회현상으로서의 법, 즉 살아있는 법을 연구해야만 실제의 법에 접근할 수 있다고 한다. 그리고 법규범은 그 원천을 사회 안에 가지고 있다고 한다. 즉 동일한 형태의 사회적 행동과 사회적 관례로부터 법이 형성되었다는 것이다. ── 켈젠은 「책속에서의 법」과 「실제에서의 법」이 다르다는 주장에 대해서 심각하게 다투었다(소위 켈젠과 에어리히의 논쟁).

라. 영향

1) 입법과 사법(司法)에서의 사회학적 조사

에어리히는 입법자와 재판관이 그의 임무를 보다 잘 수행하기 위해서는 법에게 의미있는 사실들(법적사실)을 체계적으로 연구해야 한다고 하였다. 그러한 주장은 현실로 나타나고 있다. 오늘날에는 입법자가 적절한 법률을 제정하거나 재판관이 법률을 올바로 적용하기 위해서는 그 법률이 사회에서 어떻게 작용하는가 하는 점을 고려해야 한다는 인식이 커지고 있다. 입법과정에서 부분적으로나마 법사회학적인 사전조사가 행해지는 것은 이러한 인식이 반영된 것이다. 그러나 많은 법률이 시간적 압박으로 인해서 법이 적용될 사례들을 충분히 조사하지 못한 채 제정된다. 그리고 재판에서의 법의 적용에서는 재판관은 당사자에 의해서 증명되는 범위 내에서 사실을 파악할 뿐이다. 법률이 실제를 타당하게 규율하기 위해서는 그 법률을 낳게 한 사회경제적 여건과 그 법률이 낳을 사회경제적 효과를 면밀히 검토하는 법사회학적 연구가 필요하다.

2) 법사회학의 매력

법은 사회에서 중요한 기능을 하는 바, 법을 단지 법률가들에게만 맡겨 둘 수는 없다. 법에 대해서 기존의 법률가와 다른 관점에서 거시적으로 이해하고자 하는 사람에게 법사회학은 매력있는 학문분야이다. 특히 실정법의 폐쇄성을 절감하고 이를 극복하려는 사람에게 법사회학은 이를 극복하는 길(대안)을 제공한다. 법사회학은 법을 단지 해석되어야 할 진리(dogma)로 보지 않는다. 법은 사회적 맥락 속에서 생성되고 사회적 맥락 속에서 기능한다고 본다. 이러한 태도는 법을 비판하고 극복하는 계기와 방법론을 제공한다.

그밖에 법사회학은 법과 현실의 간격·틈을 찾아냄으로써 법을 개선하고 정의의 구체적 내용을 확보하는 길을 모색하기도 한다. 특히 유럽 대륙법을 계수한 우리나라에서 한국적 토양에 맞는 「한국적 법」 혹은 「한국적 법학」을 정립하고자 한다면, 법사회학적 접근이 필수적이다.

4. 법사학

가. 의의

법사학은 법 및 국가가 역사적으로 발전되어 온 과정을 연구하는 것이다. 법해석학은 현재 적용되는 법을 묻는 것인데 반해서, 법사학은 과거에 적용되었던 법을 묻는 것이다.

① 현재의 법은 오랜 역사적 발전의 결과이다. 법과 결합된 국가조직 ― 입법자로서의 의회, 통치자와 국가적 관청 그리고 법원 등 ― 도 마찬가지이다. 법사학의 목표는 예전의 법의 내용과 규율목적, 그러한 법이 형성될 당시의 정치적·경제적·사회적 상태 그리고 그 뒤에 있는 일반적인 정의에 관한 생각 등을 연구하는 것이다.

② 법사학은 법의 역사적 발전과정을 연구하는 점에서 과거의 법을 대상

으로 하지만, 이는 과거의 법과 오늘날의 법과의 역사적 연관성을 가르쳐 준다. 법의 역사적 발전에 대한 인식은 오늘날의 법의 이해를 위한 열쇠가 된다.

나. 분류

법사학은 두 가지 시각에서 행해질 수 있다. 하나는 어떤 역사적 사건이나 사회현상이 그 당시의 법에 어떤 영향을 미쳤는가 하는 것을 연구하는 것, 즉 법의 「외부」를 연구하는 것이고(소위 外史), 다른 하나는 구체적인 법의 변화 내지 발전과정을 연구하는 것, 즉 법의 「내부」를 연구하는 것이다(內史). 예컨대 전자는 로마법대전의 편찬이 독일법에 어떤 영향을 미쳤는가 하는 것을 연구하는 것이고, 후자는 착오를 이유로 한 취소제도가 어떻게 발전되었는가 하는 것을 연구하는 것이다.

5. 입법학(법정책학)

가. 의의

① 법해석학·비교법학·법사학 등은 현재 어느 곳에선가 적용되고 있는 혹은 과거에 적용되었던 법을 연구하는 것인데 대해서, 법정책학은 장래의 법을 연구하는 것이다. 즉 이는 현행법이 구체적으로 왜 그리고 어떻게 수정되어야 하는가 하는 점을 연구하는 것이다. 달리 말하면 법정책학은 법을 해석론de lege lata으로서 연구하는 것, 즉 현행법을 어떻게 해석하는 것이 타당한가 하는 것을 연구하는 것이 아니라, 입법론de lege ferenda으로서 즉 장차 법률을 어떻게 만드는 것이 타당한가 하는 것을 연구하는 것이다. 양자는 지향하는 바가 다르므로, 명료히 구별된다. 그러나 법해석학

적 논의에서도 때로는 현재의 법상태에 대한 서술 즉 법해석학적 서술을
넘어서, 법정책적인 서술 즉 법의 변경을 위한 의견제시가 행해진다.

② 법을 올바로 해석하고 적용하는 것, 그럼으로써 법적 다툼을 적절하
게 해결하는 것은 궁극적으로 사회구성원 각자가 평온하게 자신의 하고자
하는 일에 전념할 수 있도록 해 주기 위해서이다. 그런데 이러한 목적을 실
현하기 위해서는 올바른 법의 해석과 적용에 앞서, 법이 정당해야 하고 또
한 그러한 법이 공평하게 집행되어야 한다. 이러한 점은 19세기 말에 이르
러 사회현실이 과거의 그것과는 비교할 수 없이 근본적으로 변화되었음에
도 불구하고 오로지 입법자가 만든 실정법의 해석만을 법학의 일로 생각함
으로써 법이 변화된 사회의 요구에 부응하지 못했던 경험이 가르쳐주었다.
이러한 19세기 말의 법학의 한계를 극복하기 위해서는 법해석학에서 법의
이념이나 법과 사회와의 관계 등을 고려해야 하지만, 그 외에도 종래에는
정치가 혹은 행정가의 몫이라고 생각했던 법의 제정 및 집행에 대한 연구
에도 힘을 쏟아야 한다. 즉 입법학을 중요한 법학분야로 삼아야 한다.

나. 법정책학과 법철학의 관계

법정책학은 법적 목표를 달성하기 위해서 타당한 수단을 올바로 선택하
도록 지도하는 것이다. 즉 목표로부터 수단을 보는 방식(목표의 관점에서
수단을 보는 방식)이다. 그런데 어떤 법적 목표를 위한 수단을 숙고 교량함
에 있어서는 그러한 수단에 의해서 불가피하게 뒤따르는 부수적 효과를 검
토해야 한다. 즉 목표를 위한 수단이 낳을 파급효과Tragweite를 명확히 인식
해야 한다. 이는 앞에서의 법정책학의 사고방식과는 반대로 수단으로부터
목표를 되돌아보는 방식이다. 그런데 이러한 사고방식은 법철학에 속한다.
이런 점에서 법정책학은 법철학과 결합해야 목표를 위한 올바른 수단을 선
택할 수 있다.

6. 법의 경제적 분석(법경제학)

가. 의의

법의 경제적 분석(economic analysis of law) 혹은 법경제학은 법사회학과 마찬가지로 법과 현실 간의 관계를 묻는 것이다. 다만 법사회학의 관점은 사회현상의 어느 특정한 부분에 한정되지 않는데 반해서, 법경제학의 관점은 경제라는 특정한 사회현상에 한정되는 점에서 차이를 가진다.

법적 규율은 현실에서 어떤 결과를 낳게 한다. 이때 그러한 규율결과를 경제적 시각에서 분석하는 것이 법의 경제적 분석이다. 이것은 법적 규율이 인간의 행동에 미치는 효과를 경제이론에 따라 분석함으로써 어떻게 규율하는 것이 경제적으로 효율적인가를 평가하는 것이다. 이런 점에서 이는 법정책학이기도 하다.

나. 역사

법의 경제적 분석의 기원은 매우 오래 전으로 소급된다. 즉 최초의 싹은 이미 아담 스미스의 「보이지 않는 손」의 이론에서 발견된다. 그러나 오늘날의 실제적 논의를 지배하는 법경제학의 형태는 미국에서 1960년 1970년대에 시카고대학에서 제기된 것이다.

이는 전통적인 법률학적 사고방식이 아니라 경제적 사고방식에 기한 것이다. 이의 대표자인 포스너(Richard Allen Posner, 1939-)의 기본사상은, 어떤 법적 규율이 「자원의 최적의 분배」로 이끄느냐, 즉 법적으로 어떻게 규율하는 것이 빡빡한 재화를 가장 필요한 곳에 투입하게 하느냐 하는 점을 연구하는 것이다. 예컨대 불법행위 효과로서 어떤 경우에 혹은 누구에게 혹은 어느 정도로 배상책임을 지우는 것이 불법행위법의 목적에서 볼 때 가장 효율적인가 하는 점을 살피는 것이다.

7. 비교법학

가. 의의

① 법해석학은 현재 여기에서(즉 해석하고 있는 곳에서) 적용되는 법을 묻는 것인데 반해서, 비교법학은 다른 곳에서 적용되는 법을 묻는 것이다.

법학은 확대되는 법의 글로벌화 시대에서도, 자연과학이나 의학과는 달리 기본적으로는 지역적(국가적) 학문이다. 단지 소수의 법분야(국제법, 국제거래법, 법철학 등)만이 지역적 경계를 넘어선다. 비교법학은 법이 비록 지역적 경계를 가지지만 한 국가의 법제도는 그 국가에 한정되어 있지는 않다는 점을 전제로 한다. 즉 국가마다 사회여건을 달리하지만, 유사한 사회여건에서는 유사한 사회문제가 발생하고 따라서 이를 규율하기 위한 유사한 법제도가 만들어지는 바, 따라서 우리와 유사한 사회여건에서 형성된 타국의 법제도는 우리의 법제도에 도움을 줄 수 있다는데 기한 것이다.

② 비교법학은 단순히 법규범 내지 법제도를 비교하는 것이 아니라 법의 기능을 비교하는 것이다. 즉 예컨대 A국과 B국에서의 매매에 관한 추상적인 담보책임법상의 규정을 비교하는 것이 아니라(이는 단지 아래에서 말하는 외국법지식에 불과하다), A국과 B국에서 상품이 매매에서 전제되었던 성질을 가지지 않는 경우에 매수인이 실제로 어떤 권리를 가지는가 하는 문제를 비교하는 것이다.

나. 다른 법학분야와의 구별

① 우선 소위 외국법지식과 구별된다. 이는 외국의 법질서 혹은 법제도 자체를 연구하는 것이다. 비교법학은 물론 필수적으로 외국법지식을 내용으로 포함한다. 그러나 이보다 한 발 더 나아가 기능적으로 법을 비교하는 것이다. 즉 외국법질서의 단순한 기술(記述)에 머물지 않는다. "외국법지식은 규범관련적(normbezogen) · 기술적(記述的, deskriptiv)이고, 이에 반해 비교법학은 문제관련적(problembezogen) · 기능적(funktional)이다."[2] 즉 외국법지식은 단지 외국법이 어떤지를 기술하는데 대해서, 비교법학은 외국법은 어떤 법률문제에서 어떻게 기능 혹은 작용하는가, 즉 어떤 법적 사건에서 어떤 법률효과(권리나 의무)를 발생시키는가 하는 점을 고찰한다. 외국법지식은 재판관이 국제사법을 통해서 외국법의 적용을 지시하고 참조해야 하는 경우에 필요하다.

② 비교법학과 구별되어야 할 두 번째 법분야는 국제사법이다. 이는 외국 법질서의 구체적 법을 연구하는 것이 아니고, 외국법과 관련있는 사안에서 어느 국가의 법을 적용할 것인가 하는 문제에 답하는 것이다. 즉 사법관계의 구성요소인 당사자의 국적이나 주소 혹은 목적물의 소재지, 계약을 체결한 장소인 행위지나 채무를 이행해야 할 장소인 이행지 등의 일부가 타국인 경우(이를 섭외적 사법관계라고 한다), 어느 법을 적용하는가 하는 문제를 정하는 법이 국제사법이다. 예컨대 한국인 K가 일본인 J와 혼인하려는 경우에 이들은 어느 나라의 법의 적용을 받는가(한국인 K가 일본에서 자동차를 운전하던 중 사고를 냈는데, 이 사고에서 중국인 C가 다친 경우에, C는 어디에서 손해배상청구소송을 제기하고 배상범위는 어떠한가, 만약 K가 15세라면 K는 손해배상책임을 지는가, 만약 안 진다면 C는 누구에게 손해배상을 청구할 수 있는가 등등) 하는 법률문제를 규율하는 것이다.

---

2) Rheinstein/Borries, Einführung in die Rechtsvergleichung, 2.Aufl. 1987, S.28

그리고 이와 같이 섭외적 사법관계에 적용될 사법을 준거법이라 한다. 그리고 준거법을 지정하는 법이 국제사법이다.

8. 법학방법론

① 법은 구체적 사건에 적용되어 다툼을 해결하는 기준이 되는 것이다. 그런데 법을 적용하기 위해서는 먼저 법의 내용이 밝혀져야 한다. 이때 법을 해석하고 이를 사건에 적용하는 일반적 방법을 연구하는 것이 법학방법론이다.

② 법을 해석하는 것은 법해석학의 연구내용이다. 따라서 법학방법론은 법해석학과 공통점을 가진다. 그러면 양자는 어떻게 구별되는가? 법해석학은 개개의 법률의 의미를 밝히는 것인데 대해서, 법학방법론은 해석에서 공통되는 일반적인 해석방법을 살피는 것인 점에서 차이가 있다. 즉 법해석학은 개별적인 법률 자체를 대상으로 하지만(그렇기 때문에 법해석학은 법률의 분야에 따라서 헌법학 · 행정법학 · 형법학 · 민법학 등으로 분류된다), 법학방법론은 그렇지 않고 단지 모든 해석에서 문제되는 점을 대상으로 한다(예컨대 해석의 기준이 되는 것은 무엇인가, 각 기준 간의 우열관계는 어떠한가, 언제나 법문에 맞게 해석해야 하는가 이에 반하는 해석이 가능한가 하는 점 등을 살핀다).

그러나 양자는 궁극적으로 구체적 사례의 해결을 목표로 하므로 서로 독립해서 존재할 수 없다. 그래서 법학방법론은 독립한 학문분야로 여겨지지 않고, 일반적인 법해석학의 한 내용으로 다루어지기도 한다.

9. 법해석학과 기초법학과의 융합

가. 법학의 중심으로서의 법해석학

앞서 살핀 법학의 각 분야는 법이 가지는 다양한 면 중 어느 측면을 보느냐 하는 점에 따른 분류이다. 그런데 오늘날에는 이러한 다양한 법학분야 중에서 법해석학이 중심적인 분야로 이해된다. 그 이유는 법은 구체적 사건에 적용되어 다툼을 해결하는 것을 본래적 기능으로 하는데, 해결의 기준은 일응 실정법인 바, 법해석학은 이러한 실정법의 의미를 밝히는 것이기 때문이다.

나. 법해석학과 기초법학과의 융합필요성

그러나 법의 해석에서 오로지 실정법만이 기준으로 되는 것은 아니다. 우선 실정법만으로는 그 의미가 파악되지 않는 경우가 적지 않다. 또한 그 의미가 일응 명료하더라도 그것이 정의에 부합하지 않거나 혹은 사회여건에 맞지 않는 결과를 낳는 경우도 있다. 이런 경우에는 법과 정의와의 관계, 법과 사회와의 관계, 법의 역사 등을 고려해서 그 의미를 파악해야 한다. 그러므로 법해석학과 기초법학이 함께 실정법을 해석한다고 해야 한다. 특히 기초법학은 법이 올바르게 해석되고 운영되도록 하는 역할을 한다.

Ⅳ. 법학의 성격

1. 법학의 위치

가. 정신과학, 사회과학으로서의 법학

1) 정신과학으로서의 법학

학문을 정신과학과 자연과학으로 분류한다면, 법학은 정신과학에 속한다. 법학은 법이라는 규범을 대상으로 하는 것인데, 규범은 자연적인 현상이 아니라 인간의 행위를 규율하는 관념적 존재이기 때문이다. 규범은 자연법칙에 의해서 발견되지도 않고 이에 의해서 설명될 수도 없다.

2) 사회과학인가 문언과학인가

정신과학은 어떤 학문적 방법을 사용하느냐에 따라 사회과학(Sozial-wissenschaft)과 문언과학(Textwissenschaft)으로 분류할 수 있는데, 법학은 어느 것에 속하는가?

① 이는 법학이 법의 어느 면을 보느냐 하는 점에 따라서 달라진다. 법철학이나 법사회학은 사회과학에 속한다. 그러나 예컨대 법사학에서 고대 로마에서는 어떤 법이 존재하였는가를 살피는 경우에는 법사학은 당시의 역사적 문헌을 연구해야 하므로, 이는 문언과학의 방법을 사용하게 된다.

② 중요한 것은 법해석학의 성질이다. 법해석학 역시 성문화된 법문을

대상으로 하여 법문의 문헌적 의미를 밝히는 것이므로 문언학적 방법이 사용된다. 그러나 법해석학은 다른 문언학과는 중요한 점에서 차이가 있다. 즉 법해석학은 법문을 구체적 사안에 적용해서 분쟁을 해결하는 것이다. 그런데 실제적으로 분쟁을 타당하게 해결하기 위해서는 단지 법문의 문헌적 의미 이외에, 법의 역사나 법의 이념 혹은 해석결과가 사회에 미치는 영향 등을 고려해서 법문의 의미를 해석해야 한다. 그러므로 법해석학 ― 나아가 법학 ― 의 주된 속성은 사회과학에 속한다고 해야 한다.

나. 규범적 진술로서의 법학

1) 묘사적 진술과 규범적 진술

학문에는 묘사적 진술을 내용으로 하는 것도 있고, 규범적 진술을 내용으로 하는 것도 있다. 전자는 어떤 사물이 사실상 어떠하다고 묘사하는 것이다. 따라서 여기에서는 그러한 진술이 맞거나 혹은 틀리다고 판단할 수 있으며, 이런 점에서 묘사적 진술은 그것이 맞는지 틀린지를 검사할 수 있는 것에 대해서 행해진다. 이에 대해서 규범적 진술은 무엇에 대한 가치판단이다. 그러므로 이러한 진술에 대해서는 정당(혹은 타당)하거나 부당하다는 평가를 내릴 수 있을 뿐이고, 맞거나 틀리다고 판단할 수 없다. 법학 중에는 묘사적 진술도 있지만(특히 법사학에서 그럴 것이다), 대부분은 ― 특히 법해석학은 ― 규범적 진술이다.

2) 규범적 진술과 학문성

학문이 규범적 진술을 많이 포함할수록, 그것이 과연 학문으로 취급될 수 있느냐 하는 점이 더 강하게 문제된다. 그런데 법학의 가장 넓은 자리를 차지하는 법해석학은 대부분 맞는지 틀린지를 거의 검사할 수 없는 규범적 진술을 내용으로 한다. 그렇기 때문에 법학의 학문적 성격이 의문시되기도 한다. 그러면 과연 법학의 학문적 성격은 부인되는가? 이는 규범적 진술 즉 법규정의 의미에 대한 해석은 학문적으로 정당한지 여부가 평가될 수 없는가 하는 점에 귀착된다. 이는 실제적으로 말하면, 법규정에 대한 여러 가지 해석론 중 어느 것을 보다 정당하다고 평가할 수 있는가 하는 문제이다. 이에 관해서는 견해가 나뉠 수 있지만, 규범적 진술은 일정한 근거에 기초하는 바, 그 근거가 과연 설득력 있느냐에 따라서 이의 정당성 여부를 평가할 수 있지 않을까? 왜냐하면 법은 누구에게나 구속력을 가지는 규범이므로 법의 해석에 관해서 설득력 있는 근거가 없다면 그러한 해석내용을 가지고 일반적 구속력을 주장할 수 없기 때문이다. 물론 어떤 것이 설득력 있는 근거인가 하는 점에 관해서는 다시 견해가 나뉠 수 있다. 특히 법문의 논리적 귀결에 따르는 것을 설득력 있는 근거로 여길 수도 있다. 그러나 궁극적으로는 정의에 부합하고 아울러 사회현실과 조화되는 해석이 설득력 있는 근거로 평가되지 않을까? 왜냐하면 법의 궁극적 임무는 분쟁의 해결인데 일반인은 위와 같은 해석에 따른 분쟁해결을 올바른 해결이라고 여기기 때문이다. 그러므로 요컨대 규범적 진술에 대해서도 근거의 설득력을 고려해서 정당성 여부를 평가를 할 수 있다고 해야 한다.

이와 같이 법학에서 규범적 진술에서는 그 근거가 매우 중요하다. 따라서 그러한 진술을 피력함에 있어서는(이는 학자의 견해뿐만 아니라 법원의 판결도 마찬가지이다) 보다 설득력 있는 근거를 제시해야 한다.

이와 관련해서 부언할 점은, 우리의 법이론을 보면 다른 학자의 견해에 대해서 — 단지 문제점을 지적하는데서 그치지 않고 — '틀렸다'고 평가하는 서술이 있지 않은가 하는 점이다. 이는 규범적 진술의 본성에 맞지 않는 것이 아닐까? 이와는 달리 다투어지는 문제에 관해서 명확한 근거제시 없이 — 마치 어느 색을 좋아할지를 선택하는 것처럼 — 자신은 어느 견해를 지지한다고 하는 서술이 있는 것 같다. 이것 역시 규범적 진술의 본성에 맞지 않는 것이 아닐까?

다. 법학의 학문성

1) 제정법에의 의존성으로 인한 것

① 예전에는 법학의 학문성을 의문스럽게 하는 이유로 지적되었던 것은 법해석학이 입법자에 강하게 의존한다는 점이었다. 즉 실정법의 대부분은 국가적 입법인 바, 따라서 제정법이 변경되거나 폐기되면 그에 관하여 전개되었던 해석은 무용지물이 된다는 점에서 법학의 학문성이 의문시되었다. 키르히만(Kirchmann, 1802-1884)은 「법률학의 학문으로서의 무가치성」이라는 강연에서 이러한 점을 다음과 같이 지적하였다 : 법학이 실정적인 법률에 집중하면 할수록 그만큼 법학은 "진실의 목사로부터 우연의 하인으로" 된다. "입법자의 세마디 말로 모든 도서관은 휴지로 된다."

② 그러면 이런 점 때문에 법학은 학문성을 가지지 않는가? 법해석학은 법학의 일부일 뿐만 아니라, 법해석학에서도 만약 제정법이 정의에 반하거나 사회와 조화되지 않는 때에는 제정법과 달리 해석할 수 있다. 위와 같은 지적은 그 당시의 법해석이 지나치게 제정법에 매이는 태도를 꼬집기 위해서 나온 것인데, 올바른 법해석의 모습에서 본다면 위의 지적은 잘못된 것이다.

2) 규범적 진술로 인한 것

오늘날에는 법학은 규범적 진술을 많이 포함하고, 따라서 이에 대해서는 옳다 그르다고 평가할 수 없다는 점이 법학의 학문성을 의문스럽게 만드는 이유로 지적될 수 있다. 그런데 앞서 본 바와 같이 규범적 진술에 대해서도 근거의 설득력을 고려해서 그러한 평가를 할 수 있으므로, 그러한 점도 법학의 학문성을 부인하는 이유가 되지 않는다.

2. 직업으로서의 법학

가. 법지식과 법학

1) 양자의 구별

법지식과 법학은 다른 것이다. 즉 모든 사람은 자신에게 어떠한 행위가 허용되는가 또는 금지되는가를 알아야 하지만, 왜 그것이 허용 또는 금지되는가를 알 필요는 없다. 여기에서 전자와 같이 단지 법을 아는 것이 법지식이고, 후자와 같이 법의 이유를 아는 것이 법학이다. 특히 법과 관련된 생활관계에 종사하는 사람에게는 그 생활관계에 관련된 법지식이 필요하다. 예컨대 도로에서 운전하는 자 혹은 교통경찰은 교통규칙을 알아야 하고, 경제생활에 참여하는 자는 계약에 관한 규칙을 알아야 한다. 그러나 교통규칙의 학문적 의미나 계약법에 관한 이론을 알 필요는 없다. 즉 경찰관은 자신이 시민에게 어떤 지시를 행할 수 있는지 혹은 시민에게 행하는 지시가 적법한지 여부를 알아야 하고, 만약 법원에서 그 지시가 심판받는다면 그대로 유지될지 여부를 어림잡을 수 있어야 하지만, 더 나아가 교통규칙의 성립배경 혹은 법원의 심판이 가지는 법학적 배경을 알아야 하는 것은 아니다. 요컨대 단편적인 법률지식과 법학은 다른 것이다.

2) 법학의 두 형태 : 실무적 법학과 학문적 법학

법학은 법에 접근하는 유일한 길이 아니다. 달리 말한다면 법학은 학문적 법학자 ― 즉 대학과 연구기관에서 직업적으로 법을 학문으로서 연구하는 사람들 ― 의 전유물이 아니다. 법학은 실제적 학문이다. 사회에는 법을 전문적으로 다루는 특수한 분야가 상당히 많다. 보험이 그 대표적 예이다. 이러한 법분야에서 상당기간 종사한 사람은 그 분야에 관련된 구체적인 법지식을 습득할 뿐만 아니라, 나아가 그러한 법의 성립배경과 전체적 구조 그리고 문제점 등을 깨닫게 된다. 그는 이로써 그 분야에 관한 법학을 하는 것이다. 그러면 이러한 실무적 법학자와 학문적 법학자는 어떤 차이가 있는가? 실무적 법학자가 다루는 개별적 법분야에서의 구체적인 법규정은 전체적 법질서와 조화되어야 한다. 즉 각 개별 분야의 법실무에서 발견된 문제점은 전체적 법질서와의 관련 속에서 해결되어야 한다. 이와 같은 작업이 학문적 법학자의 몫이다. 즉 실무적 법학자는 개별 법분야에서의 구체적 법규정들의 내용과 문제점을 보다 상세히 파악하지만, 그러한 규정들을 전체 법질서와의 관련 속에 배열하고 이러한 관련 속에서 문제점을 해결하지는 못한다. 이러한 작업을 하는 것이 학문적 법학자의 일이다. 요컨대 학문으로서의 법학은 개별 법분야에서의 법률지식과 전체법질서를 결부시키는 것이다.

나. 법률가의 직업

① 법률가는 법률과 관련된 분야에서 활동한다. 그러한 분야 중에서 대표적인 것은 재판을 담당하는 법실무(재판관이 주이지만 집달리와 같은 법집행관도 이에 속한다)와 법학이다. 그러나 그밖에 입법과 행정은 법을 만들거나 법을 집행하는 것이므로 법률가의 활동분야에 속한다.

② 재판관은 실정법을 해석하고 이를 구체적 사건에 적용함으로써 실정법의 의미를 명확히 하며, 때로는 나아가 새로운 법을 형성해간다. 입법자는 단지 정책의 기본문제에 관해서만 결정하고, 세밀한 점은 구체적 사건에 즉응해서 법률가들이 이를 주조해가는 것이다. 더 나아가 법학 중에서도 법정책학은 원래 입법자가 담당할 정책의 기본문제에까지 영향을 미친다.

③ 재판관은 사회적 출생의 면에서는 전체 인구의 평균을 대표하는 것이 아니고, 그보다 상위의 중간층을 이룬다. 이러한 사회적 출생은 사물을 보

는 관점과 가치평가, 즉 요컨대 세계관과 가치관에 영향을 미치며, 이러한
점은 나아가 법의 해석과 적용에 영향을 미친다. 이와 같이 재판관의 사회
적 출생은 사물을 보는 관점과 가치평가를 결정하기 때문에 실제적으로 중
요한 의미를 가진다. 이에 반해서 법학교육이 세계관이나 가치관에 영향을
주는지는 불명료하다. 그러나 교육체계와 연수체계는 법에 대한 이해와 법
을 취급하는 방법에 영향을 주는 것은 확실하다. 이런 점에서 우리 법교육
이 기초법학을 등한시하고 오로지 실정법 해석만을 가르치는 것은 시정되
어야 할 것이다.

다. 법률적 사고

1) 법률적 사고의 방법

생활에서 일어나는 경과 내지 사태는 여러 가지 측면을 가지는데, 법률
가는 이를 법적 입장에서 관찰하고 분석한다. 즉 여기에 법을 적용하는 입
장에서 이를 관찰한다. 이러한 인식방법을 법률적 사고라고 한다.

법률적 사고에서는 무엇이 좋은 것인가 하는 점이 아니고, 오로지 무엇
이 현행법에 부합하는가 하는 점에 기해서 사태를 관찰한다. 예컨대 갑이
을에게 돈을 빌려줬는데 반환시기가 닥아온 경우에, 을은 돈을 갚아야 하
는가 하는 질문이 제기되었다고 하자. 사람들은 이 질문에 대해서 경제적
으로 대답할 수도 있고, 도덕적으로 대답할 수도 있을 것이다. 전자에서는
만약 을의 반환을 유예한다면 그것이 커다란 이익을 낳을 자본으로 기능하
고 따라서 국가경제를 위해서도 좋을 것인가 하는 관점에서 대답할 수 있
으며, 후자에서는 만약 을이 궁박상태에 있다면 그럼에도 갑이 반환을 요
구하는 것은 선한 것이 못된다고 대답할 수 있다. 그러나 이를 법적으로 대
답한다면, 을이 반환을 거절할 법률상의 특별한 사정이 있는가를 살피고,

그러한 사정이 없는 한 을은 갑에게 돈을 갚을 의무가 있다고 답할 것이다.

2) 법률적 사고에서의 일응 대립하는 지표
: 법적 안정성과 구체적 타당성

법률적 사고에서 지향하는 가치는 법적 안정성과 구체적 타당성이다. 전자는 법률적 사고는 예견가능하고 일관된 판결을 이끌어야 한다는 것이고, 후자는 법률적 사고는 개별 사례에서의 실제적 수요에 적합하도록 행해져야 하고 상황이 요구하는 경우에는 다른 경우와의 불일치를 받아들여야 한다는 것이다.

① 법적 안정성이 법률적 사고의 지표指標임은 설명을 요하지 않는다. 왜냐하면 법적 안정성이 확보되어야 사람들은 자신의 행동이 법적으로 어떻게 평가될지를 예견하고 자신의 행동을 조정할 수 있으며, 법을 신뢰할 수 있기 때문이다. 더 근본적으로 법적 안정성은 동일한 것을 동일하게 취급한다는 평등원칙을 실현하는 것으로서 정의의 한 내용을 이루는 것이다. 이에 대해서 구체적 타당성이라는 원리는 개별사례에서 요구되는 사실상의 수요에 적합해야 한다는 것이다. 즉 개별사례의 해결은 비록 통일성·획일성을 잃더라도 그 사례에 적합한 것이어야 한다는 것이다. 이는 정의의 또 다른 내용인 형평을 도모하는 것이다.

② 법적 안정성과 구체적 타당성은 서로 반대되는 결과를 낳을 수 있다. 법적안정성의 요구는 당해 사례를 지금까지 적용되었던 기본원칙에 부합하게 해결하는 것임에 반해서, 구체적 타당성의 요구는 그러한 원칙으로부터 벗어나는 해결이다. 그러므로 양 원리는 법률적 사고에서 어려운 문제를 제기한다.

법적안정성을 지향해야 한다는 요구는 일상생활의 표준적 사례에서만 충족될 수 있다. 그런데 다툼이 생겨 현재 문제가 된 사례는 표준적이지 않은 특수한 경우가 대부분이다. 따라서 표준적 사례에서와는 달리 판단되리라고 여겨지는 경우이다. 그렇지 않다면 사건화할 필요도 없었을 것이다. 법적안정성은 단지 판결이 지금까지와 동일한 궤도를 유지하는 것이 타당하다고 판단되는 경우에만 의미가 있다. 이와 달리 새로운 사회여건으로 인해서 혹은 당해 사례의 특수한 상황으로 인해서 그러한 궤도에서 벗어날 것이 기대되는 경우까지 법적안정성에 매이는 것은 타당하지 않다. 예컨대 통상적인 손해배상청구 사건에서는 피해자가 가해자의 과실을 증명해야 하는데, 의료사고에서도 법적 안정성을 이유로 이러한 일반원칙을 적용해서 피해자에게 의사의 과실에 대한 증명책임을 부과한다면 법적안정성은 오히려 해로운 것이 될 것이다. 왜냐하면 그렇게 되면 피해자는 의사가 어떻게 조치했어야 하는가, 그런데 어느 점에서 그러한 조치를 하지 않았는가 하는 점을 알 수 없어서 의사의 과실을 증명할 수 없기 때문이다.

다만 구체적 타당성을 고려해야 한다는 요구는, 원리로서는 쉽게 이해되지만 실제적으로는 매우 어려운 문제를 던진다. 과연 당해 사례의 특수한 사정은 어떤 것인가, 그러한 사정에 적합한 「실제상의 수요」는 무엇인가 하는 문제는 각 사례마다 개별적으로 끊임없이 제기될 것이기 때문이다.

③ 법적 안정성과 구체적 타당성 간의 갈등은 법은 관련된 사람 모두에게 일반적으로 구속력을 가지는 규범이라는 점에서 비롯된다. 법적용의 결과가 관련된 사람 모두에게 구속력이 있어야 한다면, 법적 해결이 일반적으로 수긍할 수 없는 뜻밖의 것이어서는 안된다. 따라서 일응 법적 안정성이 우선한다. 그러나 법적 해결은 당해 사례에 부합하는 것이어야 하는 바, 만약 이의 특수한 사정 때문에 다른 경우와 동일하게 취급한다면 실제로 부당한 결과를 낳는 경우에는 이와 달리 취급해야 한다. 만약 법적 안정성의 요구에 빠져 구체적 타당성을 전혀 고려치 않는 해결을 한다면, 당사자뿐만 아니라 일반인도 그러한 결과를 수긍하지 않을 것이다. 이런 점에서 구체적 타당성도 법적안정성 못지 않게 보호되어야 한다. 그러므로 법적

안정성과 구체적 타당성은 우열관계에 놓이는 것이 아니고 서로 적절히 조화되어야 할 가치이다.

제8장

법의 해석과 적용

[법학방법론]

I. 총 설

① 법을 해석하고 적용하는 일반적 방법을 살피는 법학분야를 법학방법론이라고 하는데, 이하에서는 이를 살핀다. 그외에 법학방법론과 법해석학과의 차이, 그리고 우리가 흔히 접하는 헌법학·행정법학·형법학·민법학 등과 법학방법론과의 차이는 전술하였다(제7장 Ⅲ 8, 267쪽). 그리고 법의 해석과 다른 사물의 해석과의 차이, 법해석학과 문헌학과의 차이 등도 전술하였다(제7장 Ⅱ 2 가, 239쪽 이하).

② 구체적 사건에 법을 적용하기 위해서는 먼저 법의 의미가 밝혀져야 하므로 법의 해석이 법의 적용에 선행되지만, 해석과 적용이 엄밀히 나뉘어져 행해질 수 없고 서로 뒤섞여 행해진다. 이하의 설명에서는 먼저 법의 적용을 살피고, 다음으로 법의 해석을 살핀다.

③ 법의 해석과 적용은 법률가의 몫이다. 그러므로 이는 적어도 비법학도에게는 먼 발치의 일이라고도 할 수 있다. 그러나 법의 올바른 해석과 적용은 법률가의 핵심적 과제일 뿐만 아니라, 법을 따라야 하는 모든 시민의 중요한 관심사이다. 그리고 지금까지 법의 개념·이념·법과 사회와의 관련성 등을 고찰한 것은 단지 지식의 함양을 위해서가 아니라 궁극적으로 올바른 법의 해석과 적용을 위해서이다. 이런 점에서 이를 독립한 장에서 상세히 살핀다.

Ⅱ. 법의 적용

1. 총설

가. 법의 적용과정

재판관이 사건에 법을 적용하는 과정을 보면, 우선 당사자들이 주장하는 바를 기초로 해서 사건의 구체적 사실관계를 확정한다(사실확정). 다음으로 그러한 사실을 규율하는 것으로 여겨지는 법규범을 찾아내어, 이의 의미를 해석한다(규범의 색출 및 해석). 그리고 확정된 구체적 사실이 해석에서 밝혀진 법규의 구성요건적 사실에 해당하는가 하는 점을 살핀다(규범과 사실의 대조). 만약 이것이 긍정된다고 판단되면, 그 규범을 당해 사건에 적용해서 그 법규가 규정하는 법률효과의 발생을 긍정하는 판결을 하게 된다.

나. 포섭

1) 의의

이와 같이 사건에 법을 적용하는 과정은 '구체적 사실의 확정' ― '그러한 사실을 규율하는 법규의 색출과 해석' ― '구체적 사실이 법규상의 구성요건적 징표를 충족하는가 하는 점의 검토'라는 과정으로 이루어지는데, 이러한 과정을 「포섭」이라고 한다. 이는 당해 사건에서의 사실이 법규가 규정하는 구성요건적 사실에 들어맞는 경우에 그 사건을 법규 안으로 끌어들이는 것이라는 뜻에서 붙여진 용어이다. 요컨대 포섭이라는 사고작용은 추상적인 규범이 규정하는 구성요건적 사실(구성요건적 징표)과 문제된 사건의 구체적인 사실을 대조하고, 후자가 전자에서의 징표를 충족한다고 판단되는 경우에 법규범을 사건에 적용해서 여기에서 규정된 법률효과를 발생시키는 것이다.

2) 포섭과 관련해서 유념할 점을 살핀다

가) 포섭에서의 3요소

포섭에서는 구체적 사건에서의 생활사실, 그러한 생활사실에 적용될 법규범, 이의 적용으로 인한 법률효과의 발생이라는 세 요소가 전제된다. 이 중에서 법규범을 상위명제, 생활사실을 하위명제, 법률효과의 발생을 결론이라고 한다. 그리고 포섭은 상위명제로서의 법규범을 하위명제로서의 생활사실에 적용해서 법적결과라는 결론을 이끌어내는 것이라고 요약된다.

나) 포섭의 성질

법실증주의는 법의 적용과정인 포섭을 논리적인 3단논법적 과정으로 이해한다. 즉 예컨대 "사람은 죽는다 / 갑은 사람이다 / 그러므로 갑도 죽는다"고 하는 결론을 내리는 과정처럼, 법의 적용과정에서도 가치판단의 개입없이 오로지 논리적 분석을 통해서 법규의 의미를 해석하고 또 사실을 확정하고 또 법규가 사건에 적용될지를 판단하면 된다고 한다. 그러나 우선 법률의 의미는 법문의 형식논리적 분석에 의해서 밝혀지는 것이 아니며, 다음으로 사실의 확정에서도 가치판단이 개입한다(이 점은 뒤에서 살핀다). 더 나아가 법률의 의미가 밝혀지고 사실이 확정되었더라도, 그러한 사실이 법률상의 요건을 충족하는가, 즉 문제된 사건에 그 법률을 적용할 것인가 여부 역시 논리적으로 결정되지 않는다. 여기에서는 특히 법률을 그 사건에 적용하는 것이 사건을 타당하게 규율하는가 하는 점이 고려된다. 즉 가치판단이 개입된다. 그러므로 포섭은 결코 논리적 과정이 아니다 (이 점에 관한 듀이의 가르침은 제6장 IV 4 나 2) 마), 221쪽 참조).

2. 사실의 확정

가. 총설

1) 의의

이는 사건의 구체적 사실관계가 어떠한지를 조사해서 이를 확정하는 작업이다. 실제의 재판에서는 이것은 매우 어려운 작업이다. 예컨대 갑이 을에게 물건을 매각했는데 을이 대금지급을 거절하는 경우에, 그 이유는 여러 가지일 수 있다. 즉 을이 이미 대금을 완급했다는 이유일 수도 있고, 계약이 무효라는 이유일 수도 있고, 목적물에 있는 하자 때문에 이를 제대로 사용할 수 없어서 계약을 해제한다는 이유일 수도 있다. 따라서 법원은 을이 대금지급을 거절하는 이유에 따라서 각 사실관계 — 즉 계약이 유효하게 성립했나, 목적물에 하자가 있나 특히 하자가 매매계약시부터 있던 것인가 그 이후에 갑의 사용 중에 아니면 제3자의 실수로 생긴 것인가 하는 점 — 를 살펴야 한다.

2) 가치판단의 개입

하나의 사건에 관련된 사실은 무수히 많다. 사실의 확정에서는 그 사건에서 존재하는 객관적인 사실 전부를 살피는 것이 아니다. 단지 적용될 법규가 규정하는 구성요건적 사실(법률효과의 발생요건인 사실)이 있는가를 살피는 것이다. 그런데 그러한 구성요건적 사실과 관련해서 쌍방 당사자가 주장하는 사실은 상당 부분 상반되는 바, 이때 재판관은 여러 가지 사실을 종합하여 과연 어떤 주장이 실제와 부합할지를 판단한다. 이러한 판단에서는 당해 사건에 관련된 법규를 적용하는 것(즉 일방이 주장하는 법률효과의 발생을 긍정하는 것)이 타당한가 하는 점에 대한 평가가 중요한 역할을 한다. 즉 만약 사건에 법규를 적용하는 것이 타당하다고 평가되면, 이와 배치되는 사실은 버리고 이를 뒷받침하는 사실만을 받아들여 사실을 확정한다(즉 주장된 수많은 사실 중에서 타당하다고 여겨지는 것을 취사선택한다). 그리고 이러한 사실을 당해 사건에 적용될 법적 구성요건에 부합하도록「각색」한다.[1) 이와 같이 사실의 확정에서부터 가치판단(평가)이 개입된다.

나. 사실확정에서의 몇 가지 문제

1) 사실조사의 주체

재판관은 실제의 사실을 알 수 없다(직접 경험한 것은 아니므로). 사후적

---

1) 사건에 담겨진 사실을 적용될 법규상의 구성요건에 맞도록「각색」한다는 점은 미국의 법현실주의가 지적한 바 있다(제6장 Ⅳ 4 나 2) 마), 220쪽). 대법원 2009.4.23. 2006다 81035 판결에서도 이러한 점이 엿보인다. 이는 임대기간 만료 후「임차인」에게 우선 분양하기로 되어 있는 대한주택공사(갑)의 공공임대아파트를 을이 자신 명의로 임대차계약을 맺고 年老한 그의 父 병이 처음부터 계속해서 거주한 경우로서, 병이 위의「임차인」에 해당하느냐 하는 점이 문제된 사건이다. 원심은 병이 처의 병수발로 자리를 뜰 수 없었던 절박한 사정 때문에 직접 임대차계약을 체결하지 못하고 을에게 임대차계약의 체결을 부탁하였는데 을이 실수로 병의 이름이 아닌 자신의 명의로 계약을 체결한 것이라고 보아 병을 임차인으로 해석했으나, 대법원은 이에 부합하는 믿을 만한 증거가 없고, 오히려 을이 "병의 보증채무를 피하기 위하여 자신 명의로 계약을 체결"하였다고 진술한 것에 의하면 을과 병은 대외적인 법률행위는 병의 명의로는 하지 않을 의도였다고 추측되는 점 등을 들어 을을 임차인으로 해석했다. 이 사건에서 법문의 해석에 관한 판시내용은 뒤에서 소개한다(아래의 Ⅳ. 2 다, 218쪽 주 18).

으로 어떤 사실이 있었는지를 조사해서 실제의 사실이 어떠한가를 판단할 수밖에 없다. 여기에서 문제되는 것은 누가 사실조사의 주동적 역할을 할 것인가 하는 점이다. 사실을 알기 위해서 법원이 직접 사실관계를 조사하도록 할 것인가, 아니면 당사자에게 이를 맡길 것인가? 전자에 의한다면 보다 중립적·객관적으로 사실조사가 행해질 수 있을지 모른다. 그러나 사실의 조사에 상당한 시간이 소요될 것이다. 그러면 후자에 의하는 것은 어떤가? 당사자는 사실을 직접 체험하였기 때문에 이를 누구보다 잘 알 뿐만 아니라, 사실이 어떠냐에 관해서 커다란 이해관계를 가지므로 열심히 자신에게 유리한 사실을 밝히고자 노력할 것이다. 그러므로 이 방법이 진실파악에 유리하다. 물론 이 방법은 자신에게 유리한 사실만을 찾는다는 문제점을 가지지만, 이는 상대방의 반대사실의 적시에 의해서 극복될 수 있다. 이런 점에서 오늘날의 법제는 원칙적으로 후자의 입장을 취하며(변론주의), 법원은 단지 수동적으로 당사자가 주장한 바를 토대로 사실관계를 판단하도록 한다(보완적 수단으로 석명권제도).[2] 다만 형사사건과 공법적 사건은 공공의 이익에 영향을 주기 때문에, 변론주의를 원칙으로 하면서도 법원은 필요하면 스스로 사실관계를 조사할 수 있다(직권조사).

2) 사실조사의 기초로서의 증거

당사자는 자신이 주장하는 사실을 증거를 통해서 그것이 진실(= 실제사실)이라는 것을 증명해야 한다. 그렇게 해서 재판관으로 하여금 그러한 사실이 있다고 믿도록 하고 그리하여 자신에게 유리한 판단을 이끌어내야 한다. 그리고 재판관은 재판에서 제시된 증거를 기초로 해서 재판(사실의 확인)해야 한다(증거재판주의).

---

2) 석명권제도란 소송자료의 제출을 당사자에게 맡기는 것을 원칙으로 하면서도, 소송관계를 분명하게 하기 위해서 재판장이 당사자에게 사실상 또는 법률상의 사항에 대해서 질문하고 증명을 촉구할 수 있는 제도이다.

그런데 증거 또는 증명과 관련해서 몇 가지 문제가 생긴다. 사실과 관련된 것이면 어떤 증거라도 제출할 수 있는가(증거능력)? 만약 사실이 증명되지 못한 경우에 어떻게 할 것인가(증명책임)? 재판관은 주장사실이 어느 정도로 진실이라고 믿을만한 경우에 그러한 사실이 존재한다고 판단할 것인가(증명의 정도)? 끝으로 증거가 과연 어느 정도의 증명력을 가지는가 하는 점에 관해서 일정한 기준을 둘 것인가(증명력과 자유심증주의)? 이런 점들에 관해서 간략히 살핀다.

① 당사자는 원칙적으로 자신이 주장한 사실에 관해서는 스스로 그에 관한 증거를 제시해서 증명해야 한다. 만약 증명하지 못하면 그것이 사실이 아닌 것으로 판단된다(증명책임). 즉 재판관은 실제 사실을 알 수 없으므로, 주장사실이 증명되지 않으면 그것이 사실이 아닌 것으로 판단하는 수밖에 없다. 따라서 사실을 증명하지 못하면 그러한 사실이 없는 것으로 판단되는 불이익을 입는다. 이를 증명책임이라고 한다. 그러면 누가 증명책임을 부담하는가? 이는 그러한 사실이 있었다고 주장하는 측이 부담한다. 이에 의하면 대부분 권리의 발생을 주장하는 사람은 권리발생에 필요한 사실을 증명해야 하고, 권리의 불발생 혹은 소멸을 주장하는 사람은 그러한 점을 뒷받침하는 사실을 증명해야 한다. 이에 대한 예외로는 공해소송, 의료소송 등이 있다. 즉 예컨대 공해소송에서는 공해로 손해를 입은 자(원고)는 공해 발생과 손해 사이에 인과관계가 있을 개연성만 주장하면 되고, 공해를 배출한 자(피고)는 손해가 공해 때문이 아니라는 점을 증명해야 손해배상책임을 지지 않게 된다(의료소송에 관해서는 제7장 Ⅳ 2 다 2), 277쪽 참조).

② 증명의 정도는 재판관으로 하여금 그것이 진실일 개연성이 매우 크다는 정도 — 합리적 의심이 들지 않을 정도 — 이어야 한다.

③ 어떤 사실의 진실성을 뒷받침할 수 있는 증거는 모두 사용할 수 있는가? 이에 관해서는 형사소송과 민사소송에서 차이를 가진다. 즉 민사소송에서는 원칙적으로 증거능력에 관해서 특별한 제한이 없으나, 형사소송에

서는 상당한 제한이 있다. 그 대표적인 것으로 간접증거(전문증거傳聞證據
는 이의 하나이다) 및 자백은 원칙적으로 증거능력이 없다. 즉 예컨대 증인
을이 피고 갑이 범행을 저지르는 모습을 보았다고 말하는 것이 아니라, 증
인 병이 을로부터 을이 위와 같이 말하는 것을 들었다고 진술하는 것은 전
문증거로서, 이를 증거로 사용할 수 없다(즉 이를 증거로 갑의 유죄를 인정
할 수 없다).

④ 제시된 증거가 어느 정도의 증명력을 가지는가 하는 점에 관해서 법은
아무런 기준도 두지 않으며, 재판관이 자유롭게 판단하도록 한다(자유심증
주의). 이는 과거에는 자백의 증명력을 절대시해서 수사과정 등에서 자백을
얻기 위해서 고문 등의 가혹행위가 행해진 경험에서 비롯된 것이다.

다. 동기의 불고려

① 사실의 확정과 관련해서 유념할 점은, 동기는 여기에서의 사실에 속
하지 않는다는 점이다. 즉 법은 객관적으로 행해진 행위만을 볼 뿐이지, 그
러한 행위를 하게 된 동기는 보지 않는다. 따라서 선량한 동기에서 비롯된
행위이더라도 그것이 법에 위반하게 되면, 동기에 대한 고려 없이 법의 제
재를 받게 된다. 즉 예컨대 갑이 하도 무례해서 혹은 도덕적으로 못되게 놀
아서 이를 보고 있던 을이 갑에게 욕을 하거나 나아가 폭력을 사용하였다
면, 갑은 도덕적으로는 몰라도 법적으로는 잘못이 없고 따라서 을만이 폭
행죄를 저지른 것이 된다(물론 그래서 갑도 폭행을 하게 되면 두 사람 모두
폭행죄가 되지만).

② 다만 법에서도 도덕적 측면을 고려할 수 있는 제도가 있다(제2장 II
1 라, 23쪽)에서 설명한 형법에서의 선고유예, 민법에서의 신의성실의 원칙
등이 이에 해당한다).

3. 규범의 색출 · 추적

가. 총설

1) 의의

사실관계를 확정한 후에는 그러한 사실에 적용될 법규가 무엇인가를 찾아야 한다. 매수인 을이 매도인 갑에게 대금을 지급치 않는 위의 예에서 을의 대금지급 거절사유가 무엇이냐에 따라서 쟁점이 달라지고 따라서 적용법규가 달라진다. 즉 예컨대 계약의 무효를 이유로 거절하는 것이라면 무효사유가 비진의표시이냐 착오이냐에 따라서, 또 하자를 이유로 거절하는 것이라면 하자의 존부와 하자의 발생시기에 따라서 — 앞에서 말한 확정해야 할 사실이 무엇이냐 하는 점이 달라지고 나아가 — 쟁점 그리고 적용법규가 달리진다. 따라서 갑의 거절사유가 무엇인가를 정확히 파악해서, 어떤 사실을 밝혀야 하는가 그리고 어떤 법규가 적용되는가를 올바로 추적 색출해야 한다.

2) 작업의 어려움

규범의 색출에서는 사건에 적용될 규범을 모두 색출해야 한다. 그런데 오늘날에는 전체를 개관할 수 없을 정도로 무수히 많은 법규범이 존재하므로 사건에 적용될 법규범이 무엇인지 또 다른 법규범과 어떤 관련이 있는지를 파악하기가 매우 어렵다. 뿐만 아니라 적용될 법규범이 여러 개인 경우에 이들은 대부분 여기 저기 흩어져 있기 때문에, 이들을 빠짐없이 색출하고 이들의 관계를 명확하게 파악하는 일은 매우 어려운 작업이다. —— 이러한 작업을 보다 수월하게 하기 위해서 법률은 규율해야 할 수많은 요소들이 어디에 위치했는지를 전체적으로 조감할 수 있도록 체계적으로 규정한다(체계적 구조, 제9장 I 2 다 2), 336쪽 참조).

나. 규범의 충돌

하나의 사실관계가 여러 법규정 상의 구성요건적 사실에 해당하는 경우에는 여러 법규정이 적용될 수 있다. 이를 규범의 충돌이라고 한다. 이때에는 어떤 법규정을 적용할지가 문제된다. 이는 법규정 상호간의 관계에 의해서 결정되는데, 그 관계는 두 가지로 나뉜다.

1) 법조경합

이는 수개의 법규정 간에 우열관계가 있는 경우이며, 이 경우에는 어느 하나의 법규만이 적용된다. 따라서 당사자는 임의로 어느 것을 선택해서 이의 적용을 주장할 수 없다. 다음과 같은 원칙이 우열관계를 결정한다.

① 특별법이 일반법에 우선한다. 민법(임대차 규정)과 주택임대차보호법 간의 관계가 이에 해당한다. 즉 예컨대 갑이 을의 건물을 임차하여 사용하는 경우에, 일반적으로는 일반법인 민법이 적용되어 갑은 임차권에 관해서 대항력을 가지지 못한다(따라서 만약 을이 건물을 병에게 팔아서 병이 갑에게 건물의 퇴거를 요구하는 경우에, 갑은 임차권을 병에게 주장(대항)해서 퇴거를 거절할 수 없다). 그런데 만약 그 건물이 주택이고 갑이 입주하여 주민등록을 한 경우에는, 특별법인 주택임대차보호법이 적용되어 갑은 병에 대해서 대항력을 가지게 된다. 일반법과 특별법의 또 다른 예는 불법행위가 사인에 의해서 행해진 경우와 공무원에 의해서(공무와 관련해서) 행해진 경우에, 민법과 국가배상법과의 관계이다. 즉 예컨대 갑의 직원 을이 업무처리 중에 과실로 병을 상해한 경우에, 일반적으로는 민법이 적용되어 병은 갑에 대해서 민법상의 사용자책임을 묻게 되지만, 을이 공무원

인 때에는 국가배상법이 적용되어 병은 국가(혹은 지방자치단체)에 대해서 국가배상책임을 물을 수 있다.

② 신법이 구법에 우선한다. 이는 동일한 사항을 규율하는 법이 있었는데, 그후 다시 그러한 사항을 달리 규율하는 법이 만들어진 경우로서, 이 경우에는 후법이 적용된다.

2) 청구권경합

이는 수개의 규정 간에 우열관계가 없는 경우이며, 이 경우에는 수 개의 규정이 병존적으로 적용된다. 당사자는 이중 어느 하나를 임의로 선택해서 그 규정으로부터 나온 법률효과를 주장할 수 있다. 그리고 그러한 주장이 받아들여지지 않으면 다시 다른 규정의 적용을 주장할 수 있다. 그 대표적 예는 어떤 행위가 계약위반(채무불이행)과 불법행위의 요건을 다 갖춘 경우로서, 피해자는 어느 것에 기해서든 손해배상청구권을 행사할 수 있으며, 예컨대 전자의 주장이 배척되면 후자를 주장할 수 있다(다만 여기에는 반대 견해가 있다).

다. 규범의 부재

규범추적에서 당해 사건을 규율하는 법규가 보이지 않을 수 있다. 이때에는 어떻게 해야 하는가? 이는 사건의 내용에 따라 달라진다.

1) 형사사건의 경우

형사사건에서는 이로써 규범추적은 끝이 난다(즉 국가는 더 이상 규범위반을 이유로 처벌을 요구할 수 없다). 왜냐하면 죄형법정주의 혹은 이의 한 내용이라고 할 수 있는 행위시법주의의 원칙상, 행위에 앞서 법률상의 처벌규정이 없으면 국가의 처벌청구는 허용되지 않기 때문이다.

2) 민사사건의 경우

그런데 민사사건에서는 다르다. 여기에서는 문제된 사건에 적용될 법규가 없는 경우를 법률의 공백이라고 하고, 이때 법원은 사건을 어떻게 해결하는 것이 타당한지를 고려해서 재판해야 한다. 이를 공백의 보충이라고 한다. 민사사건은 서로 이익이 충돌하는 당사자 간에서 1방 당사자(갑)가 타방 당사자(을)와의 관계에서 자신의 이익을 보호해 달라고 요구하는 것(그리고 타방은 법적으로 그러한 청구는 부당하다고 거절하는 것)인데, 만약 법원이 이를 규율하는 법이 없다는 이유로 원고의 청구를 기각한다면, 이는 갑의 이익보다 을의 이익을 더 보호한다는 의미가 된다. 그리고 그러한 결과가 실질적으로 부적절하다면 그 판결은 부당하다는 비판을 면하지 못할 것이다. 따라서 법원이 법률을 보충함에 있어서는 양자 중 어느 쪽의 이익을 더 보호하는 것이 타당한가 하는 가치판단이 가장 중심적 고려사항이 된다. 법률의 보충에 관해서는 뒤에서 다시 살핀다(아래의 IV 1, 307쪽 이하).3)

---

3) 사건에 적용될 규정이 없다는 이유로 원고청구를 배척한다면 피고의 이익을 더 보호한다는 의미가 된다는 점을 보여주는 하나의 예로서, 소위 일조권이 문제된 사건을 소개한다. 갑의 주택 옆에 을이 신축한 아파트가 햇빛을 가려 갑이 햇빛의 차단으로 불이익을 얻었다고 하면서 손해배상을 청구한 경우에, 문제의 핵심은 갑이 온건하게 햇빛을 받을 이익과 을이 자신의 땅에 자유롭게 아파트를 지을 이익(소유권의 자유로운 행사)을 어떻게 조절할 것인가 하는 점이다. 그런데 만약 갑의 그러한 이익을 보호하는 법률규정이 없다는 이유로 갑의 청구를 배척한다면, 그 판단은 갑의 위 이익보다 을의 위 이익을 더 보호한다는 의미가 된다(물론 을이 행정법상의 이격규정을 위반했다면 행정법상의 제재를 받지만, 이런 점이 곧 민법상 손해배상청구를 인정하는 근거가 되지는 않는다). 이는 갑과 을의 이익을 균형있게 보호하는 것이 못되어 사회적으로 비난을 면치 못할 것이다. 그리하여 법원은 햇빛의 차단이 일정한 정도를 넘으면 위법한 불법행위로 인정해서 갑의 청구를 인용했다. 그리고 이러한 판결들이 쌓여서 누구든 「일정한 정도」로 햇빛을 받을 이익을 가진다고 인정되었고, 이러한 이익을 누릴 권리＝일조권이 생겨났다. 여기에서의 일정한 정도를 「수인(受忍)한도」라고 한다. 방해의 정도와 관련해서는 약간의 변

3) 공법적 사건의 경우

규범의 부재는 근래 특히 행정법에서 어려운 문제를 낳는다. 종래에는 행정행위는 대부분 질서유지를 위한 것(질서행정법)으로서 국민에게 의무를 부과하거나 자유를 제한하는 것이었으므로, 이러한 법의 부재는 형법의 부재와 마찬가지로 취급되어 법률규정(행정벌규정)이 없으면 처벌할 수 없었다. 그런데 오늘날에는 급부행정이 확대되면서, 급부에 관한 법의 부재는 급부행위의 금지로 되느냐 하는 점이 문제되고 있다. 즉 급부에 관한 법이 없으면 급부행위는 할 수 없는가? 이는 행정법에서의 법률유보의 원칙(행정행위를 함에는 법률의 근거가 요구된다는 원칙)은 국민에게 이익을 주는 행정행위에도 그대로 적용되느냐 하는 각도에서 논의된다. 이러한 논의는 특히 급부행위의 공평성과 관련해서 문제가 제기된다. 왜냐하면 급부행위는 국민에게 이익을 준다는 점에서는 법률의 유보가 요구되지 않겠지만, 법의 규율이 없으면 자칫 급부가 불공평해지기 쉽기 때문이다(누구에게는 보다 많은 그리고 누구에게는 보다 적은 급부를 줌으로써). 그 외에 만약 불평등한 급부가 헌법상의 평등원칙에 반하는 때에는 평등권을 근거로 이의 시정을 요구할 수 있다.

4. 사건에의 규범의 적용

① 사건의 구체적 사실이 밝혀지고 여기에 적용될 법규가 찾아지면, 구체적 사실이 법규상의 구성요건적 징표를 충족하는가 하는 점을 검토해야

화가 있었으며, 대법원 2004.9.13. 2003다64602 판결은, 방해가 극대화되는 동지를 기준으로 하여 9시부터 15시 사이의 6시간 중 일조시간이 연속하여 2시간 이상 확보되지 않거나 혹은 8시부터 16시 사이의 8시간 중 일조시간이 통틀어 4시간 이상 확보되지 않는 때에는 수인한도를 넘는다고 한다.

한다. 그리고 이것이 긍정되면 그 사건에 법규를 적용해서 법규상의 법률효과가 발생하도록 한다.

② 이를 위해서는 법의 보다 정밀한 해석이 필요하다. 이것은 사실의 확정과 함께 매우 난해한 작업이다. 그리고 이것이 바로 진정한 법의 해석이다. 즉 이에 앞서 구체적 사실이 어느 법규와 관련된 것인지를 알기 위해서도 먼저 해석이 필요하지만, 이제 이 구체적 사실에 위 법규를 적용하기 위해서는 법규의 의미를 보다 정밀히 분석하고 면밀히 검토해야 한다. 앞의 규범색출에서의 법규의 해석에서는 법의 문리적 의미가 중시된다면, 법규를 사건에 적용함에 있어서는 이의 적용으로 인해서 생기는 실제적 효과가 중시될 것이다. 왜냐하면 법의 궁극적 목표는 다툼을 타당하게 해결하는 것이기 때문이다. 해석에 관한 상세한 고찰은 항을 나누어 살핀다.

이와 같이 법의 해석은 두 단계로 나뉘어지는 바, 우선 당해 사건에 적용될 법규가 무엇인지를 찾아내기 위해서 행하는 법의 해석은 포섭의 준비단계로서의 해석이라고 할 수 있다. 다음으로 사실관계가 밝혀진 후에 여기에 법규를 적용할지를 판단하기 위해서 행하는 법의 해석은 포섭의 마무리단계로서의 해석이라고 할 수 있다. 앞의 해석은 적용가능성 있는 실정법에 관해서 행해지는 대략적·추상적인 해석이고(교과서 혹은 주석서상의 해석이 이에 해당한다), 후자의 해석은 그 법을 이 사건에 적용할지를 결정하기 위한 것으로서, 보다 정밀하고 구체적인 해석이다. 판결문은 바로 이러한 해석을 담은 것이다.

III. 법의 해석

1. 총설

가. 해석의 의의·필요성 등

1) 해석의 의의

해석은 법률상의 규정 즉 법문(Text)의 의미를 밝히는 것이다. 법률규정은 그 의미가 해석을 통해서 밝혀져 구체적 사건에 적용됨으로써 살아 숨쉬는 것이 된다. 이런 점에서 법의 해석은 실천적 의미를 가지며, 다른 사물의 해석과 구별된다.

2) 복수의 해석가설의 선택

19세기의 법실증주의, 특히 개념법학은 법률을 논리적 방법에 의해서 올바르게 해석하면 그 정답은 오로지 하나라고 하였다. 즉 모든 법률문제에 대해서는 오로지 하나의 올바른 해답만이 존재한다고 하였다. 이는 법규정을 순수히 논리적·연역적으로 추론해서 해답을 찾으려는데 기한 것이다. 그러나 법에서는 언제나 경험적인 것이 개입하므로, 연역적 방법만에 의해서는 실제적으로 타당한 해답을 찾을 수 없다. 연역만으로 해답을 찾으려는 것은 법과 실제로 관련된 사실세계를 고려하지 않고 법을 오로지 규범으로 파악하려는 것이다. 더 나아가 법규정에는 더 이상의 설명이 필요없이 그 의미가 명확한 것도 있지만, 대부분은 그 의미가 불명확하다.4) 즉 일의적인 의미를 가진 법규정은 거의 없고, 대부분은 그 의미에 있어서 어느 정도의 유희공간을 가지며, 때로는 서로 다른 복수의 의미를 가질 수도 있다(복수의 해석가설). 따라서 이러한 복수의 해석가설 중에서 어느 것이 당해 사건을 가장 타당하게 해결하는가를 고려해서 이중 하나를 선택하는 것이 해석의 가장 핵심적인 작업이다. 달리 말하면 법문의 가능한 복수의 해석가설을 이끌어내는 것은 해석의 시작단계이고, 이중 하나를 선택하는 것이 해석의 본단계이며 중심 문제이다. 그리고 이러한 선택에서는 법에 영향을 미쳤던 사실적 요소 그리고 해석결과가 사실세계에 미칠 영향 등을 고려해야 한다.

나. 해석의 두 형태

해석은 법문의 의미를 밝히는 것이지만, 때로는 문제된 사건에 적용될 규정이 없거나, 있지만 사회여건에 맞지 않을 수 있다. 이런 경우에는 뒤에서 보는 바와 같이 그 사건에 적용될 법규범을 보충하거나(법률의 보충) 혹은 그 법규범을 법문과 배치되는 내용으로 해석해야 한다(법률의 유월 내지 수정). 이런 작업은 「법문」의 의미를 밝히는 것은 아니지만, 해석작업에서 나오는 것이고 이의 진행이다. 그러므로 법률의 보충 및 유월도 법률의

---

4) 그러한 예는 무수히 많다. 법률요건이 추상적인 것인 때에는 언제나 그렇다. 채무불이행 혹은 불법행위 등에 관한 규정은 물론 착오에 관한 규정도 이의 예이다. 그런데 법문이 상당히 구체적인 내용인 때에도 마찬가지이다. 법인의 등기의 효력에 관한 민법 제54조 1항에 관한 대립하는 해석의 예는 그 한 예이다(이의 내용은 아래의 Ⅲ 3 나, 304쪽의 주 11에서 소개). 또 동일한 법규정에 대한 해석의 변화도 그 한 예이다(Ⅲ 2 마, 301쪽의 주 5, 주 6에서 소개). 그밖에 형법 제170조 제2항에서 말하는 "「자기의 소유에 속하는」 제166조 또는 제167조에 기재한 물건"에서 「 」 속에 담긴 문구가 166조에 기재한 물건에만 적용되는가 아니면 167조에 기재한 물건에도 적용되느냐 하는 문제 역시 이의 한 예이다(대법원 1994.12.20. 94모32 전원합의체 결정은 전자로 해석).

해석의 범주에 속한다고 해야 한다. 다만 이 책에서는 이를 「법의 형성」이
란 항목에서 별도로 살핀다(아래의 IV, 307쪽 이하).

2. 법률해석의 기준(해석에서 고려될 사항)

그러면 법률의 해석에서 고려될 사항 즉 해석의 일응의 기준은 무엇인
가? 많은 견해가 법문의 언어적 의미, 법의 역사, 법의 체계, 법의 목적 등
을 든다. 이는 19세기의 독일의 법사학자 사뷔니(Friedrich Karl von Savigny,
1779-1861)가 제시한 고려사항을 기초로 한 것이다. 이를 고전적 기준이라
고 할 수 있다. 그런데 이는 19세기의 법실증주의의 방법론이다. 법의 이념
(법의 목적), 법과 사회와의 관련성 등을 중시하는 오늘날의 견해에 의하면,
이러한 고전적 기준 이외에도 여러 가지 점이 고려되어야 한다. 이하에서
고려될 점을 개별적으로 살펴본다(이중에서 앞의 세 가지가 고전적 기준에
해당한다). —— 해석에서 고려되는 사항은 법의 내용에 따라 차이가 있을
것이다. 예컨대 형법에서는 언어적 의미가 절대적 기준으로 작용하지만, 민
법에서는 그렇지 않다. 그런데 이하에서는 이러한 법의 내용에 따른 차이
를 고려함이 없이 해석기준에 관한 일반적 이론(일반적 이론이라기보다는
사법에서의 이론이라고 하는 것이 적절할지 모른다)을 설명한다.

가. 언어적 의미

먼저 법문의 언어적 의미가 해석의 기준으로 고려된다. 언어적 의미에
따라 법문의 의미를 해석하는 것을 문언적 해석이라고 한다. 이의 구체적
내용을 보면,
① 법문에 사용된 언어 중에는 사회에서 일반적으로 사용되는 것도 있

고, 그렇지 않은 것도 있다. 전자 중에는 다시 그것이 사회에서 일반적으로 가지는 의미에 따라 사용된 것도 있고, 이와는 달리 법률에서 특정한 의미를 가진 것으로 사용된 것도 있다(착오나 사기·강박, 대리, 무효·취소·철회 혹은 해제·해지 등이 이의 예이다). 후자 중에서도 사회에서는 사용되지 않고 법률에서만 사용되는 특수한 용어로는 법률행위·법률요건·법률효과 등이 있다(전문적 법률용어). 이와 같이 언어가 법률에서 특수한 의미로 사용되거나 법률에 고유한 전문용어인 경우(즉 언어가 특수한 법개념인 경우 — 대표적인 전문용어는 제9장 Ⅰ 2 다, 340쪽 이하에서 설명한다)에는 이의 법률적 의미에 따라 해석해야 함은 물론이다.

② 모든 문언에서 사용된 언어의 의미는 문맥과 목적에 따라 달라지는 것이고, 처음부터 미리 예정된 의미를 가지는 것이 아니다. 즉 이의 의미는 열려있다고 할 수 있다. 이러한 점은 법문에서의 언어에서도 마찬가지이다. 특히 법문의 해석에서는 언어의 의미와 법문의 논리적 구조(문맥) 뿐만 아니라, 그것이 무엇을 위해서 사용되었는가 따라서 어떤 방향으로 해석되어야 하는가 하는 점을 고려해야 한다. 법은 가치와 관련된 것이고 일정한 목적을 위해서 만들어진 것이므로, 이러한 점을 고려해서 법문의 의미를 밝혀야 한다.

나. 법의 역사

① 모든 법률은 일정한 사회여건 속에서 일정한 목표(특정한 이익의 보호 혹은 새로운 형태의 행위의 규제 등)를 달성하기 위해서 만들어진다. 그러므로 법문의 의미를 알기 위해서는 입법 당시의 사회여건 그리고 입법자가 가졌던 의사 내지 정책적 의도를 고려해야 한다. 이와 같이 법의 역사를 고려한 해석방법을 역사적 해석이라고 한다.

② 법의 역사를 고려한다는 의미는, 입법가가 법률을 제정할 때 가졌던

의사를 파악해서 이에 따라 해석해야 한다는 것은 아니다. 즉 입법 당시의 입법가의 의사를 현재에도 그대로 해석의 기준으로 삼아야 한다는 것은 아니다. 이의 의미는, 법률은「그 시대의 자식」으로서 입법 당시의 사회경제적 여건이나 관념에 기초해서 만들어지므로, 법의 해석에서는 이러한 역사적 배경을 고려해야 한다는 것이다. 따라서 시간의 흐름과 함께 사회적 여건이 변하였다면, 동일한 법문이지만 이러한 새로운 여건에 맞게 해석하는 것이 법의 역사를 고려해야 한다는 명제에 맞는다. 이는 다음과 같이 표현할 수 있다 : 과거 입법 당시의 입법자의 위치로 돌아가 그러한 법을 만든 취지에 따라 법을 해석할 것이 아니라, 입법 당시의 사회여건과 변화된 현재의 사회여건 간의 차이를 고려해서, 과연 현재의 여건 하에서는 입법자는 어떤 법률을 만들었을까를 고려해서 해석해야 한다.

다. 법의 체계

① 법률은 각자 그 자체로서 존재하는 것이 아니고, 무수히 많은 법률들과의 전체적 관련 속에 편입되어 있다. 즉 각 법률은 복잡다기하고 겉으로는 각기 독립된 것으로 보이지만, 전체로서 질서있고 통일적인 법체계를 이룬다. 그리고 각 법률은 이러한 전체 법질서의 한 부분이다. 따라서 개개의 법률이 어떤 의미인가를 알기 위해서는 당해 법률이 전체 법질서에서 어떤 위치에 있고 다른 법률과의 관계는 어떠한가를 고려해야 한다. 이러한 점을 고려한 해석방법은 일반적으로 체계적 해석이라고 칭해진다.

② 이와 같이 체계적 해석은 법률을 그 자체만으로 고립된 것으로 고찰하지 않고 전체 실정법체계와의 관련 속에서 고찰하는 것이다. 어떤 규정들을 일반·특별, 원칙·예외 혹은 상·하의 관계에 있는 것으로 해석하는 것은 체계적 해석의 결과이다.

라. 법의 목적 — 이념

① 법의 목적은 정의이다. 그런데 구체적으로 무엇이 정의인지 그 내용을 결정하는 것은 평등·합목적성·법적 안정성이다. 즉 각 법규정마다 그 규율목적에 따라 이러한 세 요소를 조절한다. 즉 어떤 것은 합목적성이, 어떤 것은 법적 안정성이 보다 중시된다. 따라서 법을 해석함에는 이러한 요소가 어떻게 조절되었는지를 고려해야 한다.

② 이중에서 여기에서는 합목적성에 대한 고려를 좀 더 살펴본다. 이는 법률의 규율목적을 고려하는 것이다. 그런데 법률의 규율목적 중에서도 가장 중요한 고려요소는 법률상의 이해조절이다. 법률은 대부분 충돌하는 이해관계를 조절하기 위해서 만들어진다. 즉 대립·충돌하는 이해관계 중 어느 쪽을 더 보호할지 혹은 양자를 어느 선에서 조절할지를 규율하기 위해서 법이 만들어진다. 따라서 법률에는 어느 쪽을 어느 정도 보호할 것인가 하는 점에 대한 가치판단이 담겨있다. 그런데 대부분의 다툼은 쌍방의 이해관계가 대립 충돌되기 때문에 생긴다. 그러므로 다툼을 해결함에 있어서는 법률이 쌍방의 이해를 어떻게 조절하였는지를 고려해야 한다.

법률의 규율목적(ratio legis)은 일부는 역사적인 입법과정상의 자료(입법자료; 입법시대까지의 법정책적 논쟁과 문헌 등)에 의해서, 일부는 체계적 고찰 등에 의해서 찾아진다.

마. 사회와의 관련성(사회적 영향)

① 법을 해석함에는 법과 사회와의 관련성, 특히 해석결과가 낳을 사회적 영향도 고려해야 한다. 이러한 요소의 고려는 법사회학이 강조하는 바이지만, 오늘날 더욱 중요한 것으로 여겨진다. 판례는 이러한 요소를 직접 언급하지 않지만, 실제의 내용을 보면 이러한 요소가 중요한 고려사항이

되고 있다.

② 판례에서 사회와의 관련성을 고려한 해석례의 가장 대표적인 예는 동일한 법규정에 대한 해석이 변화한 경우이다. 예컨대 국가유공자 우대규정,5) 실화책임6) 등에 관한 법률규정을 이전에는 헌법에 위반하지 않는다고 판단해 오다가, 그후 태도를 변경해서 위헌으로 판단하였다. 이러한 법규정은 객관적으로는 일응 불공평하다는 문제점을 안고 있었음에도 입법 당시의 사회여건을 고려해서 만들어진 것으로서, 법원(헌법재판소 포함)은 이러한 점을 고려해서 합헌으로 판단했었다. 그런데 후에 이르러 이제 사회여건이 입법 당시와 크게 달라졌다는 점을 고려해서 이를 위헌이라고 판단한 것이다. 그러므로 이는 바로 법과 사회와의 관련성을 고려한 것이다. 그 외에 법문에 반하는 해석에 관한 판례도 이러한 예에 속한다고 할 수 있다. 이의 내용은 후술한다(IV 2 다, 318쪽 이하).

③ 실제로는 사회와의 관련성을 고려한 해석례임에도 법이론적 근거에 기한 것처럼 포장된 예로 민법상의 착오에 관한 것을 들 수 있다. 민법은 착오가 「법률행위의 내용」에 관한 것이어야 취소할 수 있다고 규정한다(제109조). 따라서 이에 의하면 「동기」에 착오가 있는 때에는 취소할 수 없다.7) 그런데 판례는 일찍부터 가격에 관한 착오를 동기의 착오에 해당한다고 하여 취소를 불허했다. 그러나 가격은 법률행위의 가장 중요한 부분에

---

5) 국가유공자등예우및지원에관한법률 제31조제1항은 일정 범위의 국가유공자 등에게 공무원시험 등에서 가산점을 주도록 규정했었는데, 이의 위헌성에 관해서 한때는 합헌이라고 하였었으나(헌법재판소 2001.2.22. 2000헌마25 결정), 그후 위 법의 적용이 확대되어 이에 기해서 가산점을 받게 되는 범위가 크게 확대되자, 태도를 변경하여 일정 범위에서 위헌이라고 하였다(헌법재판소 2006.2.23. 2004헌마675,981,1022 결정).
6) 실화책임에 관한 법률은 경과실로 인한 실화의 경우 손해배상책임을 전면 부정하였는데, 오랫 동안 이를 합헌이라고 판단하다가(헌법재판소 1995. 3. 23. 92헌가4 등 결정), 헌법재판소 2007.8.30. 2004헌가25 전원재판부에서 이를 위헌(헌법불합치)이라고 하였다.
7) 법률행위의 내용이란 예컨대 계약의 목적물·가격, 대금지급방법과 목적물인도방법 등 계약의 내용에 포함되는 것이고, 동기란 계약을 체결하게 된 이유나 목적 등과 같이 계약내용에 포함되지 않는 것이다.

속한다. 흥정이 깨지는 가장 큰 이유는 가격이라는 점은 이를 가장 간명히 보여준다. 그러므로 이러한 판례는 이론상으로는 부당하다. 그러면 가격의 착오의 경우에 취소를 불허한 이유는 무엇일까? 그 이유는 거래목적물의 가격이 얼마인가 하는 점은 이를 거래하는 사람이 판단할 문제라는 점(즉 이의 가치평가는 당사자가 부담해야 할 위험 영역에 속한다는 점), 만약 어떤 물건을 거래한 이후에 그것의 시장가격을 잘못 알았다고 하면서 착오를 이유로 취소를 주장하는 것을 인용한다면 그로 인해서 생길 사회적 혼란은 말할 수 없이 크다는 점 등이다. 그렇다면 가격착오에 관한 판례의 태도는 착오제도의 사회적 의미 그리고 해석이 낳을 사회적 영향을 고려한 것이라고 해야 한다. 근래 착오가 있더라도 그로 인해서 경제적 불이익을 입지 않는다면 취소할 수 없다고 하는 판례는,8) 해석에서는 그것이 낳을 사회적 영향이 고려된다는 점을 표현한 것이다.9)

바. 외국의 입법례 등

① 외국과의 교류가 많아지면서, 그리고 선행주자로서의 외국의 입법례의 경험을 참조할 필요에서, 외국의 입법례도 해석에서 자주 참조되고 있다. 비교법학은 이러한 수요에 대응한 것이라고 할 수 있다. 그런데 이를 참조함에 있어서 유념할 점은 단지 외국의 법제도가 아니라 외국법의 실제

---

8) 대법원 2006.12.7. 2006다41457 판결
9) 그 외에 사회의 실제를 고려한 해석례로는 사실상의 소유권에 관한 판례(대법원 1987.3.24. 86다카164 판결), 이혼사유로 파탄주의를 취하지 못하는 이유로서, 현재로는 아직 상대방(처) 보호를 위한 장치가 부족하다는 현실적 사정을 드는 판례(대법원 2015.9.15. 2013므568 전원합의체 판결) 등을 들 수 있다. 이와는 달리 사회의 실제를 고려하지 않은 것으로 여겨지는 해석례로는 전관예우 방지를 위해서 변호사의 개업지역을 제한하는 법률을 위헌이라고 한 판례(헌법재판소 1989.11.20. 89헌가102 결정), 박물관이 감정의뢰받은 물건이 국보인 어보(御保)임을 발견하고, 이것이 도품(의뢰인은 이를 외국의 경매에서 구입한 것이다)임을 이유로 감정의뢰했던 자에게의 반환을 거절한 판례(서울중앙지법 2017. 8. 25. 2017가합518187 판결(항소)<어보 사건> 등을 들 수 있다.

적 기능을 고려해야 한다는 점이다.10)

② 해석결과가 미치는 사회적 영향 중에서도 법경제학은 어떻게 규율하는 것이 경제적으로 효율적인가 하는 점을 고려할 것을 주장한다.

사. 헌법정신

헌법에 담겨진 기본권사상이나 가치판단이 고려되어야 한다. 이는 법치국가에서 당연한 것이다. 다만 헌법정신은 보다 고차원의 「정의」라는 이념의 표현이라고 할 수 있다.

3. 해석으로서의 선택

가. 해석기준 간의 관계

① 이러한 해석기준 혹은 해석방법 간에 우선순위는 없다. 즉 이들은 동렬이다. 다만 통상적으로는 문언적 해석에서 출발하고 합목적적 해석이 마지막이 되지만, 이는 고려되는 시간적 순서이고 우선적으로 고려되는 순위는 아니다.

---

10) 헌법재판소 2005.5.26. 2004헌가6 전원재판부 결정은, 배우자의 연간 종합소득을 합산하여 종합소득세를 부가하도록 한 당시의 소득세법 제80조의 규정은 위헌이라고 하였는데, 그 중요한 참고자료로 외국의 입법례를 든다. 그런데 조세제도는 국가마다 상이하고 또 사회여건에 따라 차이가 많음에도 불구하고, 단지 부부합산제만에 관한 외국의 입법례를 고려하는 것은 문제관련적인 비교법과 규범관련적인 외국법지식을 구별하지 못한 것이 아닐까? 그 외에 위 결정은 조세회피방지라는 이 제도의 목적이 다른 법규정에 의해서 충분히 달성되었다고 하는데, 과연 그러한 목적이 충분히 달성되었는지는 사회의 실제현상을 조사해야 나오는 판단이 아닐까? 법사회학자에 의한 조세회피방지에 관한 실태조사가 기대된다.

② 문언적 의미를 제외한 다른 고려사항은 문언만으로는 법의 의미가 불명료한 경우에 보충적으로 고려되는 것처럼 이해하기 쉽다. 그리고 정면으로 이러한 입장을 취하지는 않지만 실제로는 이러한 입장을 취하는 견해가 적지 않은 듯하다. 우리의 판례도 이에 가깝다. 이는 실제로는 문언적 의미를 최상위의 기준으로 삼는 입장이다. 이러한 태도의 타당성은 법률유월적 해석의 문제에서 상세히 살피지만, 결론을 적는다면 문언적 의미가 명료하더라도(그런 경우는 드물 것이지만) 다른 기준에 따른 해석이 타당한 때에는 문언적 의미와 달리 해석해야 한다. 다만 그러한 해석을 함에는 보다 신중을 기해야 한다.

나. 해석기준과 해석가설 간의 관계

① 어떤 기준을 고려해서 해석하느냐에 따라 해석가설이 달라질 수 있다.[11] 뿐만 아니라 하나의 해석기준에 의해서도 여러 해석가설이 도출될 수 있다. 따라서 해석기준 간에 어떤 순위가 없다는 것은, 이러한 수개의 해석가설 간에 순위가 없다는 것을 뜻한다.

② 해석기준은 자신의 해석가설을 긍정하거나 다른 해석가설을 비판하는 논거로 작용한다. 즉 예컨대 법문에 따른 혹은 법의 체계에 따른 해석가설을 제시하는 경우에, 그 근거로서 해석에서는 법문언이 가장 중시되어야

---

11) 그러한 예로서, 법인의 "등기사항은 그 등기 후가 아니면 제3자에게 대항하지 못한다"고 하는 민법 제54조 1항에서의 「제3자」의 범위에 관한 해석을 소개한다. 이의 문언에 의하면 여기의 제3자는 선·악을 불문한다. 즉 등기하지 않은 때에는 그 등기사항의 내용을 알고 있는 악의의 제3자에 대해서도 등기사항을 주장할 수 없게 된다(문언적 해석). 그리고 이러한 규정을 둔 입법자의 의사에 의하더라도 마찬가지이다(역사적 해석). 그러나 그렇게 해석하는 것은 상업등기의 효력에 관한 상법규정과 조화되지 않으므로, 이런 점을 고려한다면 「선의의 제3자」에 대해서만 대항할 수 없다고 해석하는 것이 타당하다(체계적 해석). 또 등기제도를 둔 취지(합목적적 해석) 혹은 실제적 타당성을 고려하더라도 마찬가지이다. 판례는 법문을 중시하여 전자로 해석한다.

한다고 하거나, 혹은 다른 법규정과의 관계를 고려할 때 그와 같이 해석해야 한다고 주장하게 된다. 그리고 다른 해석가설에 대해서는 그러한 해석은 법문언에 반한다거나 혹은 법의 역사나 체계에 반한다고 하게 된다.

다. 논쟁으로서의 해석과정

① 해석은 이와 같이 가능한 해석가설을 찾아내어 궁극적으로 이중 어느 것을 선택하는 것이다. 그런데 각 해석가설마다 나름대로 근거가 있고, 또 장단점을 가진다. 그러므로 법률가마다 어느 해석가설이 타당한지에 관해서 생각을 달리할 수 있고, 따라서 해석과정에서는 이를 둘러싸고 논쟁이 벌어지게 된다. 논쟁과정에서는 각 해석가설이 낳을 결과를 분석해서 각 해석가설의 논거를 비교 교량한다.

② 이와 같이 해석과정에서 각 해석가설의 근거, 타당성과 문제점을 둘러싸고 다양한 주장과 다툼이 행해지게 되는데, 이를 「법률적 논쟁」이라고 한다. 이러한 법률적 논쟁을 통해서 각 해석가설의 근거가 명확해지고 무엇이 보다 설득력을 가지는지가 드러난다. 즉 법률적 논쟁은 각 해석의 근거와 해석결과의 문제점과 장단점을 드러내게 하고, 그럼으로써 어느 한 해석가설의 설득력을 강화하고 합리성을 부여한다.

③ 이렇게 볼 때 해석과정은 ― 성서의 해석과 같이 절대자의 뜻을 발견하는 것(제7장 II 3 다, 247쪽 참조)이 아닐 뿐만 아니라 ― 입법자의 뜻을 발견하는 것이 아니고, 해석자가 생각하는 법률의 뜻을 발견하는 것임을 알 수 있다. 즉 법률의 구체적 의미는 입법자에 의해서 결정되는 것이 아니고 법해석자에 의해서 결정되고 컨트롤되는 것임을 보여준다.

4. 해석의 한계

가. 문언적 한계?

① 제정법을 절대적인 것으로 보았던 법실증주의는 법률의 문언은 일반적으로 해석의 한계를 긋는다고 생각했다. 즉 법문을 가장 우선적인 해석 기준으로 여겼다. 그러나 뒤에서 보는 바와 같이 법문에 반하는 해석례가 적지 않다(아래의 IV 2 다 2), 318쪽 이하). 그러므로 오늘날에는 이러한 견해는 극복됐다고 할 수 있다. 다만 법률의 내용이 국민에게 불이익을 주는 것인 때에는 여전히 법문이 한계로 작용할 수 있다. 형법규정에서 그렇다. 그러나 형법의 해석에서도 문언에 반하는 해석이 불이익을 주는 것이 아니고 반대로 이익을 주는 것인 때에는 그렇지 않다. 행정법 특히 조세에 관한 법률도 마찬가지이다. 따라서 일반적으로 법문은 해석의 한계를 긋지 않는다고 해도 될 것이다.

나. 헌법합치성

① 어떤 해석가설이 헌법과 조화되지 않는 때에는, 그러한 해석은 폐기되어야 한다. 왜냐하면 법률을 그렇게 해석하는 것은 그 법률을 헌법보다 상위에 놓는 것이기 때문이다.

② 만약 법률이 명확히 헌법에 반하는 내용이라면, 그 법률은 무효가 될 수밖에 없다. 그러나 대부분은 헌법에 반하는지가 불명확하다. 법률은 원칙적으로 여러 가지로 해석될 수 있는 바, 이런 경우 가능한 헌법과 조화되도록 해석해야 한다. 그리고 이렇게 해석되는 때에는 그 법률은 위헌이 아니다. 법률이 헌법과 조화되도록 해석되지 못하는 경우에 비로소 위헌으로 된다.

Ⅳ. 법률의 형성(보충과 수정)

때로는 문제된 사건에 적용될 법규범이 없는 경우가 있다. 또 적용될 법규범이 있기는 하나 이를 그대로 적용한다면 부당한 결과가 생기는 경우가 있다. 이하에서는 이런 경우에 어떻게 할 것인가를 살핀다. —— 예컨대 형법에서는 공백의 보충이나 법률의 수정은 원칙적으로 인정되지 않는다. 따라서 이하의 설명은 일반적 이론(엄밀히 말한다면 사법에서의 이론)이다.

1. 공백의 보충

가. 총설

1) 공백의 의미와 원인

법률의 공백은 입법자가 어떤 법적 문제에 대해서 아무런 규율을 하지 않는 경우이다. 이러한 공백이 생기는 원인은 여러 가지이다. 우선 사회는 끊임없이 변화하고, 그래서 입법자가 예견하지 못했던 새로운 법적문제가 계속해서 제기되기 때문에 생긴다. 그러나 입법 당시에 이미 나타나는 법적 문제이고 따라서 입법자가 이를 규율할 필요가 있음을 알면서도 이를 규율하지 않았기 때문에 생기기도 한다. 규율하지 않는 이유는 의회가 어떻게 규율할지를 정하지 못했기 때문일 수도 있고, 의식적으로 이의 결정을 실무나 학문에 맡기고자 했기 때문일 수도 있다. 후자의 경우에는 입법자는 실무에서 점차 정립되어 가는 규율모델을 기다려 이를 입법화하려는 것이다. 그 외에 입법의 부적절 혹은 오류 때문에 생기기도 한다.

2) 소위 말해진 침묵

문제된 사안을 규율하는 법률이 없는 경우가 언제나 공백은 아니다. 법률이 문제되는 사안(문제사안)과 유사한 사안(유사사안)에 관해서는 규정하면서, 그 규정을 문제사안에는 적용되지 않도록 하기 위해서 의도적으로 규율하지 않는 경우가 있다. 이런 경우를 소위 「말해진 침묵(beredtes Schweigen)」이라고 하고, 이때에는 공백이 아니다. 구체적으로 어떤 것이 공백인지 아니면 말해진 침묵인지는 해석에 의해서 판단된다(입법과정에서 의도적으로 규정을 두지 않았음이 드러나는 경우가 아닌 한).[12]

---

12) 법의 부재가 「말해진 침묵」인가 하는 점이 문제되는 경우 중 하나는 소위 준사무관리이다. 사무관리는 예컨대 갑(사무관리자)이 을을 위해서 을의 일(사무)을 행하는 것이다. 이의 효과로서 갑은 을에게 사무관리를 위한 비용 전부를 상환청구할 수 있고, 반면에 사무관리에서 얻은 이익 전부를 반환해야 한다(민법 제738조에 의한 제684조(수임인의 취득물이전의무)의 준용). 따라서 만약 갑이 을을 위해서가 아니라 자신을 위해서 을의 일을 하였다면(예컨대 갑이 을의 특허권을 무단 사용한 경우), 이는 사무관리가 되지 않는다. 그런데 만약 갑이 그 일을 처리해서 통상적이라면 얻을 이득보다 큰 이득을 얻은 경우에, 을은 갑이 얻은 이득 전부를 반환하라고 요구할 수 있느냐 하는 점이 문제된다. 이 경우를 사무관리에 준하는 것으로 취급(즉 준사무관리를 인정)하게 되면, 사무관리의 효과로서 을은 이득 전부를 반환청구할 수 있게 된다. 그런데 민법은 준사무관리를 인정할지에 관해서 아무런 규정도 두지 않고 있다. 만약 이를 「말해진 침묵」이라고 보게 되면 그러한 청구를 하지 못한다. 반면에 법률의 공백이라고 보게 되면 그러한 청구가 가능하다고 해석할 수 있게 된다. 준사무관리의 인정 여부에 관해서 학설은 나뉘어지며, 판례는 아직 보이지 않는다.

나. 공백의 보충방법

1) 고려할 점

공백의 보충에서는 어떻게 보충하는 것이 당해 사건을 타당하게 규율할 수 있는가 하는 점을 고려해야 한다. 특히 법적 다툼은 쌍방 간의 이해충돌로 인해서 생기는 것인 바, 어떻게 하는 것이 쌍방의 이익을 가장 잘 조절하는가, 당해 문제를 규율하는 법률의 입법취지는 어떤가(즉 어떤 이익을 우선시키는가) 하는 점을 고려해야 한다. 그외에도 사회적 영향, 법의 이념인 정의 등을 고려해야 한다.

2) 기술적인 보충해석방법

법률 중에는 문제가 된 공백사안과 유사한 사안을 규율하는 법규정(유사법률)이 있는 경우가 있다. 이때에는 후자의 법규정을 이 공백사안에 적용하는 것이 타당한 때에는 이를 적용해서 공백을 보충한다. 이와 같이 유사법률을 공백사안에 적용하는 경우에 그 방법은 기술적으로 유추적용과 (합목적적) 확장해석의 두 가지로 나뉘어진다. 전자는 공백사안에 유사법률상의 구성요건적 사실이 존재하지 않음에도 불구하고 여기에 유사법률을 적용하는 것이고, 후자는 공백사안에 유사법률상의 구성요건적 사실이 존재하는데 그러한 구성요건적 사실에 유사법률이 규정한 것보다 더 많은 법률효과를 인정하는 것이다. 양자는 그 허용 여부의 엄격성에서 차이를 가진다. 즉 형법에서는 유추적용은 법률에 의하면 처벌받지 않을 자를 처벌하게 하는 것이므로 금지된다. 그러나 사법에서는 유추적용에 제한이 없다. 다만 특별규정(예외규정)의 유추적용에서는 신중이 요구된다.[13] 확장해석

---

13) 그러한 예는 태아의 권리능력에 관한 예외규정의 유추해석 문제이다. 민법 제3조는 "사람은 생존한 동안 권리와 의무의 주체가 된다"고 규정하며, 여기에서의 「생존」은 태어날

에는 특별한 제한이 없다.

3) 공백보충에서 유념할 점

① 법률의 공백이 존재하느냐 그리고 여기에 유사 규정을 적용할 것이냐 하는 점을 판단하기 위해서는 법률의 규율계획 그리고 다른 규정과의 전체적 관련성을 고찰해야 한다. 즉 역사적으로 입법자가 왜 문제된 사안에 대해서는 아무런 규정도 두지 않았는가 하는 점 그리고 유사 규정을 적용하는 것이 적절한가 하는 점 등 여러 가지를 고려해서 판단해야 한다.

② 공백을 새로운 규율로 채우려면, 입법자의 입장에서 판단해야 한다. 왜냐하면 법률에 새로운 규율을 보충하게 되면 그 규율은 일반적 추상적인 것이 되어, 동일한 상황에 있는 사례 전부에 동일한 내용으로 공백을 메울 것이 요구되고, 따라서 공백의 보충은 입법자의 지위에서 새로운 법률을 만드는 것과 동일하기 때문이다.

다. 보충해석방법과 구별할 점

1) 합목적적 축소해석

이는 법률에 공백이 있어서 이를 보충하는 것이 아니라, 반대로 법률이 규정하는 경우임에도 적용을 배제하는 것이다. 즉 문제된 사안에 법규범의

때부터 죽을 때까지 이므로, 태아는 권리능력을 가지지 못한다. 그런데 이에 의하면 태아에게 불리한 경우가 있기 때문에, 민법은 그에 대한 예외규정을 두어 일정한 경우에 태아가 이미 출생한 것으로 본다(그 대표적인 것은 제1000조 3항이며, 이에 의해서 예컨대 갑이 사망한 때에는 아직 태아였던 을이 그 후 태어나면 상속권을 가진다). 그런데 그러한 예외규정이 없으나 태아보호를 위해서 예외를 허용하는 것이 타당한 경우가 있다(그러한 예로는 증여가 있다). 그러나 예외규정은 엄격히 해석되어야 한다는 해석의 일반원칙 때문에 과연 그런 경우에 예외규정을 유추적용할 수 있는가 하는 점이 문제된다.

구성요건적 사실이 존재하기는 하지만, 여기에 법규범을 적용하게 되면 법규범의 의미와 목적에 반하게 되는 경우에, 그 사안에 이 법규범을 적용하지 않는 것이다.[14] 따라서 이는 엄격히는 법률의 보충이 아니고 법률을 넘어선 해석이다.

2) 물론해석

이는 법에 명문으로 규정되어 있지는 않지만 법률의 문언에서 보거나 법의 취지에서 볼 때 당연한 것을 내용으로 하는 해석이다. 이의 예로는 "소멸시효의 이익은 미리 포기하지 못한다"(제184조 1항)고 규정하므로, 시효완성 후에는 당연히 시효이익을 포기할 수 있다고 하는 해석이다. 그러나 그러한 해석은 법문 자체 혹은 법의 취지에서 나오는 것이므로, 이를 독자적인 해석방법으로 들 필요는 없다.

3) 소위 유권해석

이는 어떤 용어나 문구의 의미를 결정할 권한을 가진 기관에서 그 의미를 결정하는 것이다. 대표적인 예는 각종 법령에서 의문스런 용어나 문구에 관해서 법제처가 그 의미를 규정하는 것이다. 그 외에 예컨대 민법 98조

---

14) 이러한 해석의 예는 자기계약의 금지를 규정하는 민법 제125조이다. 자기계약이란 예컨대 갑이 을에게 X부동산의 매각을 부탁하였는데, 을이 한편으로는 갑의 대리인이 되고 다른 한편으로는 갑의 상대방이 되어 자신이 이를 매수하는 것이다. 이때에는 을이 자신의 이익을 위해서 예컨대 낮은 대금의 매매계약을 체결하여 본인에게 불이익을 줄 위험이 있다. 이것이 자기계약을 금지한 이유이다. 그런데 위 규정은 단지 형식적으로 자기계약을 금지함으로써, 자기계약이 실질적으로 본인에게 유리한 경우에도 금지된다. 그러나 그런 경우에까지 자기계약을 금지하는 것은 동조의 취지에 맞지 않는다. 그러므로 이 규정은 본인을 위하여 유리한 경우에는 적용되지 않는 것으로 축소해석되어야 한다. 이에 의하면 만약 을이 자신의 Y부동산을 갑에게 증여하는 경우에는 위 규정이 적용되지 않는다.

에서의 '물건의 정의'에 관한 규정도 일응 이에 해당한다. 그러나 후자는 엄격히는 해석이 아니라 입법이다.

4) 유추적용과 준용의 구별

유추적용은 해석의 한 방법이며, 따라서 해석기술이다. 그러나 준용은 입법기술이다. 즉 법률이 동일한 내용을 중복적으로 규정하는 불편을 덜기 위해서 일정한 곳에서 규정된 것을 다른 곳에서도 적용되도록 명하는 것이다(이의 예로는 민법 제154조, 제248조 참조).

2. 법률의 유월 · 수정
: 법률에 반하는(contra legem) 법형성

재판관은 판결을 함에 있어서 자신의 개인적 정의관에 기초해서는 안된다. 재판관은 법에 담긴 정의관에 기초해야 하며, 특히 법적안정성을 위하여 자의적 판단을 버리고 종전의 판례에 따라 판단할 것이 기대된다. 재판관은 앞서 말한 해석기준을 고려해서 가장 타당하다고 여겨지는 해석결과를 선택해야 한다. 이러한 해석결과가 그의 정의관에 맞지 않아 이에 만족하지 못하는 경우에도, 가능한 해석방법(해석가설)을 최대한 넓게 이용해서 그리고 일반적인 법원칙을 고려해서 가능한 한 법문의 테두리 안에서 올바른 해석결과를 찾도록 노력해야 한다. 그러나 그렇게 해서도 법문에 따른 해석으로는 정의에 반하는 결과를 피할 수 없다고 판단되는 경우에 어떻게 할 것인가? 법문에 반하는, 따라서 법률을 뛰어넘는 해석을 해야 하는가? 그러한 법률 유월적(踰越的) 해석을 불허하는 입장과 이를 긍정하는 입장을 나누어 그 근거를 살피고 필자의 견해를 적어본다. 그리고 판례의 태도를 살펴본다.

가. 법률유월적 해석을 불허하는 입장

18·19세기에 사람들은 재판관의 자의(恣意)를 배제해야 한다는 명제에 기해서 법률을 가능한 한 상세히 규정하고자 했다. 그리하여 재판관은 스스로 무엇을 덧붙이지 않고 단지 법률을 당해 사건에 적용하면 되도록 하려 했다. 일찍이 몽테스큐가 「법의 정신」에서 "재판관은 단지 법률을 말하는 입이다"라고 말하였던 것은 이런 뜻에서 이다. 특히 19세기에 소위 법실증주의와 개념법학 하에서는, 일의적(一義的)인 법률을 통해서 위와 같은 간명한 법적용을 보장할 수 있다고 생각했다. 즉 법규가 합목적적이고 개념적으로 명료하게 만들어져 있으면 모든 경우에 간명하게 이를 적용하면 된다고 믿었다. 재판관은 단지 포섭이라는 논리적인 사고작업을 수행하면 되고 사람마다 다를 수 있는 가치적 평가를 할 필요는 없다는 것이다. 이에 의해서 법적용은 계산가능하고 재판관의 자의가 배제되며 법적 안정성이 보장된다고 하였다. 입법자 역시 법률을 만들면서, 법률이 일단 만들어지면 재판관의 일은 포섭에 한정된다고 생각하였을 것이다. 그리고 그런 생각은 사실상 재판관에게도 환영받았을 것이다. 왜냐하면 이에 의하면 재판관은 고민없이 기계적으로 법을 적용하면 될 뿐만 아니라, 그로 인해서 부당한 결과가 생기더라도 이는 법의 잘못이고 따라서 재판관의 책임이 아니라고 항변할 수 있기 때문이다. 또한 이는 법을 적용받는 사람 중에서도 특히 예측가능성을 중시하고 법원의 결과에 따라 자신의 행위를 조절할 수 있는 사람들(주로 권력자나 자본가·기업주 등과 같은 소위 사회적 강자)에게는 환영받을 일이었다.

나. 법률유월적 해석을 긍정하는 입장

그러나 앞에서도 말한 것처럼(Ⅲ 1 가 2), 295쪽) 일의적인 의미만을 가지는 법문은 많지 않다. 그러므로 법문으로부터 사건에 대한 답이 나오는 경우는 거의 없다. 다만 이런 점은 소극적으로 법률유월적 해석을 불허하는 근거의 부적절함을 말할 뿐이다. 이하에서는 적극적으로 법문에 반하는 해석을 해야 할 이유를 살펴본다.

1) 정의의 고려

현재의 법률이 사회의 수요에 반하고 따라서 법률을 그대로 적용하는 것이 정의에 반하는 경우 혹은 사건의 특수한 사정 때문에 법률을 그대로 적용하면 실제적으로 부당한 결과가 생기는 경우에도, 이러한 점을 고려하지 않고 법률의 적용을 고집하는 것은 법의 임무를 망각한 것이다. 법은 정의에 부합해야 한다는 것은 어느 시대이건 타당하는 명제이고 법의 가치이다. 이는 재판관의 법률에의 구속을 능가하는 것이다. 그러므로 법률의 적용은 그 결과가 전체 법질서 안에 담겨진 가치평가를 고려할 때 「정당」하다고 평가되어야 한다. 따라서 만약 법문에 따른 해석대로 재판하게 되면 정의에 반하고 실제적으로도 타당치 않은 결과를 낳을 때에는, 법률에 반하는 해석을 해야 할 것이다.

2) 권력분립의 취지

법률에 반하는 해석을 부인하는 가장 중요한 근거는 권력분립이다. 즉 입법권은 의회가 가지며, 사법부는 단지 의회에서 제정한 법률을 집행(구체적 사건에 이를 적용해서 분쟁을 해결)하는 권한을 가질 뿐이라는 점이다. 그러면 권력분립은 법률을 넘은 해석을 불허하는 근본이유가 되는가?

의회가 입법권을 가지는 이유는 의회가 국민의 대표기관으로서 민의를 대변한다는 점 때문이다. 즉 의회의 입법권은 의회의 생래적 권한이 아니고 민의를 대변하도록 국민에 의해서 위임된 것일 뿐이다. 그러므로 만약 의회가 민주주의나 자유주의 등과 같은 국가의 구성원리 그리고 국민의 생래적·천부적 권리의 보호라는 국가의 임무에 반하는 법률을 제정한다면, 이는 분명 의회의 권한을 넘은 것이다. 권력분립의 원칙은 의회나 행정부가 그들에게 부여된 권한을 넘지 않도록 견제 내지 규제하기 위해서 사법부를 둔 것이다. 즉 권력분립 원칙은 3개 기관 간의 견제와 균형을 통해서 어느 한 기관의 권력남용을 방지하려는데 취지가 있는 것이다. 그렇다면 의회가 입법권을 남용하는 경우에 사법부의 임무는 이를 방지하는 것이다. 만약 사법부는 단지 의회가 제정한 법률을 적용하고 집행하는 것이라고 한다면, 이것이 진정 3권분립의 원칙에 반하는 것이 된다. 3권분립의 취지는 결코 단지 권력의 배분에 있는 것이 아니고, 견제와 균형을 통한 독재 내지 권력남용의 방지에 있는 것이다. 이러한 역할이 특히 사법부에게 주어진 몫이다. 그렇기 때문에 사법부를 「인권보장의 최후의 보루」라고 말해지는 것이다. 만약 재판관이 법률에의 복종만을 의무로 생각하고, 그 법률이 입법권의 남용으로서 국가의 기본원리 혹은 정의의 명령에 반하는지 여부를 면밀히 검토하지 않는다면, 이는 권력분립의 진정한 의미를 오해한 것이다. 이는 권력분립제도가 사법부에게 맡긴 임무를 잘못 알고 이를 태만히 하는 것이다. 결국 권력분립은 소극적으로 법률에 반하는 해석을 불허하는 근거가 아닐 뿐만 아니라, 반대로 적극적으로 그러한 해석을 해야 하는 근거이다.

의회의 입법권 남용은 결코 드문 일이 아니고 따라서 남용 여부가 면밀히 검토되어야 한다는 점은 끊임없이 나타나는 헌법재판소의 위헌결정에서 여실히 드러난다. 즉 헌재의 위헌결정이 끊임없이 나타나는 현상은 실제로 정의의 명령에 반하는 법률이 적지 않다는 점을 보여준다. 그리고 이러한 점은 실정법이 정의의 명령을 담고 있으므로 재판관은 법률에 충실하면 된다는 주장은 현실과 맞지 않음을 보여준다.

다만 우리 법제는 위헌 여부의 결정을 헌법재판소의 권한으로 하는 점에서, 일반적으로 법원에서의 법관의 임무는 법률에의 충실에 그친다고 해야하지 않는가 하는 의문이 제기될 수 있다. 그러나 위헌판단을 어느 기관에서 맡느냐 하는 제도적 차이가 사법부의 역할 혹은 3권분립의 원칙을 좌우할 수는 없다.[15]

---

15) 참고로 제3공화국의 헌법(1969.10.21. 시행)은 위헌법률심사권을 법원에 주었으며(당시의 헌법 제102조), 이 제도 하에서의 주목할 만한 위헌법률판결은 국가배상법 규정에 대한 대법원 1971.6.22. 70다1010 전원합의체 판결이다. 이의 내용을 소개하면, 1960년대 후반 특히 베트남에의 국군 파견 등으로 인해서 장병이 사망 또는 상해를 입는 경우가 많아지고 이들에 대한 국가배상액이 증대하게 되자, 국가배상법 개정시(1967.3.3.)에 제2조 제1항 단서를 신설하여 군인이나 군속이 전투·훈련 기타 직무집행 중에 손해를 입은 때(혹은 군의 진지 등에서 발생한 전사·순직·공상으로 인하여 다른 법령의 규정에 의하여 재해보상금 등을 받을 수 있는 때)에는 관련된 특별법에 의한 보상을 받을 뿐이고, 그 이외에 국가배상법이나 민법의 규정에 의한 손해배상을 금지하였다. 그런데 위 판결은 이러한 규정은 헌법 제26조(국가배상청구권), 제8조(인간의 존엄과 가치), 제9조(평등권), 제32조 제2항(기본권 제한의 한계)에 위반된다고 판결하였다. 그런데 위헌판결로 효력을 잃게 되었던 위의 국가배상법 규정이 그후 헌법에 담겨졌다(1972.12.27.의 유신헌법부터, 1980.10.27.의 헌법, 1987.10.29.의 헌법(= 현행헌법) 제29조 2항). 군인 등에게의 국가배상법 적용 제한이 평등원리 위반이라면 그것이 헌법에 규정되더라도 그러한 점은 달라지지 않는다. 여기에서 다음과 같은 의문점이 제기된다. 과연 헌법은 합리적인 근거 없이 국민에게 불평등을 강요할 수 있는가? 즉 헌법은 어떤 불합리한 불평등 대우도 할 수 있는가? 헌법은 정의에 반하는 내용도 담을 수 있는가? 그래서 이러한 헌법규정의 위헌성이 문제되었는데, 헌재는 이를 위헌이 아니라고 한다(헌법재판소 1996.6.13. 94헌바20 전원재판부). 이의 논거는, 헌법규범 상호간에 추상적 가치규범으로서는 우열이 있다고 하더라도, 그것이 헌법의 어느 특정규정이 다른 규정의 효력을 전면적으로 부인할 수 있을 정도의 개별적 헌법규정 상호간에 효력상의 차등을 의미하는 것은 아니라는 점이다.

그 외에 위헌법률심사제도가 명문으로 입법화되기 이전에 법률규정을 위헌이라고 해서 효력을 부인한 최초의 판례는 처를 행위무능력자로 규정했던 구민법 제14조에 대한 대법원 1947.9.2. 1947민상88 판결이다.

3) 재판관의 임무

　법률은 일정한 생활관계를 규율하기 위해서 만들어지는데, 법률의 규율을 받을 구체적인 생활관계는 극히 다양하므로 법률은 통상적 내지 일반적인 경우를 염두에 두고 만들어질 수밖에 없다. 그런데 그 법률이 적용되는 개별적 사건을 재판하는 재판관은 사건의 특수성, 즉 당면의 사건이 통상적 사건과 구체적인 점에서 가지는 차이를 볼 수 있다. 그러므로 만약 그럼에도 이러한 차이를 고려치 않고 이 사건이 추상적으로는 법률이 규정하는 통상적 경우와 개념적으로 동일하다고 해서 이 경우와 동일하게 취급하게 되면, 그러한 경직된 법적용은 부적절하고 불공평한 결과를 낳으리라는 것을 깨달을 것이다. 이런 경우에 그는 형평의 고려를 통해서 법의 형식적 엄격성을 완화시키도록 노력해야 한다.

　요컨대 구체적 사건을 눈 앞에 두고 있는 재판관은 그 사건에 법규정을 그대로 적용하는 것이 실제로 합리적인지 여부를 알 수 있다. 따라서 만약 그렇게 하게 되면 불합리한 결과가 생기는 경우에는 이를 그대로 적용해서는 안될 것이다. 법률의 구체적 사건에의 적용은 그 법의 적용자에게 맡겨질 수밖에 없다. 법적용자는 법문대로의 해석이 정의의 명령에 반하는 때에는 이를 달리 해석해야 한다. 이것이 재판관의 올바른 법해석이다.

　우리는 흔히 "재판관은 법과 법률에 따라서 재판을 해야 한다"고 말한다. 이러한 표현은 독일 기본법에 규정되어 있는 것이지만,16) 오늘날 법언法諺과 같이 사용된다. 이 법언에서 말하는 「법」은 법의 이념 즉 정의에 부합하는 법을 뜻하고, 「법률」은 한 국가에서 효력을 가지는 실정법을 뜻한다. 따라서 위의 법언의 의미는, 재판관은 실정법에 전적으로 매이지 말

---

16) 이 문구는 "입법은 헌법적 질서에 구속되며, 행정권과 사법은 법률(Gesetz)과 법(Recht)에 구속된다"고 하는 독일 기본법 20조 3항에서 비롯된 것이다. 독일어에는 이와 같이 「법」과 「법률」을 구별하는 용어가 따로 있지만, 우리나라에서는 법과 법률을 구별하는 용어는 없다.

고 정의이념을 고려해서 재판하라는 것이다.17) 이는 앞에서 설명한 것을 단적으로 표현한 것이다.

다. 판례의 태도

1) 법문에 매인 해석례

판례는 법은 불특정다수인에 대한 보편타당한 규범이므로 이를 해석함에는 법의 표준적 의미를 밝히고 법적 안정성을 유지해야 한다고 하여, 일반적으로 법문을 넘은 해석을 인정하지 않는 듯한 입장을 취한다.18) 법문에 따른 해석의 예로서 주목할 것은, 입법론으로서 정당성이 논란되는 관습법의 보충적 효력에 관한 민법 제1조19) 그리고 법인설립에 관하여 허가주의를 취하여 위헌이라고 비판받는 민법 제33조20)에 관한 것이다.

2) 법문을 넘은 해석례

그러나 판례 중에는 법문을 넘은 해석을 한 예가 적지 않다. 그러한 해석의 대표적 예는 양도담보,21) 명인방법에 의한 부동산물권변동의 공시22)

---

17) 위 규정의 입법취지는, 독일연방공화국은 ─ 앞선 시기에 독재자에 의해서 자행된 법의 왜곡을 경험하고는 형식적인 법개념에 머물러서는 안된다는 입장에 기초해서 ─ 단순한 형식적 법치국가(「법률국가」Gesetzesstaat)나 형식적 민주주의가 아니라, 실질적 법치국가, 실질적 민주주의여야 한다는 사상에 기한 것이다. 법과 법률의 구별이 위와 같은 의미를 가진다는 점은 위 규정의 입법취지에서 잘 나타난다.
18) 대법원 2009.4.23. 2006다81035 판결(이의 내용은 285쪽의 주 1에서 설명하였다); 대법원 2013.1.17. 2011다83431 전원합의체 판결 등.
19) 대법원 2005.7.21. 2002다1178 전원합의체 판결. 이는 종중 구성원의 자격을 성년 남자로 제한한 종래의 관습법은 헌법에 반하여 무효라고 한다.
20) 대법원 1996.9.10 95누18437 판결.
21) 양도담보는 담보설정시에 담보목적물을 이전하는 것이다. 이는 예컨대 갑이 사업자금으로 은행으로부터 돈을 대출받아 기계를 구입하려 하는데, 이때 만약 담보방법으로 법이

등과 같이 사회경제적 사정의 변화에 기인하는 것이다. 즉 사회의 변화로 생성된 절실하고 보호가치 있는 거래의 수요가 법이 허용하지 않는 제도를 요구하는 경우에 법문을 넘은 해석이 행해진다. 다음으로는 물권변동에 관해서 형식주의를 취하였음에도 부동산 2중양도를 일정한 경우 반사회적 행위라고 한 판례23)는 우리의 법감정이나 사회현실을 고려하여 법문과 달리 해석한 것이다. 권원없이 재배된 농작물의 소유권 귀속,24) 관습법상의 분묘기지권25) 등도 우리의 사회현실을 고려한 해석이라고 할 수 있다. 그외

인정하는 질권을 이용하게 되면 여러 가지 제약(유질계약 금지 및 담보물의 인도 등의 강행규정)을 받게 되므로, 이러한 제한이 없는 방법으로서 이용되게 된 것이다. 따라서 이는 원래는 법률상의 강행규정에 위반하는 것인데, 그후 시장의 수요에 기한 것으로 인정받게 되었다. 그리고 이는 독일에서는 담보물이 동산인 경우에 이용되었는데, 우리 나라에서는 부동산인 경우에 주로 이용된다. 이는 담보설정시에 담보부동산에 관해서 이 전등기를 해 두는 것인데, 오늘날에는 담보설정시에 단지 가등기를 해두는 가등기담보가 주로 이용된다.

22) 명인방법이란 나무(혹은 수목집단)에 소유자 명의를 적은 팻말을 붙여 나무의 주인을 알리는 것이다. 민법은 부동산의 공시방법으로 등기만을 인정하므로, 명인방법은 법이 알지 못하는 부동산 공시방법이다. 예컨대 임업을 하는 갑이 자신의 토지에 심어져 있는 나무만을 을에게 판 경우에, 을이 명인방법을 갖추어두면 나무에 대한 소유권을 취득하게 된다. 이에 의해서 갑은 토지를 보유한 채 나무만을 팔 수 있게 되고, 을은 만약 갑이 나무를 다시 병에게 팔더라도 나무에 대한 소유권을 잃지 않게 된다. 그런데 명인방법은 공시방법으로서 부적절한 점이 있기 때문에, 입목법에 의해서 나무에 대해서 등기하는 길을 마련했다.

23) 현행 민법은 물권변동원인에 관해서 구민법에서와는 달리 형식주의로 전환하였는데(제6장 Ⅵ 2 나, 232쪽), 이에 의하면 갑이 부동산을 을에게 팔고 아직 이전등기를 하기 전에 이를 다시 병에게 팔고 이전등기를 하게 되면, 비록 병이 갑의 2중매매 사실을 알았더라도 병이 유효하게 소유권을 취득한다. 그러나 만약 을이 부동산을 인도받고 등기하지 않은 채 점유 사용하고 있는데, 병이 을의 미등기상태를 알고는 적극적으로 갑에게 2중 양도를 권유 유혹하여 갑이 이에 넘어가 2중양도하고 이전등기를 해준 때에는, 판례는 그러한 2중양도는 반사회적인 것으로서 무효라고 한다.

24) 갑의 밭에 을이 무단으로(즉 갑의 땅을 사용할 아무런 권리도 없이) 농사를 진 경우에, 민법에 의하면 그 농작물은 갑의 소유로 된다. 그런데 판례는 이와 달리 을의 소유라고 한다. 다만 이는 수확기간이 1년 내인 농산물에 한정된 것이며, 따라서 예컨대 나무를 무단히 심은 때에는 그렇지 않다.

25) 이는 타인의 토지에 그 타인의 승낙없이 분묘를 설치하여 오랫동안 제사 등을 위해서

에 입법의 부적절함 또는 입법의 오류 때문에 법문을 넘은 해석이 행해지기도 한다. 관습상의 법정지상권,[26] 출연재산의 재단법인에게의 이전시기[27] 등에 관한 판례가 이에 해당한다고 할 수 있다.

3) 판례의 이해

이와 같이 우리의 판례는 법의 해석에서 법적 안정성을 강조함으로써 이론적으로는 법률에 반하는 해석에 부정적인 태도를 취하지만, 실제로는 그러한 해석을 한 예가 적지 않다. 그러므로 우리 판례는 법률유월적 해석을 불허하는 입장이라고 평가하는 것은 맞지 않다. 그보다는 유럽대륙의 법체계를 밑바탕으로 하고 있는 우리의 법질서를 우리의 사회여건에 맞게 운영하는 과정에서 조심스럽게 실정법에 반하는 해석을 하는 것이 우리 판례의 모습이 아닐까? 이를 달리 표현한다면, 사회적 법이론이 지적하는 것처럼 우리 판례도 대부분의 단순한 사건에서는 법규정(그 안에 담겨진 법개념과 법원리)을 단순히 적용해서 법률문제를 해결하지만, 실정법과 사회여건을

분묘와 주위 토지(基地)를 점유 사용한 때에는, 그러한 사용목적을 위해서 타인의 토지를 사용할 수 있는 권리이다.

26) 지상권은 타인의 토지에 공작물 등을 소유하기 위하여 그 토지를 사용하는 권리이다. 이는 원래는 토지소유자와 공작물소유자 간의 합의에 의해서 성립하는 것인데, 그러한 합의가 없음에도 법률에 의해서 지상권이 성립하는 경우가 있는 바, 이것이 법정지상권이다. 그런데 판례는 법률의 규정이 없음에도 법정지상권의 성립을 인정할 필요가 있는 경우에 관습상의 법정지상권이 성립한다고 한다.

27) 민법 제48조는 ― 부동산물권변동에 관해서 구민법에서의 의사주의를 버리고 형식주의를 취하였음에도 불구하고 구민법과 마찬가지로 ― 출연재산이 재단법인에게 이전되는 시기를 법인성립시로 규정한다. 그런데 대법원 1979.12.11. 78다481 전원합의체 판결은, 법문과는 달리 법인에게 소유권이전등기가 행해진 때 이전한다고 하였다. 즉 갑이 재단법인 A를 설립하고 부동산 X를 출연하여 사업을 하다가 사망하였는데, 갑의 아들 을이 X를 병에게 팔고 이전등기를 하였으며, 그러자 A법인이 위 규정을 근거로 병에 대해서 부동산의 반환을 청구한 사안에서, A는 X에 대해서 이전등기를 하지 않았으므로 이는 여전히 갑의 상속인 을의 소유이고 따라서 그의 병에게의 처분은 유효하다고 하였다.

조화시켜야 하는 중요한 사건에서는 법률문언을 절대적인 기준으로 삼지 않고 때로는 이를 넘은 해석을 한다고 말할 수 있지 않을까?

4) 설득력있는 근거의 아쉬움

그런데 법률 문언을 뛰어넘는 해석을 한 판례를 보면, 그러한 해석을 하는 구체적이고 설득력있는 근거가 제시되지 않은 예가 적지 않다.[28] 언제 그리고 왜 그러한 해석을 하는지를 명확히 해야 우선 당사자를 설득할 수 있고, 나아가 법적 안정성을 기할 수 있다. 그 외에도 설득력있는 근거 제시는 법학도에게 실정법조문보다는 판례를 통해서 법을 공부하도록 유도할 것이다.

3. 법의 계속적 형성

① 앞서 말한 법률의 보충 및 법률의 수정(법률을 넘은 해석)은 법률 자체를 적용한 것이 아니다. 그런데 그러한 재판이 계속되고, 법학에서도 이를 따르는 의견이 일반화하게 되면, 그로부터 새로운 법원리 내지 법명제가 형성된다. 그리고 이것이 계속해서 재판의 기준으로 적용된다. 이러한

---

28) 그러한 대표적인 예는 앞의 주에서 소개한 민법 제48조에 관한 판례이다. 학설에 의하면 이러한 해석의 근거는 위 규정이 입법의 오류이므로(물권변동에 관한 입법의 전환이 있었음에도 구민법과 동일한 규정을 둔 점에서) 구속력이 없다는 점이다. 그러나 판결은 그러한 점을 해석의 근거로 제시하지 않는다. 또 다른 예는 부동산 2중양도를 반사회적 행위로서 무효라고 하면서, 제1양수인(을)은 양도인(갑)을 대위해서 갑의 제2양수인(병)에 대해서 이전등기의 말소를 청구할 수 있다고 하는 대법원 1980.5.27. 80다565 판결이다. 왜냐하면 갑과 병 간의 양도가 반사회적 행위로서 무효이면 제746조의 불법원인급여 규정이 적용되어 갑은 병에 대해서 반환청구권을 가지지 못하게 되는데, 판례는 갑이 가지지도 않는 권리를 을이 대위행사할 수 있다고 한다. 이는 명백히 이론상 모순이다. 그런데 판례는 아무런 설명 없이 을의 위와 같은 대위행사를 긍정한다.

경과를 「재판관에 의한 법의 계속적 형성」이라고 하고, 이렇게 해서 형성된 법을 판례법 혹은 재판관법이라고 한다.

② 법의 계속적 형성은 법의 정립이다. 그런데 법원은 법률을 보충하거나 혹은 법을 수정함에 있어서, 때로는 공공연히 이것이 법의 정립임을 명언하기도 하지만, 때로는 단지 법의 해석(좁은 의미의)이라고 한다. 즉 법의 정립임에도 그것이 형식적으로 단순한 법의 해석이라는 의상을 입고 행해지기도 한다. 그리고 재판관이 이러한 활동을 함에 있어서, 자신은 이를 법에 구속되어 행하는 것으로 느낀다. 즉 재판관은 계속해서 「법」을 「적용」한다 — 즉 법에서 승인된 그러나 쓰여지지 않은 규범을 발견한다 — 는 생각으로 법을 정립한다. 그러나 이는 실제로는 법을 보충 또는 수정하는 것이다. 이러한 지적을 하는 이유는, 한편으로는 재판관은 법에 엄격히 구속되어야 한다고 생각하면서도 실제로는 법을 정립하는 작업을 주저없이 한다는 점을 말하기 위해서 이다. 그리고 다른 한편으로는 자신의 활동이 법의 「적용」인지 법의 「정립」인지를 잘 분간해야 하고, 만약 후자인 때에는 보다 신중해야 하고 충분하고 설득력있는 근거를 제시해야 한다는 점을 강조하기 위해서 이다.

4. 결어

가. 법해석의 의미

앞에서 누차 말한 바와 같이 재판관은 법률에 따라 해석해야 한다. 그러나 이는 법문언에만 충실하게 법을 해석해야 한다는 의미는 아니다. 만약 법의 해석을 그렇게 이해한다면 이는 법해석이 실제로 어떠한 의미를 가지는가, 특히 권력분립을 통해서 사법부에게 맡겨진 역할이 무엇인가 하는 점을 망각한 것이다. 법률가가 이론적으로는 언어적 의미의 불명확성에 동의하면서 법해석에서는 어의(語義)만에 매인다면, 그의 해석이론은 살아있는 이론이 아니다. 언어적 의미가 법의 의미를 결정하는 것이 아니므로, 법문의 언어적 의미와 법의 의미 간의 이론적 연결을 단절시켜야 한다. 그래야 비로소 법해석의 의미가 무엇인지를 두고 고민하고, 법의 해석 속에 내재하는 재판관의 책임이 보일 것이다. 법해석자의 책임은 윤리적이고 사회적인 것이다. 법해석자는 단지 법문이나 법체계에 충실하게 해석해야 할 뿐만 아니라, 해석결과가 그 사건의 구체적 상황과 부합하는가, 해석결과가 사회에 어떤 영향을 미치는가 하는 점을 고려해서 해석해야 한다. 법해석자는 궁극적으로 정의를 실현할 책임을 지는 것이다.

나. 재판관의 역할에 대한 인식의 변화

미국의 한 법사회학자는 다음과 같이 말한다[29] : 재판관은 1세기 전에 비해서 각자의 개인적 견해를 전면에 내세우며, 선례를 보다 자유롭게 뒤집는다. 그리고 어떤 재판관은 「정책(police)」이야 말로 그들의 판결의 요소라고 한다.

그는 또 어떤 법학자가 델라웨이, 메릴랜드, 뉴욕 그리고 버지니아주의 최고법원의 재판관과 행한 다음과 같은 인터뷰의 자료를 소개한다 : "재판관은 법해석자(law interpretor)로 행동해야 하는가, 법제정자(lawmaker)로 행동해야 하는가?"라는 물음에 대해서, 22명 중 12명의 재판관이 전자로 답했으며, 특히 뉴욕의 3인의 재판관은 후자로 답했다고 한다.

후자의 자료에 의하면 재판관은 법제정자로 행동해야 한다는 견해는 소수에 불과하다고 생각할지 모르나, 오히려 재판관의 임무를 되씹어볼 계기를 주는 것이 아닐까? 그리고 뉴욕의 3인의 최고법원 재판관의 인터뷰 결과는 장차의 사고의 방향을 은연중에 보여주는 것이 아닐까?

---

29) Lawrence M. Friedman, Law and Society : An Introduction(제4장 주 1), p.88.

제9장
실정법 일반

① 실정법(법률)의 내용은 극히 다양하다. 이를 연구하고 분석하는 것이 법해석학의 일이다.

② 실정법은 그 내용에 따라 헌법, 행정법, 민법, 상법, 형법, 소송법(민사소송법, 형사소송법), 국제법 등 여러 분야로 나뉘어진다. 그 외에 노동법, 경제법도 독립적인 법분야에 해당한다.

③ 이 책자는 법이 무엇인가를 살피는 것이므로, 각 실정법분야의 내용은 고찰대상이 아니다. 그러나 실정법에 공통되는 것(실정법 일반론)을 고찰하는 것은 법을 이해하는데 도움이 되므로, 이하에서는 이를 살핀다.

Ⅰ. 법원

1. 법원의 의의

가. 법의 성립원천과 인식원천

① 법원法源은 법의 성립원천을 뜻하기도 하고, 법의 인식원천을 뜻하기도 한다. 법의 성립원천은 법이 어디로부터 오느냐 혹은 무엇에 의해서 창조되느냐 하는 의미이다. 즉 법이 나오는 궁극적 근거의 문제이다. 법의 인식원천은 법을 어디에서 인식할 수 있느냐 하는 의미이고, 따라서 이는 법이 어디에 존재하느냐 하는 문제이다. 이는 법을 담고 있는 그릇 내지 법이 존재하는 형식(법의 존재형식) 또는 법이 나타나는 형태(법의 현상형태)의 문제이다. 法院은 이러한 의미의 법원에 담겨있는 법을 적용해서 재판을 하는 것이다. 그외에 법원은 법의 정당성을 평가하는 기준을 뜻하는 의미 (법의 평가원천)로도 사용된다. 그런데 그 기준은 곧 성립원천이므로, 별도로 논하지는 않는다.

② 성립원천으로서의 법원은 법철학의 문제이며, 법의 근원에 대한 사상은 시대에 따라서 변하였다. 그런데 각 시대의 법사상은 전술(제6장)하였으므로 여기에서는 생략한다. 반면에 인식원천으로서의 법원은 어느 시대에서나 실정법이다. 법은 실정법에서 구체적으로 표현되며 접근할 수 있기 때문이다. 다만 시기에 따라 실정법의 형태가 달랐다.

나. 상이한 법체계 : 성문법주의와 불문법주의

① 근대 이전까지는 개별적 사건에서의 재판결과(오늘날 의미의 판례)가 주된 법원이었다. 그 외에 관습도 재판의 기준으로 작용하였으므로 이것도 법원이었다. 그런데 유럽대륙의 국가에서 18세기 중반 이후 포괄적인 (민) 법전을 편찬하면서, 성문의 법전이 주된 법원으로 되었다. 반면에 영국에서는 포괄적인 법전을 편찬하지 않았으며, 그래서 여전히 앞에서 말한 전통 (선례를 법으로 삼는 전통)이 그대로 유지되었다. 그리고 이러한 법제는 영국의 식민지 그리고 미국에서 유지되었다.

② 이러한 상이한 법역사에 의해서 오늘날 각국의 법은 실정법의 대종이 성문의 법률 형태로 되어있는 법체계와, 판례가 법의 주종을 이루는 법체계로 나뉘어진다. 전자를 성문법주의라고 하고, 후자를 불문법주의라고 한다. 그러나 불문법국가에서도 새롭게 생기는 법률문제를 규율하기 위해서 성문법이 많이 제정되고 있으며, 반대로 성문법국가에서는 판례가 법원의 지위를 획득하였다. 그래서 이제는 양 국가 간에 실질적 차이는 크지 않다. 우리나라도 성문법국가이다.

다. 법원의 유형

이와 같이 나라마다 어느 것이 주된 法源이냐 하는 점에는 차이가 있지만, 모든 국가에서 법원의 유형은 제정법·관습법·판례법 등으로 나뉘어진다. 이하에서 우리나라에서의 법원의 각 유형을 살펴본다.

2. 제정법

가. 의의 및 종류

1) 의의

제정법이란 규범이 일반적 · 추상적인 문언(Sätze)으로 써서 표현된 것이다. 이것이 실정법의 가장 중요하고 일반적인 형태이다.

2) 종류

제정법은 제정의 주체에 따라 다음과 같이 구별된다. 이는 효력의 순위를 결정한다(즉 상위의 법에 위반하는 하위법은 무효이다).

① 헌법 : 이는 국민이 일정한 절차(헌법이 규정한 절차)에 따라 만든 국가의 근본규범이다. 이의 내용은 국민의 기본권 보장이라는 국가의 가장 근본적인 임무를 천명하고, 국가의 통치조직과 통치작용에 관한 기본원리를 규정한다.

② 법률 : 이는 국회의 의결을 거쳐 제정된 것이다. 형식적 의미에서의 법률이라고 칭한다.

③ 조약 : 이는 국가(국제법 주체) 간의 명시적 합의이다. 조약은 협약 · 협정 · 규약 · 공동선언 등 여러 가지 명칭으로 행해질 수 있다. 조약의 체결은 대통령의 권한에 속한다(헌법 73조). 그러나 상호원조 또는 안전보장에 관한 조약, 국가나 국민에게 중대한 재정적 부담을 지우는 조약 등은 국회의 동의를 얻어야 한다(헌법 60조 1항). 조약은 국내법과 동일한 효력을 가진다(헌법 6조 1항). 즉 국회의 동의를 얻은 것은 법률과 대등한 효력을 가지고, 그 외의 조약은 다음의 명령과 대등한 효력을 가진다. 즉 조약의 효력은 이의 명칭에 의해서 차이를 낳는 것이 아니라, 국회의 동의를 얻은

것이냐 하는 점에 의해서 차이가 생긴다.

④ 명령·규칙, 조례·규칙 : 양 그룹은 발령권자에 따른 구별이고(전자는 국가기관 즉 중앙의 행정부, 후자는 지방자치단체), 각 그룹에서의 두 종류는 효력이 미치는 범위(국민 일반에게 적용되는 것이냐 단지 조직 내부에 적용되는 것이냐)에 따른 구별이다. 이들은 모두 형식적으로 법률의 하위에 있는 것이다. 이를 나누어 개별적으로 설명하면,

▶ 명령은 행정부가 제정한 것으로서, 국회가 제정하는 법률에 대응하는 개념이다. 이는 내용을 기준으로 해서 위임명령과 집행명령으로 나뉜다. 전자는 법률에서 구체적 범위를 정하여 위임받은 사항에 관한 것이며, 그렇기 때문에 국민의 권리의무에 직접 영향을 미치는 것을 내용으로 할 수 있다(즉 국민에게 불이익을 주는 것도 가능하다). 후자는 법률을 집행하기 위해서 직권으로 정하는 것으로서, 원칙적으로 국민의 권리의무에 직접 영향을 미치지 않는 것이다. 명령은 다시 발령기관을 기준으로 해서 대통령령(헌법 75조), 총리령, 부령(헌법 95조)으로 나뉜다.

▶ 명령에 대응하는 규칙은 좁게는 행정청이 행정조직 내부의 조직과 활동을 규율하기 위해서 만든 것이다. 그런데 이러한 규칙은 행정부뿐만 아니라 다른 국가기관도 만들 필요가 있다. 그래서 넓게는 국가기관 ― 예컨대 입법부나 사법부(헌법 108조) 혹은 선거관리위원회(헌법 114조 7항) 등 ― 이 내부적 규율과 사무처리를 위하여 제정한 것을 뜻한다.

▶ 조례·규칙은 지방자치단체가 제정한 것으로서, 전자는 지방의회가, 후자는 단체장이 제정한 것이다. 이는 내용적으로는 앞에서의 명령과 규칙의 차이와 유사하다.

나. 제정법의 형태

제정법은 다수의 조문으로 구성되어 있는데, 조문이 어떤 형태로 되어 있느냐에 따라 법규정, 원칙, 정의의 세 가지로 나뉘어진다.

1) 법규정(Regeln)

① 이는 법조문이 어떤 요건(법률요건)이 갖추어지면 어떤 법률효과가 발생한다는 형태로 되어 있는 것이다. 이것이 제정법의 주된 형태이다. 예를 들면 민법 제109조(착오)의 "의사표시는 법률행위의 내용의 중요부분에 착오가 있는 때에는 취소할 수 있다"고 하는 문구 또는 제750조(불법행위의 내용)의 "고의 또는 과실로 인한 위법행위로 타인에게 손해를 가한 자는 그 손해를 배상할 책임이 있다"고 하는 문구, 그리고 형법 제329조(절도죄)의 "타인의 재물을 절취한 자는 6년 이하의 징역 또는 1천만원 이하의 벌금에 처한다"고 하는 문구 등이 이에 해당한다. 법규정의 앞부분 즉 법률효과를 발생시키는 전제 내지 요건을 구성요건(Tatbestand)이라고 하고, 뒷부분 즉 구성요건이 갖추어지면 생기는 효과를 법률효과라고 한다. 구성요건과 법률효과는 조건적으로 서로 연결되어 있다.

② 법규정은 실제의 생활현상을 여러 요소로 분해해서 규율한다. 또 각 법규정은 다른 법규정과 일전한 관련을 갖고 있다. 이러한 점은 다음의 '제정법의 구조'에서 살핀다.

③ 법규정에서는 구체적 요건이 담겨져 있기 때문에 다음에 살피는 원칙과는 달리 이의 적용에서는 가치평가가 개입될 필요가 없다고 생각하기 쉽다. 그러나 법규정의 적용에서도 가치평가가 개입된다. 왜냐하면 법규정상의 구성요건은 매우 추상적이어서 곧바로 문제된 사안이 이에 해당하는지를 판단하기는 어렵고, 따라서 문제된 사안에 법규정상의 법률효과를 발생

시키도록 하는 것이 타당한가 하는 가치평가에 기해서 이를 판단해야 하기 때문이다.

2) 원칙

① 이는 법조문이 구체적인 법률요건과 법률효과를 규정하지 않고, 단지 추상적으로 법이 실현하고자 하는 가치나 목표를 말하는 것이다. 즉 이는 실현할 가치나 목표를 말할 뿐이고, 법규정과 같이 어떤 방법으로 그러한 가치나 목표를 달성할 것인가 하는 점은 규정하지 않는 것이다. 가치를 실현하는 방법은 열려있으며, 구체적으로 어떤 방법으로 이를 실현할 것인가 하는 점은 법원에게 맡겨져 있다. 원칙이 적용되기 위한 구체적 요건은 법원이 개개의 사건에 부딪쳐 형성해 간다. 이와 같이 구체적인 요건을 규정하지 않는 원칙적 규정을 「일반조항」 또는 「백지규정」이라고 한다.

② 원칙은 어떤 방향으로 법을 적용할 것인가 하는 점을 가리키는 기능을 한다(방향타·지침으로서의 기능). 따라서 구체적 사건에서 법관은 원칙에서 제시된 가치와 목표를 실현하는 방향으로 법을 해석하고 법률효과를 결정하도록 해야 한다. 이와 같이 원칙은 구체적 요건을 가지지 않고 방향타의 기능을 하기 때문에, 이의 적용에서는 가치평가가 특히 중요한 역할을 한다.

③ 원칙에는 법률에 직접 규정된 것도 있지만, 그렇지 않은 것도 있다. 전자의 대표적 예는 민법에서의 신의성실의 원칙 규정(제2조) 및 반사회적 행위는 무효라는 규정(제103조)이다. 후자는 법률에 직접 규정되어 있지 않지만, 관련된 여러 규정들을 종합함으로써 끌어내진 것이다. 이의 대표적 예는 민법의 지도원리인 사적자치의 원칙이고, 그밖에 신뢰보호의 원칙도 이에 해당한다. 신뢰보호 원칙은 어떤 것이 적법한 것은 아니지만 그것이 마치 적법한 것으로 믿을 만한 경우에, 그러한 신뢰를 보호하는 것이다. 이

원칙은 민법에서의 표현대리제도(제125조, 제126조, 제129조), 채권의 준점
유자에 대한 보호(제470조), 무효인 행위에 기해서 행해진 권리의 외관을
신뢰한 자의 보호(제107조 2항, 제108조 2항, 제109조 2항, 제110조 3항) 등
의 규정으로부터 추출된 것이다.

　④ 신의성실의 원칙은 이 책자에서 여러 번 언급되었으므로, 여기에서
그 내용을 간략히 살펴본다.

▶ 「신의에 좇아 성실히」 해야 한다는 것은 건전한 공동생활을 위해서 요
구되는 규범이다. 이는 원래 법규범이 아니라 사회규범에 속하는 것으
로서(사회규범의 의미는 제2장 Ⅲ 1, 28쪽 이하 참조), 수많은 사람들
이 마찰없이 함께 살아가기 위해서는 각자는 신의에 좇아 성실히 행동
해야 한다는 것이다. 그런데 민법 제2조는 이를 법적인 요구로 높였다.
따라서 권리자가 행한 권리행사가 법적으로는 타당하더라도 만약 그
것이 공동생활에서의 신의와 성실의 요구에 반하는 때에는 법의 조력
을 받지 못하게 된다. 따라서 예컨대 매우 비신사적인 방법으로 권리
를 취득한 때에는 권리행사가 허용되지 않을 것이다.

▶ 이 원칙은 다양한 사건에 적용될 뿐만 아니라 구체적 요건을 가지지
않기 때문에 자칫 사건마다 다르게 판단하여 법적 안정성을 위태롭게
할 수 있다. 이런 문제점을 극복하기 위해서 몇 가지 파생적 원칙이
만들어졌다. 이는 법적 안정성을 위해서 다양한 적용례를 유형화해서
각 유형별로 구체적 요건을 구축한 것이다. 사정변경의 원칙, 실효의
원칙, 모순행위 금지의 원칙 등이 이에 해당한다. 그밖에 권리남용 금
지의 원칙은 원래는 신의성실의 원칙과는 별개로 발전한 것인데, 오늘
날에는 이것도 신의성실의 원칙의 한 내용으로 본다. 파생적 원칙의
이러한 취지에서 볼 때 이는 폐쇄적인 것이 아니다. 따라서 여기에 해
당하지 않는 경우에도 개별적으로 권리행사 등이 신의칙에 반하는지
여부를 검토해서 권리행사의 허용 여부를 판단해야 한다.

▶ 신의성실의 원칙의 개별적인 적용례는 극히 다양하므로 이를 소개하는 것은 부적절하고, 이하에서는 특히 근래 많이 문제되는 「소멸시효 원용과 신의칙 위반」에 관한 판례만을 소개한다. 소멸시효제도는 권리자가 오랫 동안(그 기간을 시효기간이라고 하고, 이는 일반적으로는 10년이다) 권리행사를 하지 않으면 권리가 소멸하도록 하는 것이다. 판례는 소멸시효제도를 엄격히 운용했었는데(즉 시효원용을 신의칙 위반으로 판단한 예가 거의 없었는데),[1] 소위 과거사 사건에서 중요한 변화를 겪었다. 즉 특히 유신헌법 치하에서 국가의 불법행위 사실을 국가 스스로 숨겨서 피해자 측(원고)에서 그로 인한 손해배상을 청구하지 못하다가, 과거사위원회 등에 의해서 국가의 불법행위 사실이 드러나 그때 비로소 손해배상을 청구한 사건에서, 손해배상채권은 소멸시효로 인해서 소멸하였다고 하는 국가의 주장(항변)에 대해서 법원은 이러한 소멸시효 원용은 신의칙에 반한다고 하여 배척하고 원고의 손해배상청구를 인용하였다.[2]

3) 정의(定義)

이는 법조문에서 사용되는 용어의 의미를 규정함으로써 용어의 개념을 명확하게 하는 것이다. 민법에서의 정의의 예로는 주소에 관한 제18조, 물건에 관한 제98조 등이 있다.

---

[1] 그 대표적 예는 국가의 실수로 두 번 군복무를 한 사람이 제대 후 상당 기간이 지나서야 국가를 상대로 손해배상을 청구한 사건에서, 청구를 기각한 대법원 2005.5.13. 2004다 71881 판결이다.

[2] 이러한 판례의 최초의 사건은 최종길교수 사건에 관한 서울고등법원 2006.2.14. 2005나 27906 판결이다.

다. 제정법의 구조

1) 원자론적 구조

① 입법자는 사회에서 실제로 일어나는 일정한 생활현상을 규율하기 위해서 법률을 제정하는데, 이때 그 규율하려는 대상을 있는 모습 그대로 묘사해서 규율하는 것이 아니라, 이를 여러 가지 요소(개념)로 분해해서 최소한의 단위로 나누어 이러한 요소를 내용으로 해서 법규정을 만들었다. 이와 같이 하나의 생활현상(= 법현상)이 여러 개의 요소로 분해되어 법규정이 요소별로 규정되어 있는 현상을 원자론적 구조라고 한다. 법이 원자론적 구조를 취하는 이유는, 각 생활현상을 분해해서 요소화해서 규율함으로써 이를 개별적으로 규율하는 폐단(각 생활현상마다 별도의 규정을 둠으로써 법규정이 무수히 많아지고 그 내용이 상당히 장황해지는 폐단)을 피하기 위해서 이다.

② 그런데 만약 이러한 각 요소의 의미가 불명확하다면 법규정의 의미가 불명확해질 것이다. 이러한 문제를 해소하기 위해서 각종의 요소를 가리키기 위한 개념을 창안하고 그 의미를 보다 명확하게 연마하였다. 즉 법규정이 불명확 내지 장황해지지 않도록 하기 위해서 많은 생활관계를 분해하여 각 요소별로 규정할 뿐만 아니라, 다시 이러한 목적을 위해서 요소를 가리키는 개념을 만들고 개념을 갈고 닦아 이의 의미를 보다 명확히 하였다. 개념의 의미와 예는 전술하였다(제7장 Ⅱ 2 다, 242쪽).

2) 체계적 구조

① 하나의 생활관계는 여러 가지 요소로 분해된다. 그런데 각종의 수많은 요소들이 무질서하게 규정되어 있으면 사건과 관련된 요소들이 어디에 규정되어 있는지를 알기 어렵다. 이런 문제점을 해소하기 위해서 법률은

각 요소들이 어디에 위치했는지를 전체적으로 조감할 수 있도록 체계적으로 규정하였다. 이를 체계적 구조라고 한다. 이에 의해서 하나의 생활관계에 관련된 요소들이 여기 저기 흩어져 규정되어 있더라도, 그 생활관계를 규율하기 위하여 필요한 규정들을 보다 용이하게 찾아낼 수 있게 된다.

② 19세기의 독일법학은 민법의 체계로서, 공통적인 것을 먼저 규정하고 개별적인 것을 뒤에 규정하는 구조(판덱텐체계)를 창안해 냈고, 독일민법전은 이를 채택했다. 독일민법전을 모범으로 한 우리 민법전 역시 이러한 체계를 취하고 있다. ── 체계의 형태로는 그밖에 프랑스민법전이 취하고 있는 소위 인스티투찌온체계가 있다.

판덱텐체계의 구성원리는 권리관계의 형태에 따라 민법전을 「물권」, 「채권」, 「친족」, 「상속」의 4개 편으로 나누는 한편, 각 권리관계에 공통하는 점을 먼저 규정한다는 원리에 따라 먼저 앞의 4개의 편 앞에 「총칙」이라는 편을 두어 여기에서 4개 편에 공통하는 것을 규정한다. 그리고 각 편의 앞부분에 다시 「총칙」이라는 장을 두어 여기에서 각 편에 공통하는 것을 규정한다.

③ 이와 같이 보다 공통한 것을 먼저 규율하는 체계를 취한 이유는, 동일한 것을 중복적으로 규율하는 비효율성을 막기 위해서이다. 그 외에도 이러한 방법이 무엇이 어디에 규정되어 있는지를 알아내는데, 즉 전체적 체계를 조감하는데 용이하기 때문이다.

3) 피라밋적 구조와 전체적 통일성

위와 같은 체계적 구조 덕분에 법규정은 무수히 많고 내용도 극히 다양하지만, 그리고 일응 각기 독립된 것 같이 보이지만, 서로 유기적으로 관련되어 있다(체계적 관련성). 그런데 한 국가의 법률은 서로 관련될 뿐만 아니라 전체적으로 서로 상하관계를 가지고 얽혀있다. 즉 국가의 근본규범과 조직을 규율하는 법(헌법)을 정점으로 해서, 서로 상하 또는 보충의 관계를 가지는 무수히 많은 법률이 존재한다. 이런 점에서 한 국가의 법은 피라밋적 구조를 가지고 통일체를 이룬다고 말해진다. 그리고 한 국가의 통일적 구조를 가진 실정법 전체를 가리켜 실정법질서라고 한다.

4) 문제점

원자론적·체계적 구조는 한편으로 소수의 법규정으로 다양한 생활관계를 규율할 수 있으며, 다른 한편으로 법규정을 효율적으로 체계화시키고 전체를 조감할 수 있도록 하는 점에서 장점을 가진다. 그러나 반면에 구체적 생활관계의 모습을 보지 않고 법규정에 담겨있는 법개념으로부터 논리적으로 법을 해석 적용할 가능성이 있다. 특히 생활관계의 구체적 차이 때문에 실제적으로 달리 취급되어야 할 경우임에도 개념적 징표가 공통하다는 점 때문에(즉 논리적으로 볼 때 동일한 법규정이 적용될 수 있는 공통성을 가진다는 점 때문에) 동일하게 취급할 위험이 있다.

그외에도 원자론적·체계적 구조는 정밀한 개념과 전문적인 법제도의 발달에 기초한 것으로서, 따라서 법규정은 극도의 전문성과 기술성을 가진다. 이런 점 때문에 일반인은 그 의미를 알기 어렵다. 이는 자칫 법학을 비밀학으로 느끼게 만들고 법과 현실과의 괴리를 크게 할 수 있다. 또 하나의 사건과 관련된 규정들이 여기 저기 산재되어 있기 때문에, 법률의 운영을 어렵게 만든다(관련 규정을 총합해야 하는 어려움, 다른 규정과의 관계를 파악해야 하는 어려움 등 때문에).

라. 제정법의 몇 가지 모습

1) 임의규정과 강행규정

법규정은 임의규정과 강행규정으로 나뉘어진다.

① 임의규정은 "법령 중의 선량한 풍속 기타 사회질서에 관계없는 규정"으로서, 당사자가 그와 달리 약정함으로써 그 규정의 적용을 배제할 수 있는 것이다(민법 105조). 따라서 이는 당사자가 이와 달리 정하지 않은 경우(규율공백)에만 적용된다. 강행규정은 이와 달리 사회질서에 관계있는 규정으로서, 당사자들이 이와 달리 약정하여 적용을 배제할 수 없는 것이다. 즉 당사자의 의사 여하를 불문하고 적용되는 것이다.

② 어떤 법규정이 임의규정인지 여부가 명시적으로 규정된 경우도 있지만("달리 정해지지 않는 한"이라는 문구가 있으면 임의규정이다), 그렇지 않는 경우가 대부분이고, 이때에는 해석을 통해서 임의규정인지 여부가 밝혀진다.

③ 양자의 구별은 이론상으로는 모든 법률에 공통되는 것이다. 그러나 민법을 제외한 법률은 대부분 강행규정으로 되어 있으므로, 이는 민법에서 구별할 실익이 있다. 민법에서 강행규정으로 이해되는 것은 다음과 같은 규정들이다.

▶ 신분관계에 관한 규정(사회질서에 관계되므로)
▶ 물권에 관한 규정(제3자의 이해에 관계되므로)
▶ 법률이 일정한 자를 보호하려는 취지에 기한 규정(유질금지, 이자제한법, 연금급여권의 처분금지, 주택임대차보호법 등)(정책적인 것이므로)

2) 전문적 법률용어

법규정에는 법률에 특유한 용어가 사용된다. 이러한 전문적인 법률용어는 각 개별적 실정법마다 존재하지만, 여기에서는 대부분의 실정법에 공통되는 것으로서, 서로 유사하거나 대립하는 뜻을 가진 것을 살펴 본다.

가) 선의·악의

① 선의는 어떤 사정을 알지 못하는 것이고, 악의는 이를 알고 있는 것이다. 이는 법이 외형적인 행위가 아니라 그의 내부를 고려하는 것이다.

② 법규정 중에는 선의를 요건으로 한 것이 있다(예컨대 취득시효에 관한 민법 제245조 2항, 제246조 2항. 선의취득에 관한 민법 제249조는 선의 이외에 무과실을 요건으로 한다). 또 악의인 경우에 일정한 법률효과를 배제한 것이 있다(예컨대 사기 강박에 의한 의사표시의 취소에 관한 민법 제110조 2항, 대리에서 본인을 표시하지 않은 경우에 관한 민법 제115조. 다만 이들 규정에서는 악의와 과실있는 선의를 동일하게 취급한다).

③ 민법에서 선의·악의가 중요한 의미를 가지는 경우는, 어떤 법적 효력을 당사자 아닌 제3자에게 주장할 수 있는 범위와 관련해서 이다. 즉 민법은 이에 관해서 단순히 「제3자」라고 한 것도 있고 「선의의 제3자」하고 한 것도 있다. 예컨대 법인은 대표기관인 이사의 성명·주소를 등기해야 하며(제49조 2항 8호), 등기 후가 아니면 "「제3자」에게 대항하지 못한다"고 규정한다(제54조 1항). 그런데 예컨대 진의 아닌 의사표시의 무효는 "「선의의 제3자」에게 대항하지 못한다"고 규정한다(제107조 2항). 이와 같이 제3자의 범위가 구별되므로, 단순히 「제3자」라고 한 경우에는, 제3자의 선의·악의를 불문한다(즉 악의의 제3자에 대해서도 대항하지 못한다). 따라서 제54조에 의하면 만약 갑 법인이 이사를 을에서 병으로 변경하였는데 이를 등기하지 않은 때에는, 을이 마치 아직 이사인 것처럼 행세해서 법인의 물건을 정에게 매각하였고, 정이 이사변경사실을 알았더라도, 법인은 을이 이사 아님을 대항해서 그 매매계약의 무효를 주장할 수 없다. 다만 대항할 수 없는 제3자의 범위를 문언대로 해석할지를 둘러싸고 견해가 대립한다(이의 내용은 제8장 Ⅲ 3 나, 304쪽 주11에서 설명한다).

나) 추정 · 간주(의제)

(1) 전제로서의 증명

법률은 일정한 요건이 갖추어지면 일정한 법률효과가 발생할 것을 규정한다. 그리고 그러한 요건이 갖추어졌다는 점은 그러한 법률효과의 발생을 주장하는 측에서 증명해야 한다. 그런데 이러한 증명은 매우 어려운 작업이다. 소송사건에서의 승패는 증명에 달려있다고 해도 과언이 아니다. 그런데 법률 중에는 이러한 증명의 어려움을 덜기 위해서 일정한 사실이 있으면 일정한 사태(추정 혹은 의제된 사태)가 존재하는 것으로 취급하도록 하는 규정이 있다. 이는 그러한 효과의 강도(强度)에 따라 다음의 두 가지로 나뉜다.

(2) 추정과 간주

추정은 그러한 취급의 강도가 낮은 것으로, 일정한 사실이 있더라도 일정한 사태가 존재하지 않음을 증명해서 추정의 효과를 뒤집을 수 있는 것이다. 즉 「반증(反證)」을 허용하는 것이다. 이는 법문에 「추정한다」라는 용어가 사용된 경우이다. 2인 이상이 동일한 위난으로 사망한 경우에는 동시에 사망한 것으로 추정하는 민법 30조가 이의 예이다.

간주는 그러한 취급의 강도가 높은 것으로, 위와 같은 반증이 허용되지 않는 것이다. 이는 법문에 「본다」라는 용어가 사용된 경우이다. 이에 의해서 일정한 사실이 있으면 일정한 사태가 존재하는 것으로 의제된다. 미성년자가 혼인을 한 때에는 성년자로 본다고 규정하는 민법 826조의2가 이의 예이다. 다만 민법 제28조는 실종선고의 효과를 간주로 규정하면서도, 의제된 사태를 뒤집을 수 있도록 한다. 그러므로 우리 민법의 의제에는 의제된 사태를 뒤집을 수 없는 것과 있는 것의 두 가지 형태가 있다. 그러면 뒤집을 수 있는 의제는 앞에서의 추정과 어떤 차이가 있는가? 그 차이는 이를 뒤집기 위해서는 단지 반대사실의 증명만으로 족한가 하는 점이다. 즉 추정에서는 그것만으로 족하나, 의제에서는 그것으로는 부족하고, 더 나아가 법정의 절차에 따라서 의제를 낳은 원인(실종선고)을 취소해야 한다.

다) 무효·취소·철회·해제·해지

이들은 일응 행위의 효력을 배제하는 것인 점에서 공통성을 가지지만, 배제하는 이유나 효력 등에서 차이를 가진다. 이는 엄격히는 민법상의 용어이지만, 다른 법분야에서도 대체로 이를 구별해서 사용한다.

① 무효와 취소라는 용어는 여러 가지 의미로 사용될 수 있지만, 법률행위의 효력으로서 양자가 대응하는 경우에는 법률행위가 성립시에 결함이 있어서 효력을 가지지 못하는 것이다. 이중에서 무효는 법률행위가 처음부터 효력을 발생하지 않는 것이고, 취소는 일단 행위가 효력을 발생하고 취소하면 소급적으로 무효가 되는 것이다. 따라서 행위가 무효인 때에는 누구든지 처음부터 그것이 효력이 없는 것으로 다루게 되고, 방치하여 두더라도 이러한 효력에 변경이 없다. 그러나 취소인 때에는 일정 기간 내에 취소하지 않으면(즉 방치하여 두면) 무효로 할 수 없게 된다(취소권의 소멸). 무엇이 무효원인이고 무엇이 취소원인인지는 법률이 규정하지만, 대체로 말하면 행위의 결함이 중대한 경우에는 무효사유가 되고, 결함이 중대하지 않거나 당사자에게 효력발생 여부를 결정하도록 하는 것이 적절한 경우에는 취소사유가 된다.

② 철회와 해제(해지)는 아무 결함없이 성립한 법률행위에 대해서 나중에 효력을 배제하는 것이다. 이중에서 철회는 의사표시의 효과가 확정적으로 발생하기 전에 이를 없었던 것으로 하는 것이고, 해제·해지는 계약성립 이후의 사정(채무불이행이 가장 대표적인 것이다)을 이유로 효력을 배제하는 것이다. 이중 해제는 처음부터 없었던 상태로 만드는 것이고, 해지

는 해지 이후에 효력을 배제하는 것이다. 해제는 1회적 급부를 내용으로
하는 계약에서 행해지고(예컨대 매매계약), 해지는 계속적 급부를 내용으로
하는 계약에서 행해진다(예컨대 임대차계약).

③ 법률행위의 효력이 소급적으로 배제되는 경우(무효, 취소, 해제), 그러
한 무효 등의 사정을 알지 못한 자를 보호하기 위해서 무효 등의 효력을
제3자에게 「대항하지 못」하도록 한다. 다만 제3자의 범위에 관해서는 앞에
서 본 바와 같이 무효 등의 사유에 따라 차이가 있다.

마. 제정법의 확대와 법률교육

1) 법률가에 대한 수요의 증대

현대에서는 다양한 사회문제를 규율하기 위해서 수없이 많은 법률들이
만들어져야 하고, 만들어진 법률의 의미를 밝혀야 하고, 나아가 이를 구체
적 사건에 적용해야 한다. 이러한 작업을 위해서는 각 법분야마다 특별한
지식을 가진 수많은 전문가가 필요하다. 이러한 전문가를 육성하는 것이
대학에서의 법률교육이다. 사회가 다양해지고 복잡해지면서 전문적 법률가
에 대한 수요가 커진다. 오늘날 법률을 전공하는 학과(여기에는 「법학과」
뿐만 아니라 세무 혹은 경찰의 업무를 다루는 학과도 포함된다)가 많아지
는 이유는 그 때문이다. 이와 함께 국가는 법률교육에 더욱 관심을 가지게
된다.

2) 우리 법학교육의 현재와 문제점

① 우리나라는 얼마 전에 일부 대학의 법률교육방법을 기존의 법과대학
체제(대륙법계 체제)에서 소위 로스쿨 체제(영미법 체제)로 수정하였다. 우
선 두 체제의 교육방법의 차이를 살펴보면, 대륙법계(특히 우리 법에 영향

을 미친 독일법계)에서는 초급학년에서는 법학입문(이의 내용은 이 책자와 유사)을 비롯해서 법사학·법철학·법사회학 등 소위 기초법학을 가르치며, 중급부터 실정법을 교육한다. 반면에 영미법계에서는 처음부터 실정법을 가르친다. 그러나 양 법계에서 실정법의 모습은 전혀 다르다. 대륙법계는 성문법주의이므로 여기에서의 실정법은 주로 제정법이다. 따라서 여기에서는 법학도는 제정법 조문을 통해서 법을 배운다. 그러나 영미법계는 불문법주의이므로 여기에서의 실정법은 주로 판례이다. 따라서 여기에서는 법학도는 판례를 통해서 법을 배운다.

② 그런데 영미법계의 교육방법의 실제 모습을 알기 위해서는 여기에서의 판례의 모습을 알아야 한다. 영미법의 판례에는 구체적인 사실관계를 토대로 이를 어떻게 재판하는 것이 타당한가 하는 점에 대한 고민과 숙고가 담겨있다. 즉 판결 속에는 철학적 문제부터 사회경제적 배경에 이르기까지 과연 그 사건을 어떻게 해결하는 것이 타당한가를 판단함에 있어서 고려해야 할 점들이 담겨있다.[3] 따라서 영미법계에서는 — 제정법 조문을 통해서 법을 배우지 않을 뿐만 아니라 — 구체적 사례를 어떻게 해결하는 것이 타당한가 하는 점에 대한 법원의 고민을 통해서 법을 배운다.

물론 대륙법계에서도 실정법을 공부함에 있어서 수많은 판례를 배운다. 그런데 대륙법계 판례에서의 판단근거는 대부분 그 사안을 둘러싸고 있는 사회경제적 여건이나 무엇이 정의의 요구에 부합하는가 하는 점이 아니고 법조문이다. 즉 당해 사건을 어떻게 재판하는 것이 타당한가 하는 점보다는, 사건에서 문제되는 법률적 쟁점이 무엇이고 법조문은 이를 어떻게 규율하는가 하는 점을 고려해서 재판한다.[4] 그러므로 대륙법계에서의 판례의

---

3) 미국의 로스쿨을 배경으로 하는 TV프로그램(예컨대 오래 전의 것이지만 '하버드의 공부벌레들')을 보면 소위 악명높은 계약법 교수는 강의시간 내내 수많은 판례에 관해서 사실관계가 어떻고 쟁점이 무엇이고 누가 어떤 주장을 했고 재판관은 어떤 근거로 어떻게 판결했는가를 쉬지 않고 질문한다.

4) 영미법계 국가와 대륙법계 국가 간에서의 이러한 재판경향의 차이를 잘 보여주는 예를

공부는 제정법 중심의 사고를 벗어나게 하지 못한다. 다만 독일에서는 제정법의 공부에 앞서서 기초법학에 대한 이해가 선행되므로, 법학도가 오로지 법조문을 법의 전부로 알고 법문에 따른 해석에 빠질 위험이 크지 않다. 그런데 우리나라는 한편으로 독일과 같이 성문법국가임에도 대학에서 기초법학이 선행되지 않고, 다른 한편으로 영미의 로스쿨제도를 취하여 사건 중심·판례 중심의 교육을 한다고 하지만, 판례는 주로 제정법 조문을 재판의 기준으로 삼고 있다. 그러므로 현재의 로스쿨제도 하에서는 법학도는 제정법을 법의 전부로 알고 이를 사건에 적용하는 기술을 익히는데만 힘을 쏟을 위험이 크다.

③ 로스쿨제도는 다양한 분야의 지식을 가진 사람들에게 법률적 소양을 갖추게 하는 점에서 장점을 가진다. 그러나 이러한 장점은 로스쿨제도만을 통해서 얻어지는 것은 아니다. 법학교육방법의 적절성은 그 나라의 법체계, 실제의 법운영 모습 등과 관련되는 것이다. 우리는 우리와 영미법계의 이

하나 소개한다. A와 B는 동성애자로서 A가 임차한 주택에서 동거하던 중 A가 사망하고 얼마 후 임대차기간이 종료되자 주택소유자가 임대차 종료를 이유로 B남에게 퇴거를 요구한 사건이 1997년 비슷한 시기에 영국의 Court of Appeal과 프랑스의 Cour de cassation에 제기되어 동일한 문제가 다투어졌다. 당시 영국에는 임차인 사망시 "「부인 혹은 남편과 같은 원래의 임차인과 함께 살아왔던 사람」은 배우자와 동일시한다"고 하는 내용의 임차인보호법이 있었던 바, B남은 자신이 이에 해당한다고 주장하였다. 법원에서는 3인의 판사 중 2인이 B의 주장을 배척했는데, 이들은 그러한 판단을 위해서 위 법령의 문언의 분석에 그치지 않고, 1920년 이래의 임차인보호법의 역사, 이러한 법적소송에 관한 선례법, 다른 법영역에서의 동성애적 생활공동체에 대한 취급 그리고 위 규정의 목적을 검토했다. 그리고 이를 넘어서 1960년 이래 일어나는 사회의 변화를 고려했고, 미국 뉴욕에서의 비교할 만한 임차인보호법을 살폈다. 프랑스에는 영국의 위의 법령과 유사하게 임대차관계는 임차인의 사망시에 그와 적어도 1년 이상 함께 살았던 반려자에게 이전된다고 하는 법령이 있었던 바, B는 여기에서의 「반려자」라는 용어는 동성의 파트너에게도 적용되어야 한다고 주장하였다. 법원은 이러한 주장을 배척했는데, 판결의 내용은 간단하게, 원심이 「반려자」는 오직 외부에서 볼 때 부부라고 여기게 하는, 즉 남자와 여자 사이에서 성립하는 계속적인 관계라고 한 것은 타당하다 라는 것이다. 이상은 Vogenauer, Die Auslegung von Gesetzen in England und auf dem Kontinent, Bd I / II, S.1ff., 2001에서 소개된 것이다.

에 관한 차이 — 특히 판례의 모습의 차이 — 를 고려치 않고 영미의 로스
쿨제도를 흉내낸 것은 아닐까?

3. 관습법

가. 의의 및 요건

① 사람들이 오랜 세월에 걸쳐 동일한 행위를 되풀이함으로써 관행(관
습)이 형성된다. 그런데 여기에서 더 나아가 사람들이 그러한 관행에 따라
행위'해야 한다'고 의식하는 경우에(법적 확신의 획득), 관습은 관습법으로
된다. 이와 같이 관습법은 관행 및 법적 확신에 의해서 성립하는 것이다.
관습법의 이러한 요소 중 후자의 단계인 법적 확신을 얻지 못하고 단지 전
자의 단계에 있는 것을 「사실인 관습」이라고 한다.

② 법적 확신의 획득이란 대부분의 사람들(그러한 행위와 관련되어 있는
권역의 사람들)이 그러한 관습에 따라 행위해야 한다고 생각하는 것, 즉 관
습이 법적 구속력을 가진다고 일반적으로 인식하기에 이른 것이다. 이러한
인식은 "관습이 합리적이고 사회질서를 위해서는 지켜져야 한다"는 가치평
가가 있어야 생기게 된다. —— 사실인 관습과 관습법의 구별은 법의 개념
에서 말한 사실과 당위와의 차이에 상응한다. 즉 단순히 많은 사람들이 그
렇게 행동한다는 사실에서 더해서 그렇게 행동해야 한다는 가치평가가 있
어야 당위인 법규범이 성립한다(제2장 II 1 나, 19쪽).

나. 관습법의 가치와 변천

관습법은 입법기관의 법정립행위에 의해서가 아니라 사회생활 속에서

자연적으로 형성된 법규범이다. 관습법은 가장 근원적인 법의 발현형식이다. 다만 근대국가 후기에 국가가 제정법을 거의 완비하면서 관습법은 그 중요성을 크게 상실하였다. 더욱이 법실증주의는 관습법에 대해서 적의(敵意)를 보였다. 그러나 아무리 성문법을 완비하더라도 관습법의 생성을 막지는 못한다. 이는 사회생활의 유동성에서 오는 필연적 결과이다. 그리고 관습법은 사회 구성원의 관행과 의식을 통해서 형성되는 것이므로, 권력자 혹은 법률가의 머리에 의해서 좌우될 수 있는 것이 아니다.

다. 인정범위

관습법은 모든 법률분야에서 법원으로 인정되지는 않는다. 국민에게 의무를 지우거나 불이익을 과하는 내용의 관습법은 인정되지 않는다(그러나 이익을 주는 관습법은 인정된다. 형법 제1조 2항 및 3항은 이러한 법리에 기한 것이다). 형법에서 관습법이 인정되지 않는 것은 이러한 이유 때문이다. 관습법은 사법에서 주로 인정된다. 그 외에 헌법재판소는 헌법에도 관습법이 존재한다고 한다.[5]

라. 관습법의 효력

이에 관해서는 특히 민법학에서 법률이 없는 경우에 보충적으로 적용된다는 견해(보충적효력설)와, 법률과 대등한 효력이 있고 따라서 만약 법률 제정 이후에 이와 다른 관습법이 형성된 때에는 관습법이 우선한다는 견해(대등적효력설)가 대립한다. 상세는 민법학에 미룬다.

---

5) 헌법재판소 2004.10.21. 2004헌마554 · 566 전원재판부 결정.

4. 판례법

판결은 개별적·구체적 사건에서 다투어진 법률문제에 대하여 법원이 내린 판단이다. 이는 원래는 당해 사건에 대해서만 구속력을 가진다. 그런데 주요사실을 같이 하는 동종의 사건에 관하여 동일한 내용의 판결이 반복·집적되어 장래 동종의 사건에서도 그와 동일하게 판단되리라고 인식되는 경우에는, 그 판례는 선례로서의 규범력을 가진다. 이때 그러한 판결 속에 담겨있는 추상적인 규범이 판례법이다.

Ⅱ. 법률의 분류

1. 공법과 사법

가. 의의

① 법은 사인(권리주체)들 상호간의 법률관계를 규율하는 것과 공권력 보유자(국가, 지방자치단체 등)와 사인 간의 관계를 규율하는 것으로 나뉜다. 전자가 사법이고 후자가 공법이다. 전자에서는 쌍방 당사자가 평등한 지위에서 합의에 의해서 법률관계를 결정한다. 후자에서는 국가가 우월적 지위에서 일방적으로 법률관계를 결정한다.

② 공법은 근대 중반에 이르러 근대적인 중앙집권국가가 등장하면서 발전하였다.6) 그 이전까지는 사법이 전부였다. 즉 시민(인)민들 간의 생활관계는 이들이 스스로 결정하였으며, 국가는 이에 관여하지 않았다. 공법이 형성 발전하게 된 것은, 국가가 공권력의 보유자로서 시민의 안전과 평화의 유지라는 국가적 목적을 달성하기 위해서 사인의 생활에 관여하면서부터 이다. 특히 19세기 중반 이후 격변하는 사회변화로 인하여 새롭게 등장한 법률문제(빈부격차의 완화 혹은 경쟁회피를 위한 단합 등의 규제)를 해결하기 위해서 국가가 사인의 법률관계에 관여하면서 공법이 점차 주도적 지위에 서게 되었다. 즉 원래는 당사자 간의 합의에 맡겨야 할 개인 간의

---

6) 근대 이전에도 권력보유자(군주)는 계속적으로 인민들을 통치하고 지배해 왔다. 그런데도 근대 중반에 이르러 비로소 공법이 출현했다고 말하는 이유는, 그 이전까지는 군주의 인민에 대한 통치는 자의적이고 비규칙적으로 행해졌으며, 아직 군주의 통치를 규율하는 법(즉 공법)이 존재했다고 할 수 없기 때문이다.

생활관계이지만 경제적 약자의 보호 혹은 기업 간의 공정한 경쟁의 확보를 위해서 국가가 이러한 관계를 규율하게 되면서 공법의 활동영역이 넓어지고 중요성이 커졌다. 오늘날에는 국가의 사회적 급부가 확대되면서 공법의 영역과 중요성이 더욱 커졌다.

나. 선험적 개념과 실정법상의 개념

① 예컨대 내가 어느 물건을 얼마에 살지 혹은 누구와 결혼할지는 ― 시장경제 체제 혹은 자유주의 하에서는 ― 내가 마음대로 결정한다. 반면에 국가가 누구에게 얼마의 세금을 부과할지는 전적으로 국가가 일방적으로 결정한다. 그리고 이러한 현상은 어느 법제에서나 공통된다. 그러므로 공법과 사법의 구별은 모든 법제에 공통되는 보편적인 것이고 이런 점에서 선험적 개념이라고 할 수 있다.

② 유럽대륙은 근대 후기에 국가적 목적을 효율적으로 달성하기 위해서 일반법원과 구별되는 행정법원이라는 특수한 법원을 설치하여 공법적 사건을 이 법원에서 관할하도록 하였다. 따라서 이러한 법제에서는 관할법원을 결정하기 위해서 실정법적으로 공법과 사법이 구별된다. 우리나라도 동일한 목적에서 행정법원을 두었기 때문에 공·사법의 구별은 실정법상의 개념이다. 반면에 행정법원을 두지 않고 모든 사건(즉 소위 공법적 사건 역시)을 일반법원의 관할로 하는 영미법에서는 공사법의 구별이 필요치 않으며, 따라서 이런 법제에서는 사법과 공법의 구별은 실정법상의 개념이 아니다. "영미법은 공사법의 구별을 모른다"고 말해지는데, 이는 공사법을 실정법적 개념으로 본 것이다. ―― 영미법에서는 공사법의 구별을 모른다고 하지만, 그러나 이러한 법제에서도 당사자간의 관계가 사인과 사인 간의 평등한 관계이냐 국가와 사인 간의 불평등관계이냐 하는 점에 따라서 법률관계를 당사자가 자유롭게 결정하느냐 일방(국가)이 공공목적을 위해서 일

방적으로 결정하느냐 하는 점에 차이를 가진다. 따라서 선험적 의미에서의 공·사법의 구별은 법제를 불문하고 공통된다.

　③ 이하에서는 선험적 개념으로서의 공·사법과 실정법적 개념으로서의 공·사법을 나누어 살핀다.

다. 선험적 개념으로서의 공사법

1) 공·사법의 구별과 차이

　① 사법은 개인과 개인 간의 평등한 관계를 규율하는 것이고, 공법은 국가와 개인 간의 불평등한 관계(상하관계)를 규율하는 것이다. 이와 같이 공법과 사법의 구별기준은 전통적으로 법이 규율하는 법률관계의 성질과 주체가 누구인가 하는 점(주체설, 성질설)이었는데, 이에 의하면 주체는 국가와 사인 간이지만 성질은 평등한 관계에서 법률관계를 맺는 경우(예컨대 국가가 사인으로부터 물건을 구입하는 경우), 혹은 반대로 주체는 국가 혹은 지방자치단체 간이지만 성질은 평등한 관계에서 국가적 내지 공익적 사항을 규율하는 경우(예컨대 양자 간에 관할권에 관한 다툼이 있는 경우) 등에서는 구별이 모호하다. 이런 점에서 구별기준으로 법이 추구하는 이익이 사익이냐 공익이냐 하는 점(이익설)도 함께 고려해야 한다는 이론이 제기되었다. 이러한 여러 가지 기준을 종합적으로 고려할 때, 앞서 말한 국가가 사인으로부터 물건을 구입하는 경우를 규율하는 것은 사법에 속하며, 반면에 행정부서 상호간에 다툼이 있는 경우를 규율하는 것은 공법에 속한다.

　② 대체로 민법·상법은 사법에 속하고, 헌법·행정법·형법은 공법에 속한다. 그런데 오늘날에는 이러한 법과는 달리 공법이나 사법의 어느 하나에 속하지 않고 양자의 성질을 모두 가지는 법이 출범하였다. 소위 사회법이 그것이며, 노동법·경제법·사회보장법 등이 이에 해당한다. 이는 원

래는 당사자 간의 자유로운 규율에 맡겨졌던 문제에 관하여 국가의 개입이 증대되면서 생겨난 것이다. 이와 같이 공법과 사법의 어느 한 쪽으로 분류하기 어려운 법을 「중간법」이라고 부르기도 한다.

2) 구별의 실제적 의미 ― 지도원리의 차이

① 공·사법의 구별은 실제적으로 어떤 의미를 가지는가? 이는 지도원리의 차이이다. 평등한 시민 상호간의 관계를 규율하는 사법에서는 쌍방이 평등하므로 이들 간의 법률관계는 스스로 결정하도록 해야 한다. 따라서 여기에서는 사적 자치가 지배원리로 작용한다. 즉 특별한 사정이 없는 한 (즉 강행규정에 의해서 규율할 필요가 없는 한) 당사자에게 법률관계의 내용을 결정하도록 맡기고, 국가는 단지 그러한 결정을 존중하고 이에 따른 법률관계의 형성을 도울 뿐이다. 반면에 국가와 시민 간의 불평등한 관계를 규율하는 공법에서는 어떻게 하는 것이 국가 혹은 공익 목적에 적합한지를 고려해서 국가가 우월적 지위에서 일방적으로 법률관계의 내용을 결정한다. 따라서 공적 목적의 효율적 달성이 공법의 지배원리로 작용한다 (공·사법이 지도원리를 달리하는 것은 정의의 한 요소인 합목적성에 기초한 것이다(제3장 Ⅲ 2 나, 60쪽).

② 이러한 지도원리의 차이는 문제된 법률관계를 규율할 실정법의 의미가 불명료하거나 아예 실정법이 없는 경우에 실제적 의미를 발휘한다. 즉 그러한 경우에 그 법률관계를 규율하는 것이 사법에 속한다면 법의 해석이나 공백의 보충에 있어서 사적자치의 원칙이 중시되어야 하고(즉 합리적인 사람이라면 그 법률관계를 어떻게 규율했을 것인가 하는 점을 고려해서 해석하거나 보충하고), 반대로 공법에 속한다면 그 법이 지향하는 목적 내지 국가의 의사가 중시되어야 한다.

라. 실정법적 개념으로서의 공·사법

1) 왜 구별해야 하는가?

공법적 사건을 일반법원이 아닌 특별법원(행정법원)에서 재판하도록 하는 법제에서는, 어떤 분쟁이 생긴 경우에 어느 법원에 소송을 제기해야 하는가 하는 문제가 생긴다. 이런 문제를 판단하기 위해서 공법과 사법의 구별이 필요하다. 즉 현재 문제된 사건을 일반법원에 제소해야 하는가 행정법원에 제소해야 하는가 여부를 판단하기 위해서 공사법을 구별한다.

이러한 실정법상의 공사법의 구별이유에서 볼 때, 형법은 공법이 아니다. 형법은 당사자 간의 관계에서 보나 국가가 일방적으로 법률관계를 결정한다는 점에서 보나, 이론적으로는 분명 공법에 속한다. 그런데 형법적 사건은 일반법원의 관할에 속한다. 이런 점에서 형법은 ― 선험적 개념으로서는 공법이지만 ― 공사법을 구별하는 실정법적 이유에서 보면 이는 공법이 아니다.

2) 구별기준

실정법적 개념으로서의 공법과 사법의 구별기준은, 형법을 제외하고는 일응 앞서 말한 선험적 개념으로서의 구별기준과 동일하다. 그러나 공법과 사법의 어느 것에도 속하지 않는 중간법이라는 법영역은 선험적 개념으로서는 인정될 수 있지만, 실정법적 개념으로서는 인정될 수 없다. 왜냐하면 실정법적으로는 사회법이나 경제법의 영역에서 다툼이 생긴 경우에 그 사건이 공법적인 것인가 사법적인 것인가를 판단해서 어느 법원에 제소해야 하느냐를 결정해야 하기 때문이다. 그러면 이를 결정하는 기준은 무엇인가? 이는 그 사건에서 문제된 행위가 공권력의 발동으로서 행해진 것이냐 하는 점에 의해서 결정된다.

2. 실체법과 절차법(형식적 법)

가. 의의

실체법은 누가 어떤 권리를 가지는가 하는 점을 규율하는 것이고, 절차법은 실체법에 의해서 인정된 권리를 실현하는 절차를 규율하는 것이다. 즉 실체법은 언제 권리가 성립하고 변경되고 소멸되는가, 그리고 성립된 권리가 어떤 내용인가(어떤 효력을 가지는가) 하는 점을 규율하는 것이다. 절차법은 그러한 점에 관해서 다툼이 생긴 경우, 즉 예컨대 과연 권리가 성립하였는가 혹은 권리가 어떤 효력을 가지는가 하는 점에 관해서 다툼이 생긴 경우에 다툼을 해결하는 방법 내지 절차, 그리고 나아가 성립된 권리를 실현하는 절차 내지 방법을 규율하는 것이다.

나. 관련성

① 실체법과 절차법은 밀접하게 관련된다. 실체법적 권리발생요건이 갖추어지더라도 절차법에 의해서 권리를 실현하지 못하면 실체적 권리는 무의미하기 때문이다. 실체법은 절차법을 통해서 실현된다. 이런 점 때문에, "절차법은 자기목적을 가지는 것이 아니고, 실체법에 의해서 인정된 권리를 실현하는데 기여하는 것이다"(기여적 기능) 라고 말해지기도 한다.

② 법치국가에서는 권리의 발생뿐만 아니라 권리의 행사 내지 실현도 법에 의해야 한다. 즉 실체법에 의해서 권리가 발생했다고 하더라도 권리자가 이를 스스로 실현해서는 안되고 법적 절차에 의해서 이를 실현해야 한다. 달리 말하면 목적의 정당성뿐만 아니라 수단의 정당성도 요구된다. 이런 점에서 절차법은 독자적 가치를 가진다.

다. 권리구제의 방법

① 옛날에는 권리자가 자기의 힘으로 권리를 구제하는 「사적구제(私的救濟)」가 원칙이었다. 그러나 이러한 방법은 실력 있는 권리자에게만 도움이 될 뿐만 아니라, 자칫 사회적 불안을 야기한다. 그리하여 근대국가는 권리의 보호·구제를 국가의 주된 임무로 삼아, 한편으로 재판제도를 완비하고 다른 한편으로 권리가 실현되지 않은 모든 경우에 이의 구제를 국가에 요구할 수 있도록 하였다. 따라서 소송제도의 완비를 통한 개인의 권리보호는 국가의 중요한 임무이다.

② 국가가 권리를 보호하는 중심적 제도는 소송절차이다. 그 외의 분쟁해결방법으로는 조정 및 중재가 있다. 이하에서 조정과 중재에 관해서 좀더 살펴본다.

조정은 당사자 1방의 신청에 의해서 개시되며(다만 재판상 이혼, 인지청구 등의 사건은 소의 제기에 앞서 먼저 조정을 신청해야 한다＝조정전치주의), 법관(원칙) 1인과 비법관 2인으로 구성된 조정위원회에서 분쟁당사자 간의 상호 양보를 설득 주선하며, 당사자들이 합의하면 조정이 이루어져 이로써 분쟁을 원만하고 간이하게 해결하는 절차이다. 다만 조정에 대해서 이의신청을 하면 조정은 효력을 잃는다. 중재는 양 당사자가 선임한 제3자(사인私人 ― 중재인)에게 분쟁에 대한 판단(중재판정)에 복종할 것을 합의(중재계약)함으로써 절차가 개시되고, 중재인의 판정에 대해서 종국적으로 다툼이 해결되는 것이다(중재판정에 대해서 이의를 제기할 수 없다).

양자는 쌍방 당사자가 합의해야 절차가 개시되느냐, 조정(중재)절차 등에 법관이 참여하느냐, 조정자는 당사자를 설득해서 결정에 따르도록 하느냐, 결정에 대해서 당사자의 반대가 있으면 결정이 무산되느냐 하는 점 등에서 차이를 가진다. 그러나 양자는 모두 당사자 간의 합의에 의해서 절차가 진행되고, 특히 소송에서와는 달리 법에 의한 해결을 도모하는 것이 아니므로, 법규의 엄격한 적용으로부터 생기는 일도양단적 해결을 피하고 구체적으로 타당한 해결을 도모할 수 있다는 장점을 가진다.

참고문헌

Adomeit / Hähnchen, Rechtstheorie für Studenten, 5.Aufl., 2008.

Baumann, Jürgen, Einführung in das Rechtswissenschaft, 8.Aufl., 1989.

Braun, Johann, Einführung in die Rechtswissenschaft, 4.Aufl., 2011.

Bix, Brian H, Jurisprudence : theory and context, 5.ed. 2009.

Brooke, David, Q&A Jurisprudence 2011-2012, 2011.

Dworkin, Ronald, Law's empire, 1986.

　번역본 : 장영민, 법의 제국, 2004.

Ehrlich, Eugen, Grundlegung der Soziologie des Rechts, 3. Aufl., 1967.

　번역본 : 장경학, 법률사회학의 기초이론, 1955.

Karl Engisch, Einführung in das juristische Denken, 12. Aufl., 2018.

Finnis, John, Natural law and natural rights, 2nd ed., 2011.

Friedman, Lawrence Meir, Law and society : an introduction, 1977.

Friedmann, W. Legal Theory, 5.ed., 1967.

Geldart, William, Introduction to English Law(Originally "Elements of English Law"),
　　11.ed., 1995.

　번역본 : 서희원, 영국법원리, 1958.

Hart, H. L. A., The concept of law, 3rd ed., 2012.

　번역본 : 오병선, 법의 개념, 2001.

Hoerster, Norbert, Was ist Recht? Grundfragen der Rechtsphilosophie, 2.Aufl., 2013.

　번역본 : 윤재왕, 법이란 무엇인가?, 2009.

Holmes, Oliver Wendell, Common Law, 1923.

　번역본 : 임동진, 보통법, 2012.

Von Jhering, Rudolf, Kampf ums Recht, 4. Aufl., 1974.

　번역본 : 심재우/윤재왕, 권리를 위한 투쟁, 2016.

Arthur Kaufmann, Rechtsphilosophie : Eine Einführung in das rechtsphilosophische
　　Denken, 2.Aufl., 1997.

　번역본 : 김영환, 법철학, 2007.

Kaufman/Hassemer, Einführung in Rechtsphilosophie und Rechtstheorie der Gegenwart,
　　6.Aufl., 1994.

Kelsen, Hans, Pure Theory of Law(translated from "Reine Rechtslehre"), 2.ed., 1970.

　　번역본 : 윤재왕, 순수법학, 박영사, 2018.

　　　　, What is Justice?, 1957.

　　번역본 : 김선복, 정의란 무엇인가?, 2011.

Krüper, Julian, Grundlagen des Rechts, Nomos, 2011.

Kühl/Reichold/Ronellenfitsch, Einführung in die Rechtswissenschaft, 2.Aufl., 2015.

Lindroos-Hovinheimo, Susanna, Justice and the Ethics of Legal Interpretation, 2012.

Meyerson, Denise, Understanding jurisprudence, 2007.

Muthorst, Olaf, Grundlagen der Rechtswissenschaft : Methode ― Begriff ― System, 2011.

Radbruch, Gustav, Rechtsphilosophie, 1987.

　　번역본 : 최종고, 법철학, 제4판, 2011.

Rawls, John, A Theory of Justice, Rev.ed., 1999.

　　번역본 : 황경식, 정의론, 2003.

Raz, Joseph, The Authority of law : essays on law and morality, 2nd. ed., 2009.

　　　, Authority, 1990.

Rehbinder, Manfred, Rechtssoziologie, 8.Aufl., 2014.

　　번역본 : 최종고, 이영희, 법사회학, 1984.

Rehfeldt, Bernhard, Einführung in die Rechtswissenschaft, 2. Aufl., 1966.

Rheinstein/Borries, Einführung in die Rechtsvergleichung, 2.Aufl., 1987.

Rüthers/Fischer/Birk, Rechtstheorie, 8.Aufl., 2015.

Vogenauer, Die Auslegung von Gesetzen in England und auf dem Kontinent, Bd I / II, 2001

Wank, Rolf, Die Auslegung von Gesetzen, 6.Aufl., 2015.

Zippelius, Reinhold, Einführung in das Recht, 6.Aufl., 2011.

　　번역본 : 김형배, 법학입문, 2판, 1983.

　　　　　, Das Wesen des Rechts : eine Einführung in die Rechtstheorie, 6.Aufl, 2012.

　　번역본 : 이재룡 번역, 법의 본질, 1999.